근대문학을 향한 열망, 이태준

저자 안미영(安美永, Ahn, Mi-Young)은 충북대학교 국어국문학과를 졸업하고, 경북대학교 대학원 국어국문학과를 졸업했다. 2001년 「이상(李箱) 소설에 나타난 신체인식 표출 양상」으로 박사학위논문을 썼으며, 2002년 동아일보 신춘문에 평론 「엽기적 인물의 탄생과 진화」가 당선되었다. 저서로 연구서 『이상과 그의 시대』(소명출판, 2003), 『전전세대의 전후인식』(역락, 2008), 평론집 『낮은 목소리로 굽어보기』(시와에세이, 2007)가 있다. 현재 충북대, 경북대, 대구교대, 목원대, 서원대에 출강하고 있다.

근대문학을 향한 열망, 이태준

초판 인쇄 2009년 8월 25일 **초판 발행** 2009년 8월 30일
지은이 안미영 **펴낸이** 박성모 **펴낸곳** 소명출판 **출판등록** 제13-522호
주소 서울시 서초구 서초동 1621-18 란빌딩 1층
전화 02-585-7840 **팩스** 02-585-7848 **전자우편** somyong@korea.com

값 15,000원

ISBN 978-89-5626-419-6 93810

이태준

근대문학을 향한 열망,

The desire for modern literature, Lee Tae-jun

안미영 지음

일러두기

1. 『문장강화』의 인용은 깊은샘에서 출간한 『문장강화』(1997)를 텍스트로 선정하였다. 『문장강화』의 인용은 인용문 말미에 페이지 수만 명기한다.

책머리에

이태준은 소설, 기행문, 수필, 독본, 동화 등을 비롯 근대 문학의 제 영역에서 주옥같은 글을 남긴 대표적인 근대 작가입니다. 특히 그의 단아한 단편소설과 대중적인 장편소설은 전대와 구분되는 1930년대 소설의 두드러진 성취를 대표하고 있습니다. 이 책은 총 3부로 구성되어 1부에서는 이태준 문학의 기원과 그가 지향하는 전통의 심층을 탐색하고 있으며, 2부에서는 이태준 소설에 나타난 언어 민족주의를, 3부에서는 이태준이 거두어들인 소설수사학의 공과를 다루고 있습니다.

이태준은 본격 소설에 앞서 아동 서사물을 창작합니다. 그는 인물간의 갈등에 주목하고 독자 일반을 염두에 두고 있으므로, 일련의 아동 서사물을 동화가 아니라 '소설'로 명명합니다. 그는 초반기 아동 서사물에 비해 후반기 아동 서사물에서 형식의 진보는 물론 주제를 심화시키고 있습니다. 초반기에는 결핍된 모성에 고착되어 있다면, 후반기에 이르면 생명을 살리는 이 땅의 모성적 기능으로 시야가 확산됩니다. 이러한 인식 변화는 이후 본격 소설에 이르러 더욱 심화됩니다.

상고주의자 이태준의 소설에서 전통은 중요하게 다루어집니다. 이태준 소설에서 '유곽'은 식민지가 초래한 소멸된 전통(기생)을 환기시키고 있습니다. 창기로 전락한 기층 여성과 포주와의 관계는 식민지 주종관계를 표상합니다. 아울러 그의 소설에서 '유곽'은 작가 의식의 변화를 보여주는 의미 있는 소재입니다. 초기 소설과 후기 소설에서 유곽에 대한 작가의 인식변화는 일제강점기 이태준의 좌절과 방황을 보여 줍니다.

역사소설 『황진이』는 이태준이 지향하는 전통의 심층을 보여주는 작품입니다. 이 작품에서 그는 황진이의 자유로운 영혼을 부각시키고 있는데, 특히 조선과 다른 '고려'의 전통을 통해 인간의 자유로운 정서를 구현해 냅니다. 작중에 구현된 고려 문화의 성격은 이태준이 지향하는 전통의 심층을 시사해 주는데, 크게는 식민지로 말미암아 사라져가는 전대 문화유산이지만 그 기저에는 고려 문화에 내재한 인간의 자유입니다. 이태준의 소설에서 흔히 민족주의와 지사의식을 발견하지만, 그가 지향하는 전통의 기저에는 자유에 대한 목마름이 자리 잡고 있습니다.

이태준은 언어 민족주의자입니다. 이태준 소설에서 '고향'은 식민지에 대한 저항 담론을 형성하고 있습니다. 그의 소설에서 고향은 물리적인 고향 산천이라는 의미 외, 과거 유구한 문화적 전통까지 함의하는 민족어의 기능을 수행하고 있습니다. 식민치하 이태준은 고향을 통해 부재하는 국가와 민족을 호명하며, 소설에서 언어 민족주의를 구현해 내고 있습니다.

이태준은 식민지 어문정책의 변화에 대응하여 첨예한 민족어 인식을 보이고 있습니다. 교수(敎授)용어로서 일본어가 강제되던 시기에는 문명을 번역해 내지 못하는 조선어의 운명을 직시하는가 하면, 조선어 교과가 폐지되던 시기에는 민족어는 물론 민족의 암울한 미래를 고심합니다. 표준어에 대한 각별함은 언어 민족주의자로서 식민지에 대한 저항을 보여주고 있지만, 식민지 내부에서 이루어지는 표준어 사용자와 방언 사용자간의 재서열화는 간과하고 맙니다.

해방이후 이태준은 문학 언어에 주목하기보다 건국의 방편으로 국어의식을 공고히 하고 있습니다. 이태준의 각별한 국어의식은 일제말기 친일행적에 대한 면죄부가 되었을 뿐 아니라, 해방이후 문학 활동의 구심점이 됩니다. 월북이후 이태준은 자신의 각별한 국어의식과 당의 문맹퇴치 정책이 조화를 이룬 수작을 발표합니다. 이처럼 이태준의 언어 민족주의적 면모는 해방이후 북한의 정책과 접점을 형성하기도 하지만, 월북이후 발표한 작품 간에는 '민족'과 '인민'에 대한 인식의 균열을 보이고 있습니다.

이태준의 소설은 근대소설 수사학의 최정점에 도달해 있습니다. 그는 누구보다도 소설 창작 방법에 많은 관심과 노력을 기울였습니다. 구성과 내용을 면밀히 살폈을 때, 이태준의 『문장강화』는 작문 교본이 아니라 소설 창작의 교본임을 알 수 있습니다. 『문장강화』에서 이태준은 개인의 문체 정립을 강조하고, 소설에 있어서 담화를 통한 인물의 성격 창조, 표준어와 방언을 통한 화자와 인물의 언어 구분, 신어(新語)를 통한 현실적 주제의 구현을 제안하고 있습니다.

『문장강화』는 산문 글쓰기를 목표로 이태준의 문장론이 나타나 있습니다. 그의 문장론은 표현주의의 '묘사'에 기원을 두고 있습니다. 이태준은 일찍이 그림에 관심을 가지고 있었을 뿐 아니라, 인상주의와 표현주의 미술을 통해 그림의 표현과 동일한 관점에서 소설의 표현에 주목합니다. 이태준은 세부적인 표현방법과 문학적 형상화를 통해 주관적인 정서를 강조하고, 궁극에는 개성적인 문체를 통해 근대적인 개인의 존립을 시사하고 있습니다.

이태준 소설의 수사학은 장편소설에서도 돋보입니다. 이태준은 소설 속에 '편지'를 적절히 배치함으로써 사건을 유기적으로 구성하고, 갈등의 기제로 삼습니다. 초기 장편소설에서는 연애편지가, 후기 장편소설에 이르면 투서 사진결혼엽서를 비롯 다양한 형태의 편지가 갈등을 조장하고 사건의 새로운 국면을 이끌어 냅니다. 이처럼 편지는 이태준 장편소설에서 유기적인 플롯을 만들어주기도 하지만, 소설을 도식적으로 연장시킨다는 점에서 한계로 작용하기도 합니다.

이태준 소설은 읽는 내내 잔잔한 기쁨과 맑은 기품을 선사해 주었습니다. 아울러 이태준 연구자들의 다채로운 글은 자극과 길잡이가 되었습니다. 지면을 통해 감사의 마음을 전합니다. 끝으로 출판을 허락해 주시고 국문학 발전을 위해 늘 고심하는 소명출판의 박성모 사장님, 편집부 선생님들께 감사의 마음을 전합니다.

큰 밭(大田)에서 안미영

차례

문학의 기원과 전통의 심층

언어 민족주의

소설 수사학

문학의 기원과 전통의 심층

이태준 문학의 탐색 : 아동 서사물

1. 서론

이태준은 1927년 일본 상지대학을 중퇴하고 귀국한다. 일자리를 구하지 못하던 차, 1927년 개벽사에 입사한다. 그는 방정환이 넘긴 잡지 『학생』(1929~1930)의 편집인으로 일하면서 『어린이』(1923~1934)에 아동 서사물을 발표한다.[1)] 본격적으로 소설을 창작하기 앞서 다수 아동 서사물을[2)] 발

1) 이태준이 『어린이』지에 발표한 작품을 시기순으로 소개하면 다음과 같다. 「어린 守門將」, 『어린이』 6, 1929.1; 「불상한 少年美術家」, 『어린이』 7, 1929.2; 「슬픈 명일 秋夕」, 『어린이』, 1929.5; 「쓸쓸한밤길」, 『어린이』 7권 5호, 1929.6; 「불상한 三兄弟」, 『어린이』, 1929.7 · 8합호(하기방학호); 「눈물의 入學」, 『어린이』, 1930.1; 「외로운아이」, 『어린이』, 1930.11; 「몰라쟁이엄마」, 『어린이』, 1931.2; 「슬퍼하는나무」, 『어린이』, 1932.7; 「꽃장수」, 『어린이』, 1933; 「엄마 마중」, 『조선아동문학집』, 조선일보사, 1938.

2) 이태준은 어린이를 독자로 하는 잡지에 창작물을 발표하면서 '동화'라는 명칭 외 '少年소설', '幼稚園소설', '幼年동화', '창작', '立志소설' 등으로 명명한다. 그러므로 이 글에서는 일련의 작품을 동화라 분류하기보다 '아동 서사물'이라 명명하고, 본문에서는 발표된 작품의 장르 규명을 시도하려 한다.

표했다는 점에서, 이태준 문학의 출발점을 그의 아동 서사물에서 찾을 수 있다. 일련의 아동 서사물은 습작기 이태준의 창작 방법 모색은 물론 작가 의식의 구심점을 시사해 준다는 점에서, 이태준 소설 연구의 출발점으로 볼 수 있다. 이 글에서는 이태준의 아동 서사물을 장르면, 형식면, 주제면에서 고찰하려 한다.

이태준의 아동 서사물에 대해서는 아동문학연구자와 이태준연구자들의 다각적인 연구와 성과가 집적되었다. 특히 아동문학연구자 이재복과 원종찬은 이태준 아동 서사물 연구에서 두드러진 성과를 보였다. 이재복은 이태준과 방정환의 관계를 추적하여 이태준의 아동 서사물 창작이 방정환과의 친분관계에서 비롯되었다고 밝힌다. 아울러 이태준의 전기적 사실과 아동 서사물간의 상관성을 통해 작품의 가치를 평가하고, 그의 작품을 잘 쓴 동화의 전범으로 호평한다.[3] 원종찬은 「꽃장수」(『어린이』, 1933)와 「엄마 마중」(『조선아동문학집』, 조선일보사, 1938)을 발굴했으며, 이태준의 동화가 서구적 판타지와 달리 아이들의 실생활에서 취재한 사실동화라고 호평한다.[4]

이명희를 비롯한 대다수 연구자들은 조실부모(早失父母)라는 작가의 전기적 사실과 그에서 파생된 '비극적 세계관' '고아의식'을 창작의 원천으로 파악하고 있다.[5] 이선미는 '고아체험' '어머니 상실감'을 강조하면서 "장편소

---

3) 이재복, 「삶의 한 조각을 쓰자」, 『우리 동화 바로 읽기』, 한길사, 1995, 83~112면. 이태준은 작고한 방정환을 위한 추모사 「평안할지어다」(『별건곤』 6권 3호, 1931.8)를 썼다.

4) 원종찬, 「정지용과 이태준의 문학」, 『아동문학과 비평정신』, 창작과비평사, 2001, 318~323면(『아침햇살』, 1997년 여름호). 이 밖에 그는 이태준의 초기 아동문학에 내재한 낭만성을 1920년대 한국 문단에 자리 잡은 낭만주의에서 영향을 받은 것으로 본다. "아동문학은 크게 보아 신문학 운동의 테두리 안에 있었으므로 1920년대 그것을 굳이 규정한다면 낭만주의라고 이름 할 수 있다."(100면)

5) 이명희, 「자기 변형의 원천과 가능성－이태준의 동화와 소년물」, 『문학, 환멸 속에서 글쓰기』, 새미, 2002, 239면. 오혜진 역시 이태준 아동문학의 미덕을 '생생한 유년 생활' 묘사에서 찾고 있다. 오혜진, 「1930년대 아동문학의 전개－이주홍, 이태준, 현덕의 작품을 중심으로」, 『어문논집』

설이 고아체험을 딛고 성장하는 청년들의 서사라면, 동화는 이 고아체험으로 인한 정서를 극대화시키는 데서 더 나아가지 않는다"고 평가한다.[6)] 김화선 역시 이태준 동화의 특징으로 고아의식을 들고 있으며, 작중에서 동심(童心)은 꿈과 한(恨)의 양면성을 지닌다고 본다.[7)] 이종호는 이태준 동화의 시점분석을 통해 '외적 초점화를 통한 객관적 서술이 지배적'이라는 결과를 도출해 낸다. 그 결과 작가는 서술 상황 속에서 '아이'의 선택을 기다리고 있을 뿐, 어른의 입장에서 가르치려 들거나 명령하려 하지 않는다는 것이다.[8)]

이태준은 창작활동 전(全) 시기에 걸쳐 아동에 대한 관심을 보여 왔다. 이태준 소설에 등장하는 주인공 소년, 청년의 모습에는 아동 서사물 속 주인공의 성격이 고스란히 반영되어 있다. 박헌호는 해방 이후 이태준이 「불사조」(『현대일보』, 1946.3.27~7.19)의 말미에서 아동 교육에 헌신하는 방정환의 행적을 주목하고 있다고 밝힌 바 있으며,[9)] 해방이후 창작한 「먼지」(『문학예술』, 1950.3)에서도 이태준은 전쟁직전 북한사회의 풍경을 묘사하기 위해 아동들의 집단 토론과정을 묘사한다. 북한의 근면한 어린이들은 시계가 없어서 항상 보임에 늦는 동무를 위해, 번갈아 가며 그의 집에 들르기로 계획한다.

34, 중앙어문학회, 2006, 236~239면 참조. 그 밖에 심은경, 「이태준의 동화 연구」, 단국대 석사논문, 2005 참조.

6) 이선미, 「이태준 동화 연구—고아체험과 '여운'의 상상력」, 『1920년대 문학의 재인식』, 깊은샘, 2001, 293면.

7) 김화선, 「이태준의 초기 아동문학 작품 연구」, 『한국언어문학』 50, 2003, 181면. 이태준 동화의 특징으로 고아의식 외, 신변담 형식의 '수필적 경향'도 지적하고 있다. 이외 논의로 이태준 동화의 비극성에 주목한 송인화, 「"예술"로 나아가는 "동심", 그리고 폐쇄된 비극성의 세계—이태준 동화연구」, 『동화와 번역』, 건국대학교 동화와 번역 연구소, 2005, 7~32면이 있다.

8) 이종호, 「이태준 동화의 시점 연구」, 『동화의 형성과 구조』, 한국학술정보, 2005, 151~178면. 이외 이태준 동화의 형식에 주목한 논의로 차희정, 「이태준 동화의 비극성에 나타난 아이러니」, 『한중인문과학연구』, 한중인문학회, 2005, 239~262면이 있다.

9) 박헌호, 『이태준과 한국 근대소설의 성격』, 소명출판, 1999, 119~121면.

이태준의 본격 소설을 고려해 보더라도, 그는 지속적으로 아동에 대한 관심을 기울여 왔음을 짐작할 수 있다. 그러므로 이태준의 아동 서사물을 소설 창작의 모색 과정, 개벽사 입사 및 방정환과의 친분관계에서만 비롯되었다고 볼 수 없다. 이 글에서는 우선 이태준의 아동 서사물에 대한 장르를 규명하고, 형식의 변화에 주목하려 한다. 장르와 형식에 대한 고찰을 선행한 연후에, 이태준이 아동 서사물에서 구현해 내려는 궁극적인 주제가 무엇인지 살펴보려 한다.

2. 장르 구분에 따른 작품의 특성

1) 장르의 구분—소년소설 · 창작 · 입지소설 · 유치원소설 · 유년동화

『어린이』지에 실린 이태준의 작품은 '소년소설', '소설가튼이야기', '창작', '입지소설', '유치원소설', '유년동화' 등으로 장르가 다양하게 명시되어 있다. 발표지면이 어린이 잡지(『어린이』)일 뿐, 목차와 게재된 본문에서는 장르를 '소설'로 분류하고 있다. 주지하다시피 『어린이』지는 동화, 동요, 동화극 등 분명한 장르의식을 확립하고 있었을 뿐 아니라 매 호마다 '동화' 장르가 '동요'와 더불어 확고한 지면을 차지하고 있었다. 동화에 방정환 · 진장섭 · 고한승 · 마해송 · 이정호 · 최병화 · 연성흠 등이, 동요에 방정환 · 한정동 · 유도순 · 서덕출 · 윤석중 · 이원수 · 윤복진 등이, 동화극에 정인섭 · 신고승 등이, 동요작곡에 윤극영 · 정순철 등이 필진으로 활약하고 있었다.[10)]

동화와 동요가 지면의 다수를 차지하고 있음에도 불구하고, 이태준의 작품을 '소설'로 분류한 데에는 일련의 작품을 동화와 구분 지으려는 의도가 전제해 있다. 그러므로 우리는 이태준의 아동 서사물을 단순히 '동화'로 일반화하기보다, 게재 당시 각각의 작품에 대한 장르 인식부터 살펴보아야 한다. 이태준 아동 서사물의 장르 규명을 위해, 『어린이』지에 게재된 작품의 제목과 그에 명시된 장르 명칭을 소개하면 다음과 같다.

「어린 守門將」, 『어린이』 6, 1929.1.→ 少年小說

「불상한 少年美術家」, 『어린이』 7, 1929.2.→ 小說가튼이야기

「슬픈 명일 秋夕」, 『어린이』, 1929.5.→ 創作

「쓸쓸한밤길」, 『어린이』 7권 5호, 1929.6.→ 創作 (小說)

「불상한 三兄弟」『어린이』, 1929.7 · 8합호(하기방학호). → 小說

「눈물의 入學」, 『어린이』, 1930.1.→ 立志小說

「외로운아이」, 『어린이』, 1930.11.→ 少年小說

「몰라쟁이엄마」, 『어린이』, 1931.2.→ 幼稚園小說

「슬퍼하는나무」, 『어린이』, 1932.7.→ 幼年童話

게재 당시 작품에 대한 장르 구분은 다음과 같은 사실을 시사한다. 그것은 작가가 '동화'를 쓰겠다는 의지보다, 어린이 독자를 위한 소설을 썼다는 사실을 알 수 있다. 일련의 아동 서사물에서 어린이 문학이 갖추어야 할 꾸밈없는 자연스러움을 담보할 수 있었던 것도, 그 스스로 '동화'를 창작하겠

10) 이재철, 『아동문학개론』, 서문당, 2003, 56~57면 참조. 이 밖에 역사 · 지리 · 과학과 관련된 훈화적 교양물은 차상찬 · 박달성 · 신형철 · 최영주 · 고진태 · 조재호 등이 맡고 있었다.

다는 의지보다 어린이들이 읽고 공감할 수 있는 '이야기'를 쓰려는 소박한 동기 때문이다.[11] 그는 현실에 존재하고, 자신이 직접 체험한 어린이의 이야기를 전달하려 했던 것이다. 그러므로 이태준 아동 서사물 연구에 앞서 우리는 게재지에 명시된 장르 구분에 주목하고, 장르를 구분하여 작품을 창작하고 발표해 낸 작가의 의도를 고려하여 작품의 특성을 살펴야 할 것이다.

어린이 독자를 염두에 둔 '소년소설'의 특성을 살펴보기 위해, 분량 면에서 유사한 장편(掌篇)소설을 살펴 볼 필요가 있다. 이태준의 장편(掌篇)소설과 소년소설은 분량 면에서 짧다는 유사점을 지니지만, 게재 지면 즉 작가가 '어떠한 독자'를 염두에 두고 썼느냐에 있어서는 큰 차이가 있다. 이태준은 1930년대 초반 「만찬」(『조선일보』, 1929.3.19), 「백과전서」(『신소설』, 1930.1), 「천사의 분노」(『신동아』, 1932.5), 「미어기」(『동아일보』, 1933.7), 「어떤 화제(話題)」(『조선문학』, 1933.10), 「마부와 교수」(『학등』, 1933.10), 「빙점하의 우울」(『학등』, 1934.3) 등 다수의 장편(掌篇)소설을 창작한다. 일련의 장편(掌篇)소설에서 허영에 들뜬 처녀, 신여성에 눈먼 청년, 자선하는 부인의 양면성, 벼락출세를 꿈꾸는 청년, 붉은 코를 인위적으로 감추려 드는 아내와 남편, 잘 모르면서 참견하는 교수, 가난과 질병에 찌든 사람들 등은 소설의 주인공이기도 하면서, 작가가 부각시키려는 주제에 해당한다. 장편(掌篇)소설에서 이태준은 강렬한 사건과 인물을 부각시켜 그 인물과 상황을 조소하며, 이를 초래한 당대 세태를 간접적으로 비판한다.

장편(掌篇)소설에서 이태준이 동시대 사회의 부정적인 편린을 강렬하게

---

11) 같은 맥락에서 이태준은 『학생』(1929.3)에 발표한 단편 「행복」에서 시대성과 사회성을 가미할 뿐 아니라 청년 인물을 등장시키고 있음을 상기할 필요가 있다. 작가는 「행복」에서 잡지의 독자층이 청년 학생이라는 점을 염두에 두고, 홀아버지와 북간도에서 돌아온 아들을 주인공으로 하되 식민지라는 시대성과 사회성을 부각시키고 있다.

부각시키려 한 데 비해, '소년소설'에서는 당대 어린이가 처해 있는 환경과 순수하거나 적극적인 어린이의 성격창조에 주력한다. 요컨대 '소년소설'은 일반소설과 마찬가지로 인간관계의 갈등을 보여주되, 어린이가 처한 불우한 상황에서 유래되는 갈등을 보여준다. 「어린 守門將」에서 '나'는 엄마 품을 찾아 길을 나선 어린 강아지의 죽음을 조명하고 있다면, 「외로운 아이」에서 인근은 아버지께 갖다드리려다 담배 먹는 누명까지 썼지만 아버지는 죽고 만다. 같은 차원에서 '입지소설' 「눈물의 입학」 역시 고아 소년이 온갖 어려움을 극복하고 학교에 진학한 것으로 끝을 맺고 있다. 일련의 작품들이 주인공의 갈등을 부각시키고 있음을 알 수 있는데, 이러한 갈등은 부모가 없는 어린이가 직면해야 하는 현실적인 상황에 해당한다.

'창작'으로 분류된 「슬픈 명일 秋夕」과 「쓸쓸한밤길」은 이태준 자신의 어린 시절 기억을 떠올려 쓴 흔적이 역력하다. 「슬픈 명일 秋夕」에서 을손이와 정손이는 부모없이 작은집에 얹혀사는데, 명일이면 고아의 슬픔은 더 커진다. 구박과 설움을 피해 찾아간 엄마무덤에서 두 아이는 늑대의 밥이 된다. 「쓸쓸한밤길」에서 부모없는 고아 영남이도 구박에 못이겨 집을 나선다. '소설'과 달리 '창작'으로 분류된 두 작품은 주인공이 처해 있는 상황이 작가의 어린 시절 체험을 토대로 하고 있음을 알 수 있다. 이태준의 수필 「나의 고아시대」(『백악』, 1932.3)는 '창작'으로 분류된 두 작품이 작가의 전기적 사실에 토대를 두고 있음을 뒷받침해 준다. 수필 「나의 고아시대」에서 이태준은 스스로 "어미 없고 아비 없는 몸뚱이"를 추억한다. "크고 투박스런 손"은 "아직 뼈마디도 굳기 전부터 내 한몸을 먹여살리노라고 얼마나 힘에 부치는 일"을[12] 해 왔는가 회상한다.

12) 이태준, 「나의 고아시대」, 『무서록』, 깊은샘, 1994, 210~213면.

수필의 내용에 의하면 다음과 같은 이태준의 전기적 사실을 알 수 있다. 추석과 같은 명일이 되면, 그는 더욱 외로워진다. 새 옷을 사주는 아버지도 없고 음식을 만들어 주는 어머니도 없다. 친척들의 천덕꾸러기로 남의 눈을 피해 혼자 놀고 해를 보낸다. 지게도 없이 나무를 해 오라고 하여, 도끼로 나무를 종일 패 놓는다. 그러나 저녁 무렵 지게를 빌려 산에 가지만, 패 놓은 나무는 온데간데없다. 일가 어른이 선물이라고 준 것은 터무니없이 큰 구두이다. 외롭고 고달픈 환경을 벗어나기 위해 그는 큰 구두를 팔아 정처없이 고향을 떠난다. 원산에서 객줏집 사환으로 일하면서 공부에 대한 신념을 굳건히 한다. 앞날을 생각하고 객줏집을 떠나 중국 안동현까지 갔지만, 굶주림으로 조선에 다시 돌아온다.

이태준이 「슬픈 명일 秋夕」과 「쓸쓸한밤길」을 다른 아동 서사물과 달리 '창작'으로 분류한 데에는 두 작품에 자전적 요소가 많이 노출되어 있기 때문이다. 반면 '소설'로 분류된 작품은 비교적 작가의 체험과 거리를 둔 인물이 주인공으로 등장하여 새로운 소재를 다루고 있다. 「불상한 少年美術家」에서는 그림을 그려주는 거렁뱅이 소년이 주인공으로 등장하고 있으며, 「불상한 삼형제」에서는 세 소년과 새끼 까치 세 마리가 등장하고, 「몰라쟁이엄마」는 엄마와 문답하는 어린 아이가 등장한다. '소설'로 구분한 작품에서 이태준은 자신과 거리를 둔 인물을 설정함으로써, 작중 사건으로부터 거리를 두고 있음을 알 수 있다.

소년소설 외 이태준은 '유치원소설' 「몰라쟁이엄마」를 발표한다. 유치원소설 「몰라쟁이엄마」는 아이와 엄마의 문답을 통해 아이의 호기심과 아이에 대한 엄마의 사랑을 보여준다. 이 작품은 소년소설과 달리 구체적인 사건 없이, 아이와 엄마의 문답 '상황'만이 제시되어 있다. 작중 아이는 유치원에 다님직한 유아이다. 그런 의미에서 '소년소설', '유치원소설'과 같은 소설의 구분은 작중 아이의 연령 및 독자의 연령을 고려한 것임을 알 수 있다.

2) '소설'과 '동화'의 구분과 그 의미

소년소설과 유치원소설이 연령을 고려하되 공히 '소설'로 분류된 데 비해, 「슬퍼하는나무」(『어린이』, 1932.7)는 '유년동화(幼年童話)'로 명시되어 있어 이채를 띤다. 유일하게 '동화'로 명시된 이 작품을 통해, 우리는 이태준이 소설(小說)과 동화(童話)를 구분하는 근거가 무엇인지 알 수 있다. 「슬퍼하는나무」의 주인공은 '나무'와 '새' 그리고 '아이'이다. 나무와 새의 관계에 아이가 방해자로 등장한다. 나무는 자신의 가지에 둥지를 튼 새와 친한 동무로 지내고 있었는데, 아이가 나타나 둥지의 알을 꺼내가려 한다. 이에 새는 아이를 질타하기보다 새끼가 자랄 때까지 기다려 달라고 말한다. 아이가 다시 왔을 때 새들은 없었고, 나무는 아이에게 정든 동무를 잃게 된 것을 원망한다. 이러한 줄거리에서 알 수 있듯이 작중에서 아이와 새, 아이와 나무는 동등한 인격체로서 서로 대화를 나누며, 자신의 의사를 전달한다.

요컨대 이태준이 염두에 둔 동화(童話)는 '아이'와 '자연물'이 동일한 인격의 인물(character)로 등장하여 사건을 전개하고 주제를 전달하는 장르임을 알 수 있다. 그가 소설(小說)로 분류한 작품들이 인간 아이가 주인공이자 주체가 되어 '인간 관계'에서 파생되는 문제를 다루고 있는 반면, 동화로 분류된 작품은 자연물인 나무와 새가 그들의 목소리를 통해 어린이에게 '인간과 자연간의 긴밀한 관계'를 조명하고 있다. 이태준은 자연물이 어린이와 동일한 인격체로 의인화된 작품을 동화(童話)로 명명한다. 그런 의미에서 이태준에게 있어서 동화는 실제하는 사건과 구분되는 환타지적 요소를 내포하고 있다.

우리는 이태준이 분류한 일련의 아동 서사물을 작중 인물의 특성과 주제의 성격에 따라 크게 유년동화, 동화, 소년소설로 분류할 수 있다. 「몰라쟁이엄마」, 「슬퍼하는나무」가 유년동화로 분류된다면, 「어린 守門將」, 「불상한 三兄弟」는 동화에 해당된다. 이외 「불상한 少年美術家」, 「슬픈 명일秋夕」, 「쓸쓸한밤길」, 「눈물의 入學」은 소년소설로 분류할 수 있다. 유년동화의 경우, 미취학 아동을 대상으로 유아들이 느낄 수 있는 감수성과 자연에 대한 아낌없는 애정을 보여주고 있다면, 동화는 어린이들이 자신이 처해 있는 공동체에 눈을 돌리고 주변의 변화에서 오는 문제를 다루고 있다. 소년소설은 학생으로서 어린이들의 교우관계 및 학교생활, 어려운 상황에 처해있는 어린이의 고난과 이를 극복하는 그들의 노력을 보여 주고 있다.

이태준이 분류한 소년소설, 창작, 유치원소설에는 작가가 상상하고 지향하는 '어린이', '아동'에 대한 관념이 잘 나타나 있다. 그가 염두에 둔 어린이는 다음과 같은 속성을 가지고 있다. 첫째, 그들은 순수한 만큼 연약한 존재들이다. 외부의 압력에 상처입기 쉬우며, 그 상처가 곧 그들의 순수성에 대한 징표가 된다. 둘째, 그들은 순수한 사랑과 열정을 간직하고 있다. 그들의 순수한 사랑과 열정은 그들이 처해 있는 고난을 이겨낼 수 있는 자양분이 되어, 그들이 거두어들인 성공을 더욱 값진 것으로 만든다. 그들은 비록 집도 없고 부모도 없지만, 자연과 사물에 대해 순수한 애정을 가지고 있으며 자신이 하고자 하는 일에 있어서도 순수한 열정을 다한다.

지금까지 살펴본 바에서 알 수 있듯이 이태준은 순수한 애정을 지닌 어린이를 형상화 하되, 세부적인 장르에 주목하여 작품을 창작했음을 알 수 있다. 그렇다면 이태준이 어린이를 독자로 삼되, '동화'보다 '소설'을 창작한 이유는 무엇인가. '아동 소설'은 그 주된 독자의 대상을 아동으로 하고 씌어지는 소설이나, 그것이 본격문학임으로 해서 성인에게도 읽히는 기능마저 가진 특수문학이다.[13] 이태준은 어린이 독자를 고려하여 창작하되, 성인 일반을 대상으로 하는 본격문학의 가능태를 염두에 두고 있었음을 알 수 있다. 아동 서사물의 장르를 구분하는 이러한 이태준의 태도에서, 우리는 본격 소설 창작을 지향하는 이태준의 의지를 엿볼 수 있다.

3. 형식의 진화와 작가 의식의 성장

1) 전반기 형식–서술자의 요약 서술과 1인칭 주인공의 관찰

이태준은 1929년부터 1930년대 초반까지 아동 서사물을 창작한다. 그의 아동 서사물은 형식과 주제에 따라 전반기(1929~1930년)와 후반기(1931~1933년)로 구분할 수 있다. 그는 후반기에 접어들면서 다양한 문체를 실험하고, 아동에게 잘 수용될 수 있는 입체적인 문체를 고안해 낸다. 초기의 아동 서사물(「어린 守門將」, 「불상한 少年美術家」, 「슬픈 명일 秋夕」, 「쓸쓸한밤길」, 「불상한 三兄弟」, 「눈물의 入學」, 「외로운 아이」)은 주로 서술자의 직접적인 서술에 의해 사건이 전개된다. 전반기 아동 서사물의 형식은 서술자의 요약 서술과 1인칭 주인공의 관찰이 두드러진다.[14]

---

13) 三反長半, 「兒童小說の書き方」, 『兒童文學の書き方』, 東京 : 角川書店, 1958, 60~76면(이재철, 「아동소설론」, 『아동문학개론』, 서문당, 2003, 182면 재인용).

서술자의 요약 서술이 두드러진 작품으로 「외로운 아이」(『어린이』, 1930.11)를 들 수 있다. 주인공 인근은 동무들로부터 담배 먹는 아이라는 누명을 쓰고 선생님으로부터 벌을 받는다. 인근의 결석과 더불어, 서술자는 인근을 둘러싸고 있는 생활의 비애를 다음과 같이 요약 서술한다.

> 그리고 지금 안대도 소용은 업습니다마는 인근이가 담배먹엇다는것도 말입니다. 정말은 인근이가 제가먹으려고 담배를 가진것이아니라 알으시는 아버지가 도라가시기 몃칠전까지도 각금 담배를 차즈섯습니다. 그럴째마다 인근어머니는 이집저집들창미테서 주어다둔 깜부기담배를 내여놋쿤 하엿습니다. 엇던때는 그것도업서서 쩔쩔매는것을본 인근이는그날처음으로 길에써러진 담배토막이 쇄큰것을보고 대뜸 아버지생각이나서 주엇든 것이 그만둥모눈에 씌여서 그럿케되엿든것입니다.[15]

인용문에서 알 수 있듯이, 서술자는 사건의 전모를 요약 서술한다. 인근이가 담배를 먹는 아이로 오해받기까지 인근을 둘러싼 그의 가족 내력을 소개하고, 나아가 아버지를 위하는 인근의 순수한 사랑까지 직접적으로 전달해 준다. 이태준이 작품 표제에 '외로운'이라는 수식어를 직접적으로 노출하고 있듯이, 이 작품에서 서술자의 요약서술은 작가가 사건과 거리를 유지하지 못하고 있음을 보여준다. 이러한 요약서술은 「불상한 三兄弟」

---

14) 이종호는 "이태준의 동화에 나타나는 시점의 특징은 인물이나 독자에 대해 객관적인 거리를 유지하고 있다"(이종호, 앞의 글, 167면)고 지적하지만, 작품의 발표시기 순에 따라 일정한 편차를 보인다. 전반기 아동 서사물에서 그는 작중 인물과 거리를 조절하지 못하고 자신의 감정을 직접적으로 노출한다. 이에 비해 후반기 아동 서사물에 이르면 인물과 거리를 유지하고, 공적인 주제 실현에 성공한다.

15) 이태준, 「외로운 아이」, 『어린이』, 1933.11, 5면.

(『어린이』 7, 1929.2)에서도 나타난다. 이 작품에서 작가는 새끼 까치를 훔쳐 집으로 돌아 온 세 어린이를 조명하되, 특히 영선의 거동을 중심으로 관찰한다. 세 어린이는 산속 나무둥지에서 까치 새끼 세 마리를 제각각 집에 가지고 간다. 이 작품은 까치가 아무것도 먹지 않자 영선이가 걱정하고 무서운 꿈을 꾸는 것으로 흥미있게 시작되고 있지만, 작품 말미에 이르면 서술자는 까치 새끼의 죽음을 다음과 같이 요약 서술한다.

> 이 불상한 어린 까치는 永善의 것만이 죽은것도 안임니다. 文鳳이가 가저간 것은 그 잇튼날 저녁까지 살기는 하엿스나 文鳳이도 자는 밤중에 굴머서 죽고 말엇습니다. 그리고 다른 동모가 가저간것도 살지못하엿습니다. 그것은 붓드러온 그날저녁으로 아무도 업는새이에 노끈이 풀러저서다라나다가 그만 모긔불 노흔 화로에 빠지여서 애처롭게도 쓰겁게도 타죽고 마럿담니다.[16]

서술자는 관찰자가 되어 영선을 주로 관찰하다가, 작품 말미에 이르면 사건의 전모를 요약 서술함으로서 작품을 끝맺는다. 작품 표제로 '불상한' 이라는 수식어를 내세운 데에서 짐작할 수 있듯이, 작가는 개성적인 묘사에 치중하기보다 전달하려는 사건의 안타까움에 더 많이 경도되어 있음을 알 수 있다. 일련의 작품에서 서술자는 관찰자이긴 하지만, 작중 인물의 내면까지 전달할 수 있는 전지적 시점을 취하고 있다. 서술자의 요약 서술에서 한 걸음 진보된 것이 '나'라는 1인칭 주인공 시점이다.

「어린 守門將」(『어린이』 6, 1929.1)에서 '나'는 관찰할 뿐만 아니라 어미 개와 강아지를 바라보는 순수한 정서를 전달한다. '나'는 경어체를 통해 일련

16) 이태준, 「불상한 三兄弟」, 『어린이』, 1929.7 · 8(하기방학호), 59면.

의 사건을 관찰하고 전달한다. '나'는 자신의 눈에 비친 강아지의 상황을 전달하고, 그가 이해한 정도까지만 상황을 분석한다. 나는 이 집의 대주(代主)였으나 먼 학교에 다닌다. 어머니는 강아지를 데려와 집을 지키게 한다. 젖도 떨어지지 않은 어린 강아지는 어미를 그리워하며 밤새 뒤척인다. 어미와 떨어진 강아지는 하룻밤을 넘기지 못하고, 왔던 길로 돌아가려다가 개울에 빠져 죽는다. 작가는 어머니와 누이의 대화체(담화체)를 직접 인용함으로써 이야기의 입체성을 부여한다. 1인칭 관찰자의 두드러진 성과는 앞서 서술자로 등장한 '작가'의 시선과 목소리가 사라지고, '아이'의 시선과 목소리로 사건이 전달된다는 점이다. 앞서 서술자의 요약 서술이 작가의 감정을 여과없이 노출하고 있다면 1인칭 아이의 관찰은 작가의 목소리가 아니라 어린 아이의 시선을 통해 전달된다는 점에서, 작가는 사건으로부터 감정을 절제하고 객관적인 거리를 유지하려 함을 알 수 있다.

2) 후반기 형식–극형식의 실험과 담화체를 통한 묘사

후반기 아동 서사물(「몰라쟁이엄마」, 「꽃장수」, 「슬퍼하는나무」, 「엄마마중」)에 이르면 서술성은 현저히 약화되고, 인물 간의 대화를 통한 함축과 상징을 통해 사건이 전개되어 이야기의 여운도 배가된다. 이러한 후반기 아동 서사물의 두드러진 특징으로 '극형식'의 실험과 '담화체'를 통한 사건과 인물의 묘사 두 가지를 들 수 있다. 「슬퍼하는나무」(『어린이』, 1932.7)는 희곡 구성을 시도하고 있다. 해설자의 해설이 처음, 중간, 끝에 삽입되어 있으며 '새', '아이', '나무'가 등장하여 서로 이야기를 주고받는다. 전문을 소개하면 다음과 같다.

새한마리가 나무에 둥지를 틀고 고흔 알을 소복하게 나어 놓앗습니다.

아이「이 알을 모다 꺼내 가야지」

새「지금은 안됩니다. 착한 도련님. 몟일만 지나면 까 놓을테니 그때와서 새끼들을 가저가십시오」

아이「그럼 그리지」

몟일이 지나 새알은 모다 새새끼가 되엿습니다.

아이「하나 둘 셋 넷 다섯마리로구나. 허리춤에 넣고 갈까 둥지채 떼여갈까!」

새「지금은 안됩니다. 착한 도련님. 몟일만 더 잇으면 고흔 털이 날테니 그때와서 둥지채 가저가십시요」

아이「그럼 그러지」

몟일이 지나 와보니 새는 한 마리도 없고 둥지만 달린 나무가 바람에 울고잇엇습니다.

아이「내가 가저갈 새새끼가 다 어디갓니?」

나무「누가 아니. 나는 너 때문에 좋은동무 다 잃어버렷다 너때문에!」[17)]

원문은 세로로 표기되어 있으나 이 글에서는 가로로 표기했으며, 본문의 형식과 글씨꼴은 그대로 반영하려 했다. 읽지 않아도 가시적으로 드러나듯, 대사에 해당하는 대화 문장은 '「 」'로 표기 되어 있을 뿐 아니라 '굵은 글씨'로 처리되어 입체적으로 구성되어 있다. 희곡 구성을 원용하여 작중 인물의 대화를 돋보이게 나타낸 것이다. 3년 앞서 이태준이 희곡「엇던 날의 쎄－토벤」(『학생』, 1929.9)을 발표한 바 있음을 고려해 보더라도, 이 작품은 유년(幼年)의 눈높이에 맞춘 희곡으로 볼 수 있다. 이종호는 이러한 서

17) 이태준,「슬퍼하는 나무」,『어린이』, 1932.7, 19면.

술 기법을 "구연이나 연행을 전제로 하는 유아 동화의 양식적 특질"로[18] 파악하고 있지만, 소설의 문체에 각별한 관심을 보인 이태준의 문학세계를 고려해 볼 때 그는 동화를 통해 극적 양식을 실험해 보이고 있음을 알 수 있다. 요약 서술이 전반기 아동 서사물의 대표적인 형식임에 비추어 극 형식은 진일보한 서사 형식으로서, 이태준의 적극적인 서사 형식 모색 태도를 반영하고 있다.

같은 맥락에서 후반기 아동 서사물에서 두드러지게 나타나는 대화 형식에 주목해 볼 필요가 있다. 이태준은 『문장강화』에서 담화체를 통한 인물의 성격 창조를 강조한 바 있다. 소설 창작에서 대화 형식의 직접적인 차용은 인물의 성격 창조에 용이할 뿐 아니라 사건과 주제를 자연스럽게 전개할 수 있다. 담화체를 통한 인물의 성격 형상화가 두드러진 작품으로 「꽃장수」(『어린이』, 1933)를 들 수 있다. 이 작품에서 이태준은 서술자의 개입을 처음과 마지막에만 넣음으로써, 이야기의 전문을 대화로 처리해 놓았다. 이태준은 '엄마'와 '아기'의 대화 내용을 통해, 이야기의 전개는 물론 전달하려는 주제를 묘사한다. 전문을 소개하면 다음과 같다.

> 한 아기가 꽃분 앞에 서서 어머니더러
>
> "엄마?"
>
> "왜?"
>
> "꽃 장사 용치?"
>
> "왜?"
>
> "이렇게 이쁜 꽃을 만들어 냈으니까!"

---

18) 이종호, 앞의 논문, 170면.

"어디 꽃 장사가 만들었다든, 길르기만 했지."

"꽃 장사가 만들지 않았다면 이 이쁜 꽃을 누가 만들었수?"

"만들긴 누가 만들어— 씨를 땅에 심으면 땅 속에서 싹이 나오고 싹이 자라면 절루 꽃이 되는 거지."

"절루 펴? 땅에 씨만 묻으문?"

"그럼?"

"땅 속에 씨를 묻었드라도 **하늘에서 비가 내려서 흙을 눅눅하게 적셔주어야 하**고, 또—"

"또 뭐?"

"**또 하늘에서 햇빛이 따뜻이 비쳐 주어야 싹이 터져 자라는 거야.**"

"그런 걸 난 꽃 장사가 모두 만들어 내는 줄 알았지— 그럼 엄마 저 풀두, 오이두, 호박두, 나무들두 모두 그러우?"

"그럼."

아기는 땅을 한번 보고 **얼굴을 들어 끝없는 하늘을 멍—하니 쳐다보았습니**다.[19]

작품의 서두와 말미에 나타난 서술자의 개입은 매우 간략하다. 서두는 "한 아이가 꽃분 앞에 서서 어머니 더러"로 시작하고 있거니와, '발신자'와 '수신자' 그리고 '발화상황'에 대한 간략 정보만을 짧은 어구로 명시해 놓았다. 말미는 "아기는 땅을 한 번 보고 얼굴을 들어 끝없는 하늘을 멍하니 쳐다보았습니다"로 종결되는데, 여기에서도 서술자의 의도가 아니라 아기의 행위를 묘

19) 이태준, 「꽃장수」, 『어린이』, 1933(원종찬, 「정지용과 이태준의 문학」, 『아동문학과 비평정신』, 창작과비평사, 2001, 321~322면 재인용). 강조는 인용자.

사하는데 그치고 있다. 이 작품은 '단 하나의 문장'으로 구성되어 있다.[20)]

또 우리가 유심히 보아야 할 부분은 이 작품의 주제이다. 전반기 소설의 주제가 부모없이 자라는 불쌍한 아이 그리고 모성으로부터 격리된 고아 및 강아지 · 새를 다루고 있는 데 비해, 후반기 소설의 주제가 달라지고 있음을 알 수 있다. 「슬퍼하는나무」와 「꽃장수」는 작중 인물의 모성 결핍이 아니라, 자연의 소중함을 보여준다. 나무와 새가 서로 어우러져 사는 자연을 인간이 해쳐서는 안 된다는 것, 예쁜 꽃을 비롯 풀 · 오이 · 호박 · 나무 모두를 키워내는 것이 '하늘(자연)'이라는 사실을 깨우쳐 주고 있다. 요컨대 후반기 아동 서사물에 이르면 이태준은 서술자의 개입을 최소화하여 인물 간 대화를 통해 인물의 성격을 창조할 뿐 아니라, 사건 묘사의 적절성을 통해 작품의 주제와 작가 자신간의 객관적인 거리를 확보하고 있음을 알 수 있다.

지금까지 살펴본 바에서 알 수 있듯이, 이태준의 아동 서사물에서 형식과 내용은 매우 밀접한 관계를 지니고 있다. 서술성에 의지하여 글을 쓰는 전반기 아동 서사물에서 이태준은 자신의 유년 체험을 소재로 차용함에 따라, 작중 인물과 사건에 자신의 감정을 과다하게 노출시킨다. 작가의 과다한 감정이입은 사건의 리얼리티를 획득할 수 있지만, 작가의 걸러지지 않은 감정은 '불상한', '쓸쓸', '눈물', '외로운' 이라는 작품 표제의 수식어로까지 노출되고 있다. 자신의 직접적인 체험을 토대로 한 만큼, 작가는 작중 사건으로부터 거리 조절에 어눌하여 여과되지 않은 자신의 감상을 직접 노출한 것이다.

---

20) 1933년 구인회가 결성될 무렵, 그들이 첫 번째 만든 『시와 소설』에서 박태원은 「방란장 여인」을 통해 '장거리 문장'을 선보인 바 있다. 박태원의 장거리 문장은 서술성이 두드러진 나머지 이야기가 늘어지고 읽기 용이하지 않는 문장을 전개하고 있는데 비해, 이태준의 대화체 장거리 문장은 읽기 용이할 뿐 아니라 묘사의 핍진성까지 갖추고 있어 형식과 구성면에서 성공을 거두고 있다.

반면 후반기 아동 서사물에 이르면 이태준은 자신의 감정을 절제하고 이야기 속에 자신의 유년을 담기보다 어린 생명의 가치를 담기 위해 노력한다. 이야기의 주제가 개인사에서 벗어나 '어린 아이의 생활'이라는 공공성을 담보하기 시작한 것이다. 그 결과 후반기의 아동 서사물은 다른 아동 작가들과 구분되는 개성적인 소재와 문체를 선보이고 있으며, 그 자체로 시대를 초월하는 이야기의 원형성을 담보하고 있다. 후기에 이르러 이태준은 자아에서 벗어나 공공의 담론에 눈을 뜨고, 소설 작가로서 객관적인 사회 인식의 틀을 형성해 나갔음을 알 수 있다. 이처럼 이태준은 본격 소설을 창작하기 앞서, 아동 서사물 창작을 통해 소설 형식의 다양한 형식실험은 물론, 주제에 대한 작가의 거리(감정) 조절에 이르기까지 일련의 소설 창작 방법을 모색해 나가면서 본격 소설가의 자질을 확립해 나간다.

4. '모성(母性)'에서 확장된 '자연(自然)'

이태준이 전반기 아동 서사물에서 작가와 작중 인물 간의 객관적인 거리두기에 실패하여 모성 결핍을 지나치게 강조하고 있다면, 후반기 아동 서사물에 이르면 작가는 인물과 거리를 유지하고 주제를 확산시키는데 성공하고 있다. 앞 장에서 살펴보았듯이, 아동 서사물의 형식 발전은 곧 작가의 의식 성장으로 이어진다. 이태준은 자신의 개인사에서 초래된 모성(母性)결핍에서 벗어나 이 땅의 자연이 지닌 모성적 성격에 눈을 뜬다. 이러한 인식의 변화는 이태준이 작중 어린 아이에게 자신의 감정을 투사하지 않고, 어린 아이가 지닌 순수함에 눈을 떴기 때문이다.

이태준의 내면에 잠재하는 어린 아이가 헐벗고 굶주렸던 결핍체라고 한다면, 그러한 자아상에서 벗어나 이태준이 마주한 실제 어린 아이는 백지 상태의 투명하고 순수한 시선을 지닌 어린 생명이다. 이 땅의 어린 생명들은 자연과 쉽게 하나 될 수 있고, 자연의 섭리를 온전히 내면화한다. 작중 어린 아이가 알아가는 자연의 섭리는 결국 이태준이 발견해 낸 이 땅의 또 다른 모성(母性)이다. 전반기 아동 서사물에서 이태준이 자신의 처지를 투사하여 어미 잃은 연약한 생명을 묘사함으로써 외롭고 고독한 정서를 보여주는데 그쳤다면, 후반기 아동 서사물에서 이태준은 어린 생명 그 자체에 주목함으로써 이 땅의 자연으로까지 시야를 넓힐 수 있었다. 그 결과 이태준은 이 땅의 모든 모성들이 '생명'을 관장하고 살찌우게 한다는 것을 깨닫는다.

전반기와 후반기 작품에 구현된 어린 생명의 특성을 비교해 보면 그 차이를 자세히 알 수 있다. 전반기 작품에서 「어린 守門將」(1929.1)의 새끼 강아지, 「불쌍한 三兄弟」(『어린이』, 1929.7 · 8합병호)의 새끼 까치는 어린 생명으로 등장하고 있지만, 작중 인물의 감정이입과 서술자의 개입으로 생명 자체의 가치보다 생명에 투사된 인물의 정서가 더 두드러지게 나타나 있다. 작중에서 어미 품을 떠나 외롭고 쓸쓸하게 죽어간 그들의 고달픈 여정에는 이태준 자신의 슬픈 유년기가 투사되어 있다. 가령 「불상한 少年美術家」(『어린이』 7, 1929.2)의 말미에 이르면 1인칭 관찰자는 작중 불쌍한 소년 미술가에 대해 다음과 같이 몰입된 감정을 투사한다. "나는 지금도 그가준 대장(大壯) 그린 그림을 벽에 부쳐놋코 봅니다. 저럿케무서운 장사를 그린 그 약하듸약한 어린미술가가 지금은 어듸서 울고 잇슬가! 문밧게만 나가면 그를 당장 만날 것처럼 그리워서 잠이 오지 안습니다. 오— 우리 불상한 어린미술가여!"21)

반면 후반기 작품에 이르면 어린 생명은 그 스스로 주체가 되어 생명의 온전한 가치를 탐색하고 있다. 「슬퍼하는나무」(『어린이』, 1932.7)에서 나무는 새의 동무로서 알에서 막 부화된 새끼 새의 생명을 보호하고 있다. 「꽃장수」(『어린이』, 1933; 『새동무』, 1947.4)에서 아기는 엄마와의 대화를 통해 꽃을 피게 하는 것이 땅, 비, 햇빛 등 꽃을 둘러싼 일체 자연의 손길임을 알아나간다. 특히 「꽃장수」는 작가 의식의 성장을 두드러지게 보여주는 작품으로서, 자세히 살펴볼 필요가 있다. 이 작품의 주제를 요약하면, 아기를 키우는 것이 '엄마'의 몫이듯이 이 땅의 생명을 키우는 엄마의 역할은 '하늘'이 한다는 것이다.

그렇다면 '하늘'이 의미하는 바는 무엇인가. 그것은 생명을 살리는 존재이다. 엄마가 아기를 돌보듯 새, 까치, 나무, 꽃과 같은 어린 생명은 보살핌을 받아야 한다. 어린 새이건 어린 아이이건 간에 생명은 소중하다. 하나의 생명은 또 다른 생명과 긴밀하게 관계를 맺고 있는데, 이때 생명을 관장하는 것이 '하늘'이다. '하늘'은 일체의 생명과 생명간의 평등과 유기성을 구현해 주는 이 땅의 모성(母性)이다. 「꽃장수」에서 '하늘'의 역할과 관련하여, 우리는 이태준이 1930년 초여름에 발표한 수필 「六月의하누님」을 살펴볼 필요가 있다. 이 글에서 이태준은 살아있는 자연과 생명에 대한 외경심을 '하누님'이라는 호칭을 빌어 찬탄하고 있다.

우리는 포동포동한 앵도를 입안에 굴닐때 썰썰한 오이를쓰다듬을때 더구나

21) 이태준, 「불상한 少年美術家」, 『어린이』 7, 1929, 245면. 이러한 작가의 감정투사는 본격 소설에 이르러서도 나타난다. 「달밤」(『중앙』, 1933.11)에서 '나'는 좀 모자라지만 순수한 인물 황수건이 건네준 포도를 "은근한 순정의 열매를 먹듯 한 알을 가지고도 오래 입안에 굴려 보며 먹"는다. 작가는 화자인 '나'를 통해 황수건에 대한 애정과 연민의 감정을 투사한다.

참외를깍가먹을째 이저서는 안될것을 흔히이저바립니다

무엇일가요 동생생각일가요 아닙니다. 언니나동생도 생각해야하지만 꼭생각해야 할것이잇습니다. 앵도가 어대서생기나 오이 또참외가? 하고 생각해야합니다. 앵도는 앵도나무에서짜고 오이는오이덩굴 참외는참외덩굴에서짜지 어대서생기나하겟지요. 그러나그앵도나무와 오이덩굴과참외덩굴이 어대서자랍닛가 그것은쌍에서 흙에서 자랍니다. 비를맛고 햇볏을보고밤엔 이슬을맛고 자라난것이랍니다. 우리는 하누님의은혜를생각해야합니다. 하누님이라닛가금옷을닙고 수염이나고 증조하라버지처럼 위엄이잇서보이는 귀신을말하는것이아니라 자연(自然)을가리침입니다. 우리를살게하는자연이 곳 우리가 공경할하누님이니 흙도하누님이요 비도하누님이요 해도이슬도 모다 하누님이올시다.

하누님은 앵도를 익켜줍니다. 오이를 열게해주고 참외를 싸먹게하여줍니다.

유월의 하누님은 참말감사합니다. —5월 24일 개성에서[22)]

위의 인용문에서 알 수 있듯이 '하누님'은 '자연'의 다른 이름이다. 이태준의 아동 서사물이 게재된 『어린이』지가 천도교에 의해 창간 및 운영되고 있으므로, 그 역시 천도교의 영향을 받았을 것이다. 당시 천도교는 조직적 기반을 가지고 있었으므로, 출판일을 재정적으로 뒷받침할 수 있었다. 1919년 3·1운동의 여세를 몰고 나온 천도교의 교리강연부(1919.9)가 천도교 청년회(1920.3)로 발전하면서 그 편집부 사업으로 개벽사를 창설하고, 재정적인 지원을 아끼지 않았다. 그의 일환으로 종합잡지 『개벽』(1920.6.25 창간)이 처음 나오고, 다음으로 『부인』(1922.6.10 창간)을 낸 후 세 번째로 『어린이』지가 창간된다.[23)] 아동문학 연구자 이재철에 의하면 『어린이』지는 룻소의 민

22) 이태준, 「六月의하누님」, 『어린이』 제8권 제5호, 1930.5, 54면.

약론(民約論)에 비유되는 인내천(人乃天)과 보국안민(輔國安民), 제폭구민(除暴救民) 사상에서 연유된 아동인권 옹호운동의 실천의 현장이다.[24] 제2세 교조 최시형이 1889년 11월에 반포한 "내수도문(內修道文)" 6개 조항중 제4항 "일절 모든 사람을 한울로 인정하라. 손이 오거든 한울님이 오셨다 하고 어린 아이를 때리지 말라. 이는 하늘님을 치는 것이다"는[25] 『어린이』지의 성격 및 이태준의 아동 서사물에도 적용되는 동학의 어린이관이다. 그러나 앞의 인용문 「六月의하누님」에서 이태준이 언급한 '하누님'은 이 땅의 생명을 살찌우는 '자연'이라는 점에서, 그것은 동학의 교리이기 전에 전반기 서사물에 등장하는 모성(母性)이 이 땅에 실재하는 방식이라 할 수 있다.

이태준은 후반기 아동 서사물에서 살아있는 생명에 대한 가치와 자연에 대한 경외심을 보여준다. 그는 아동 서사물을 창작하던 초반에는 고아의식과 모성결핍을 보여주었지만, 후반에 이르면 생명의 의기와 생명의 자연적인 유로(流路)에까지 시선이 확산된다. 이러한 관점에서 볼 때, 이태준이 자신의 아동 서사물을 '동화'로 분류하지 않고 '소설'이라 명명한 또 다른 이유를 알 수 있다. 그는 어린이 독자를 염두에 두고 창작했지만, 그가 궁극적으로 주목한 것은 어린이의 생활과 환경이 아니라 작고 여린 생명에 대한 애정과 이를 보살피는 모성의 가치라 할 수 있다. 그 결과 그의 작품에서 '하늘'은 '모성'이 그러하듯 작고 여린 생명을 살리는 근원이 된다는 점에서, 특정 종교의 교리를 구현하기보다 자연에 대한 경외심을 강조하고

---

23) 이광순, 「『어린이』 잡지를 되살려 내는 뜻—『어린이』를 내던 개벽사와 그 배경에 대하여」, 『어린이』(영인본) 1, 보성사, 1977, 9~12면 참조.

24) 이재철, 「민족주의 소년운동의 보루—『어린이』지의 史的 位相」, 『어린이』(영인본) 1, 보성사, 1977, 5면.

25) 이재철, 『아동문학개론』, 서문당, 2003, 42~43면.

있다. 이태준은 동화를 쓰기보다 창작을 통해 어린 생명들에게 의로운 기운을 북돋워주려 했으며, 이후 그가 창작하는 본격 소설은 이러한 습작기 아동 서사물의 창작정신을 심화하고 확장시킨 것이다.

5. 결론

이태준은 본격 소설을 쓰기 앞서 아동 서사물을 발표한다. 이 글에서는 이태준의 아동 서사물을 장르면, 형식면, 주제면에서 고찰해 보았다. 이태준은 『어린이』지에 작품을 게재하면서 '소년소설', '소설가튼이야기', '창작', '유치원소설', '유년동화' 등으로 장르를 구분한다. 당시 『어린이』지에는 '동화'와 '동요'가 중심 장르로 자리를 굳혔을 뿐 아니라, 전문적인 동화 동요 작가를 배출하고 있었다. 그럼에도 이태준이 『어린이』지에서 그의 대다수 작품을 '소설'로 명명한 이유는 무엇인가. 그는 소설이라는 타이틀을 제시함으로써 아이 뿐 아니라 모든 독자들이 볼 수 있는 이야기를 창작하려 했던 것이다. 그래서 인지 그는 짧은 기간 동안 적은 양의 작품을 발표했지만, 인간관계에서 비롯되는 갈등에서 시작하여 인간과 자연에 대한 생명 외경에 이르기까지 폭넓은 주제를 다루고 있다.

어린이 독자를 염두에 둔 소설 장르의 이해 통해, 이태준이 동화 장르를 어떻게 인식하고 있는지 짐작할 수 있다. '유년동화' 「슬퍼하는나무」에서 이태준은 자연물에도 인격을 부여하여 인간과 자연을 동등하게 인물로 등장시키고 있다. 그것은 자연과 인간이 제 각각의 목소리를 가지고 소통한다는 점에서 우화에 가깝지만, 좀 더 면밀히 살펴보면 자연과 소통할 수 있는 순수성을 동심으로 파악하고 그러한 동심을 적극 반영해 놓은 아동 서사물을 특별히 동화로 인지하고 있음을 알 수 있다.

이태준의 아동 서사물은 크게 전반기와 후반기로 나눌 수 있다. 전반기 아동 서사물의 특징으로 '서술자의 요약 서술'과 '1인칭 주인공의 관찰'을 들 수 있다. 작가는 자신의 불우한 유년 기억을 작중 인물에 투사함으로써, 고아의식과 모성결핍을 부각시킨다. 그 결과 새로운 서사 형식 모색보다 감상에 치우친 작품이 산출된다. 반면 후반기 아동 서사물에 이르면 다양한 형식 실험이 이루어지는 데, 대표적인 특징으로 '극형식의 실험'과 '담화체를 통한 묘사'를 들 수 있다. 이태준은 후반기 작품에 이르면 자신의 유년기를 투사하지 않으며 순수한 어린 아이를 형상화해 내는 데 성공한다. 그 결과 그들은 결핍된 모성으로 신음하는 인물이 아니라, 모성(母性)의 성격을 인지하고 이 땅의 현실에 존재하는 모성(母性)의 성격을 탐색해 나간다. 그것은 곧 자연(自然)의 다른 이름이며, 이 땅의 생명을 살리는 일이다.

이태준 아동 서사물의 형식 진화는 곧 작가 의식의 성장을 보여준다. 그는 모성(母性)이 곧 생명을 살리는 자연의 능력과 동일한 것임을 알게 된 것이다. 이태준은 일련의 아동 서사물 창작을 통해 본격 소설 작가로서 역량을 키워나갈 수 있는 토대를 마련했으며, 아동 서사물에 등장하는 순수한 아동은 본격 소설에서 의기를 실현하는 적극적인 청년으로 등장한다. 뿐만 아니라 아동 서사물에 구현된 생명을 살리는 자연에 대한 인식은 이후 본격 소설의 주제로 심화되고 확산되어 나타난다.

이태준 소설에 나타난 '유곽'의 의미

1. 서론

이태준에 관한 연구는 학위논문만 하더라도 100여 편을 상회할 정도로 많은 연구가 진척되었는데, 주로 이태준 소설에 대한 형식 규명이 압도적이다.[1] "근대적인 단편소설의 한 완성자",[2] "현대소설의 기법을 완벽하게 체득한 작가"[3]라는 평가 이래, 이태준 연구는 김현숙[4]과 이병렬[5]을 선두로 소설 형식에 관한 논의가 본격적으로 이루어졌으며, 해금(解禁) 이후 이

1) 이태준 관련 논저 소개는 『상허학보－근대문학과 이태준』(상허학회, 1999.12) 및 상허학회 홈페이지(http://www.sanghur.org)의 이태준 자료실(이병렬, '이태준 관련논저목록', 2002.2.14)에 상세히 소개되어있다. 이태준 전집의 간행 및 상허학회의 활약은 이태준 문학 연구의 큰 기폭제가 되었다.

2) 이재선, 『한국현대소설사』, 홍성사, 1979, 364면.

3) 정한숙, 『한국현대소설사』, 고려대 출판부, 1982, 128면.

4) 김현숙, 「이태준소설의 기호론적 연구」, 이화여대 박사논문, 1991.2.

5) 이병렬, 「이태준 소설의 창작기법 연구」, 숭실대 박사논문, 1993.8.

태준의 전작 간행은 월북작가 이태준의 의식 논의에 활기를 불어넣었다.[6] 형식과 내용을 아우르는 활발한 연구 성과에 힘입어, 이 글에서는 이태준 소설의 공간에 관해 주목해 보고자 한다.[7] 이태준 소설에서 공간은 작가의 의도가 집약적으로 응축되어 있다.

예컨대, 이태준의 「철로」(『여성』, 1936.10)와 「돌다리」(1941.11.12)는 작중 공간이 곧 제명으로 명시되는데, 이때 각 작품이 갖는 공간의 성격은 작품의 성격 및 작가의 의도를 반영한다. 「철로」에서 철수는 '철로'를 타고 어촌 마을에 출현한 여학생에게 연정을 품지만 여학생이 약혼자와 함께 '철로'를 타고 다시 마을을 떠나버리자, 철수에게 '철로'는 알지 못하는 역명(驛名)과 원한만 남겨 놓는다. 「돌다리」에서 의사 창섭이는 병원 건물을 사기 위해 아버지에게 전답 팔기를 권고하지만, 아버지는 팔기는커녕 땅의 은혜에 감사하며 손수 돌다리를 고친다. 이때 '철로'가 일방적으로 수용된 근대

6) 발표시기 순서에 따라 대표적인 박사논문만 소개하면 다음과 같다. 김현숙, 「이태준 소설의 기호론적 연구」, 이화여대 박사논문, 1990; 신순철, 「이태준 연구」, 효성여대 박사논문, 1991; 장영우, 「이태준 소설 연구」, 동국대 박사논문, 1992; 안남연, 「이태준 장편소설 연구」, 한국외대 박사논문, 1992; 이명희, 「이태준 문학 연구」, 숙명여대 박사논문, 1993; 이병렬, 「이태준 소설의 창작방법 연구」, 숭실대 박사논문, 1993; 한양숙, 「이태준 소설 연구」, 계명대 박사논문, 1994; 황영숙, 「이태준 소설 연구」, 명지대 박사논문, 1994; 박헌호, 「이태준 문학의 소설사적 위상」, 성균관대 박사논문, 1997; 송인화, 「이태준 소설 연구」, 연세대 박사논문, 1999; 조기철, 「이태준 문학작품에 나타난 선비정신 연구」, 단국대 박사논문, 2000; 김은정, 「이태준 장편소설 연구」, 서강대 박사논문, 2001; 이탄미, 「이태준 연구」, 중앙대 박사논문, 2001; 이호숙, 「이태준 소설의 이중 욕망 연구」, 이화여대 박사논문, 2001; 방용호, 「이태준 장편소설 연구」, 인하대 박사논문, 2003; 박진숙, 「이태준 문학 연구」, 서울대 박사논문, 2003; 강대원, 「상허 이태준 단편소설 연구」, 한양대 박사논문, 2009.

7) 이태준 소설의 공간 및 배경에 대한 선행 연구로는 다음과 같은 논문이 있다. 민충환, 「상허 이태준론(7)－작품의 현지답사 내용을 중심으로」, 『공산권연구』, 1989.1; 민충환, 「상허 이태준론(9)－'산월이'에 나타난 현장조사를 중심으로」, 『논문집』 11, 부천공전, 1990.12; 박영순, 「이태준 소설의 배경적 모티프 연구－기차 · 정거장을 중심으로」, 강원대 석사논문, 1999.2; 양용산, 「이태준 단편소설에 나타난 공간분석」, 목포대 석사논문, 2001.2; 조윤정, 「이태준 문학의 심상지리 연구」, 서울대 석사논문, 2006.

문명의 불완전한 모습을 반영하고 있다면, '돌다리'는 땅과 민족정서를 연결해 주는 교량으로 등장한다. 단편소설에서는 공간이 크게 '시골'과 '도시'로 구분되는데, 장편을 포함한 후기작으로 갈수록 '학교', '예배당', '복덕방' 및 '미국', '동경'에 이르기까지 작중 공간이 확산된다.

이 글에서는 이태준 소설에 나타난 다양한 공간 층위 중, '유곽'에 관해 논의하고자 한다. 이태준 소설에서 '유곽'은 도시를 배경으로 하는 작품에 등장하여, 일제에 의한 문명화의 폐해를 암시한다. 유곽은 일본에[8] 의해 수용된 법적 공인 매춘 사업장으로,[9] 동시대 다른 작가들에 비해 전통문화에 애착을 보이는 이태준에게는 전통을 위협하는 곳이다. 이태준은 1930년대 발표된 「아무 일도 없소」에서 취재 형식으로 '유곽'을 탐방하고 있으며, 「사막의 화원」에서는 유곽을 탈주한 '창기'의 애화(哀話)를 보여준다. 이와 아울러 이 글에서 주목하는 작품은 「그림자」(『근우』, 1929.5), 「산월이」(『별건곤』, 1930.1), 「패강랭」(『삼천리문학』, 1938.1)과 같은 기생 소재 작품[10] 및 「꽃나무는 심어 놓고」(『신동아』, 1933.3), 「바다」(『사해공론』, 1936.7)와 같은 여성매매 소재 작품이다. 전자의 작품들은 전통적 '기생' 풍속의 사멸을 보여주는 것 외, '기생'이 유곽으로 대표되는 '매음녀(창기)'로 전락하는 계기

8) 일본의 매매음은 매음 전문업소인 유녀옥(遊女屋)의 영업을 유곽(遊廓)에 한하여 공인하는 공창제도하에서 이루어졌다. 16세기에 공창제도가 확립된 후 유곽의 매매음은 점차 성행하였으며, 명치시대에는 근대적인 면모를 띠면서 전국적으로 확대되었다. 山下英愛, 「한국근대 공창제도 실시에 관한 연구」, 이화여대 석사논문, 1992, 6면.

9) 유곽(遊廓)은 1900년 10월 일본 부산영사관 시달 '제23호 예기영업 및 취체규칙'에 의하여 부산 일본전영거류지 부평정 1정목에 '특별요리점'의 개업 허가가 최초이며, 이후 1904년 10월 10일자 경성 영사관령 제3호로 '요리점취체규칙'이 발포된 이후 일반화되었다. 이후 급속도로 그 수가 늘어나던 유곽은 8 · 15광복 이후 공창폐지와 함께 소멸되지만, 사창의 형태로 그 잔영은 남아있다. 손정목, 「賣春業－公娼과 私娼」, 『일제강점기 도시사회상 연구』, 일지사, 1996, 447면 참고.

10) 이외, 이태준 소설에서 기생이 등장하는 소설은 「황진이」(『조선중앙일보』, 1936.6.2~9.4 연재 중 중단되자 1938년 2월 동광당서점에서 단행본으로 출간)가 있다.

및 과정을 보여주고 있다. 후자의 작품들은 유곽의 성행이 초래한 여성매매 풍조를 보여준다. 기생 전통의 사멸이 유곽의 도래와 무관하지 않다고 할 때, 이태준 소설에 나타난 '유곽'은 식민지 문화의 특수성을 보여주는 객관적 상관물이다.

이태준 소설에 나타난 유곽의 의미를 살펴보기 위해서는 유곽의 등장과 더불어 근대 새롭게 생겨난 두 계층, 창기(娼妓)와 포주(抱主)의 이해가 선행되어야 한다. 당시 법령 용어에 의하면[11] '기생'은 주석(酒席)에 앉아서 술을 따르고 기예(妓藝)를 업으로 하는 자를 명명하며, '창기'는 불특정 다수인(多數人)에게 성(性)을 제공하고 대가를 받는 자를 명명한다. '포주'는 다수의 창기를 거느리고 업점(業店)을 운영하는 유곽의 영업주다. 유곽은 매음업을 일삼는 단일 업점에 대한 명칭이면서 동시에, 그러한 업점이 집단화되어 있는 일대를 명명한다. 이태준 소설에서 '기생'이 전통의 잔영을 대변하고 있다면, '창기'는 사멸한 전통의 음화를 대변한다. 양자의 갈림길에 '유곽'이라고 하는 근대 체제가 자리 잡고 있다. 이 글에서는 1930년대 이태준 소설에 나타난 유곽의 특성과 의미를 살펴보고자 한다. 1930년대 이태준 소설에 등장하는 '유곽'의 의미 규명은 이태준의 현실 인식 및 근대 식민지 문화의 특수성을 알 수 있는 계기가 되리라 본다.

11) 1916년 3월 31일자 경무총감부령 제3호 예기작부치옥영업취체규칙(藝妓酌婦置屋營業取締規則) 및 동 4호 대좌부창기취체규칙(貸座敷娼妓取締規則). 손정목, 앞의 책, 445면 참고.

2. 유곽의 도래와 전통의 사멸

1) 기생의 퇴락과 인신매매

이태준의 「그림자」(『근우』, 1929.5)는 전통의 사멸 과정을 보여준다는 점에서 주목을 요한다. '추석'을 앞둔 달밤, 주인공은 '조선시대' 성문인 "멀—리 유곽만 떠있는 동대문을 바라보며 조고마한 생각 하나"[12]에 잠긴다. 주인공이 애수에 잠긴 이유는 그가 회상하는 대상의 특수성에 기인한다. 이 대상은 곧 기생인데, 근대에 이르러 기생은 '창기'가 되는가 하면, '창기 수준'의 매음녀로 전락한다.[13] 「그림자」는 기생이 몰락하는 과정을 보여주고 있는데, 여기에는 이태준의 애잔한 정서가 녹아있다.

학생시절, 요릿집에서 알게 된 기생 '소련(小蓮)'은 함께 살던 양모가 죽고 빚에 쪼들리자, 집을 팔고 포주의 집에 들어간다. 이때부터 기생은 포주라는 '영업주'에 구속됨으로써 예기의 성격을 잃어버리고 매음업에 전념하는 창기의 수준으로 전락한다. 양모(養母)일망정 자기의 집에 기거하면서 요리점에 불리어 다니는 기생과 달리, 창기는 철저하게 포주에게 구속된 존재이다. "가기 싫은 놀음에도 가야 하고 만나고 싶은 사람이라도 돈을 받아오지 못하는 곳에는 갈 수 없는 매인 몸"(「그림자」, 49면)이 된다. "늦어도 네

---

12) 이태준, 「그림자」, 『달밤』, 깊은샘, 1995, 43면. 이하 작품 인용은 인용문 말미에 작품명과 페이지 수만 명기. 조선의 잔영이 남아 있던 당대에는 사대문을 기점으로 성안과 성밖이 구분되었으며, 특히 성안을 구성하는 사대문 중 동대문은 조선의 왕궁과 밀접하여 그 울타리 구실을 하고 있었다.

13) 이태준은 수필집 『무서록』에서도 조선을 대표하는 세 가지 중에서 기생을 꼽으며, 근대에 이르러 전통적 기생의 풍모가 사라짐을 안타까워한 바 있다. 이태준, 「妓生과 詩文」, 『무서록』, 깊은샘, 1994, 81~83면.

시까지는 포주의 집으로 돌아가야 하는 것이요, 만일 밖에서 밤을 지내고 들어가면 그만한 보수를 들고 들어가야만 남의 피로 돈을 모으며 살아가는 포주의 매를 면하는 것"(「그림자」, 49면)이다. 궁색한 유학생인 나는 소련이를 극진히 사랑하지만, 화대를 비롯한 경제적 도움을 전혀 주지 못한다. 나는 소련이의 영업이 끝나기를 기다렸다가 새벽에야 얼굴을 보았으며, 나를 만나고 늦게 들어간 소련은 '나간 시간'만큼 그에 해당하는 돈을 벌어 오지 않았다는 이유로 포주에게 "눈두덩엔 시퍼렇게 멍이 들"고 "머리채를 끄들리어 머릿속이 온통 부어오르고 전신이 불덩어리"(「그림자」, 50면)가 되도록 맞는다. 기생 소련은 애초에 빚에 쪼들리다 못해 포주의 집으로 들어간 것이었으나, 소련은 늘어나는 빚 때문에 '인천의 또 다른 유곽'으로 옮기게 되고, 이후 나는 소련을 만나지 못한다.

이태준의 「그림자」는 신간회 자매단체로서 여성운동 단일전선인 '근우회' 기관지 『근우』에 게재된 작품이다. 1927년 5월 27일 근우회 창립 총회에서 내린 행동강령 중 하나가 '인신매매 및 공창(公娼)의 폐지'라는 점에 착안할 때,[14] 『근우』에 실린 이태준의 「그림자」는 유곽에 대한 비판을 우회적으로 보여준다. 유곽의 공창은 단순히 공창만의 문제가 아니었으며, 사창(私娼)의 범람 및 나아가 전통적인 기생의 풍속에도 악영향을 미친다. 전통적으로 기예(技藝)에 능숙한 기생의 품격은 사라지고, 기생은 얼굴과 육체로 먹고사는 작부(酌婦)와 동일한 행로를 밟기 시작한다. 「그림자」의 전반부에는 명월관 술좌석에 불려나온 두 기생이 등장한다. "홍취 깊은 남도

14) 당시 공창 폐지론자의 공창 폐지 근거는 다음과 같이 두 가지로 나누어진다. ① 전체 민족의 도덕률 저하, ② 매독(梅毒)과 임질(淋疾)로 인한 국민 위생 보건문제(오경선, 「公娼廢止를 實現케 하라」, 『신민』, 1928.1, 86면)

소리" 및 "능란한 가야금"을 탈 수 있는 기생 '소련'과 대조적으로 "유행 창가"밖에 부를 줄 모르는 "음란하고 천박한" 기생 '향화'가 등장한다. 술좌석에서는 단연 육감적인 추파를 보이는 향화가 시선을 끌었는데, 이것은 당시대의 전반적인 풍토를 보여준다. 임종국은 전통적인 기예(技藝)에 관계없이 '얼굴'만으로 손님을 맞는 기생을 '벙어리 기생'이라 하여,15) 근대 기생 풍조의 퇴화를 지적한 바 있다.

전통적 기생은 1패 · 2패 · 3패로 엄격히 구분되어, 1패는 관기로서 기예(技藝)에 능한 반면, 2패는 은근히 몸파는 은근자(殷勤者, 隱君子)이고 3패는 노래와 춤은 못하며 매음만 하는 유녀(遊女)를 일컬었는데,16) '벙어리 기생'의 출현은 유곽의 도입과 더불어 법적으로 매매춘이 공개되면서 매음에 전념하는 2패 · 3패들이 기생의 자리를 점하게 된 결과이다. '벙어리 기생'의 특징은 박태원의 「거리」(『신인문학』, 1936.1)에 등장하는 안집 기생 '세 자매'에게 찾아볼 수 있다. 바깥채 사는 식구들은 눈만 뜨면 안집 기생들의 외설한 대화와 비속한 가요를 듣는다. 명색이 기생이지만, 그들은 '양산도', '수심가', '개성난봉가'와 같은 속요만 연습한다. 당시 기생은 일정 세액을 낸다는 점에서 직업인으로 인식되었는데, 직업을 순례하는 일기자에 의하면 "옛날에는 기생 행세를 하려면 音律은 물론 심지어 書畵까지라도 숭내를 내여야 비로소 한 것이련마는 今日의 그 資格은 아무런 標準도 업다. 男子나 『고녀』만 안이면 누구나 할 수"17) 있다고 하여, 퇴폐적 직종으로 전락

15) 임종국, 「일본인 기생촌(유곽—필자)의 발달—전통적 기생 법도의 붕괴」, 『밤의 日帝 침략사』, 한빛문화사, 1984, 22~23면. 임종국이 지적한 '기생촌'은 일본에서 들어온 '유곽'을 의미한다.

16) 이능화, 『조선해어화사』, 동문선, 1992, 442~451면; 백화랑, 「없어진 民俗—妓生의 特色」, 『조광』, 1936.10, 214~218면.

17) 一記者, 「妓生」, 『신민』, 1927.10, 84면.

한 기생의 성격을 보여준다.[18] 그 결과, 기생은 본시 "관비중에서만 선택하든 것이" 근대에 이르자, "누구라도 마음만 있으면 기생노릇"을 할 수 있게 되었다. 근대에는 기생들에게 "가사와 춤"이 아니라, "잡가"를 위시한 "외국의 가무까지 수입"된다.[19]

1930년대 말, 이태준의 「패강랭」(『삼천리문학』, 1938.1)에는 기생 풍조의 퇴락이 더욱 두드러진다. "흰저고리 옥색치마"의 방정한 품행으로 장구를 치고 가사를 부를 줄 아는 옛 기생 '영월'과 "재즈를 틀어놓고" 손님과 마주하여 댄스를 추는 젊은 기생이 등장한다. 무르익은 술좌석에서는 으레 '보이'를 불러 '유성기'를 가져오고, 손님과 기생간에 재즈판이 벌어진다. 근대 일본으로부터 도래된 유곽은 단순히 공창 문제에만 국한되지 않았다. 「그림자」의 소련이처럼, 기생은 창기로 전락하거나 창기와 다를 바 없는 저급한 수준으로 전락한다. 비록 기생이라는 명칭을 쓰고 있더라도 기예(技藝)를 구비한 기생(1패)이 아니라, 작부(酌婦) 수준으로 전락하는 것이다. 나아가 유곽은 법적으로 공인된 매음장(賣淫場)으로서 당대인들에게 매음의 공공성과 여성의 물질적 가치를 보여주었으며, 그 결과 작부를 비롯한 사창

---

18) 임종국은 한말과 근대에 이르러 붕괴된 '전통적 기생의 법도'를 다음과 같이 세 가지 들고 있다. ① 남산 일대에 일본인 기생촌(유곽—필자)이 번창하자 그네들의 맨발 벗는 풍습이 고용된 조선인 잡역부를 통해서 화류계와, 심지어는 안방에까지 스며들기 시작하였다. ② 한말이래 양반들이 세력을 잃자, 전통적인 기생들도 따라서 영락하였다. 철도가 생기자 영락한 시골 기생들이 서울로 몰려들면서, 빈농 · 소작인의 딸까지도 덩달아 양금(洋琴) 채를 잡으면서 전통적 기생법도가 퇴락했다. ③ 무부기(無夫妓)의 등장—전래의 풍습에 기생은 반드시 기둥서방을 두게 마련이었으나, 벙어리 기생들이 전통적 격식을 지켜낼 겨를은 없었다(임종국, 앞의 책, 21~24면). 임종국은 당시 법령 용어인, '기생'과 '창기'를 구분하지 않듯이 유곽과 기생집을 동일하게 본다. 다음 장에서 작품을 통해 후술하겠지만, 임종국이 언급한 '일본인 기생촌'은 '일본집 유곽'을 말하며, '무부기(無夫妓)의 등장'은 일본의 정책에 의한 것이다.

19) 白花郎, 「없어진 民俗—妓生의 特色」, 『조광』, 1936.10, 214~218면. 이 밖에 근대 기생들의 구체적인 학습 내용은 가와무라 미나토, 유재순 역, 「기생학교」, 『기생』, 소담출판사, 2002, 190~211면을 참고하기 바람.

은 증대되고 기생 역시 매음시장에서 직업 매춘부로 자본화의 길을 걸었다. 그로 인해 대두된 심각한 사회 문제가 인신매매 풍조이다.[20]

이태준의 「바다」(『사해공론』, 1936.7)와 「꽃나무는 심어 놓고」(『신동아』, 1933.3)는 여성이 유곽에 팔려 가는 계기와 과정을 보여준다. 「바다」에서 어부의 딸 옥순은 아버지와 약혼자가 죽자, 빚 때문에 팔려가게 된다. "마싰는 요리도 먹"고, "손님들으게 귀염으 받"[21]는 곳이 어떤 곳인지 잘 아는 옥순은 스스로 바다에 몸을 던진다. 「꽃나무는 심어 놓고」에서 '김씨의 부인'은 남편과 함께 상경하였다. 남의 집에서 음식을 구걸하다가 길을 잃은 '김씨의 아내'는 길을 찾아준다는 늙은 노파에게 이끌려 유곽으로 팔려간다. 여자의 "얼굴과 살의 젊음"을 지켜보던 노파는 "어떻게 돈냥이나 만들어 써볼"(「꽃나무는 심어 놓고」, 221면)요량으로 '김씨의 부인'을 판다. 이 노파처럼 "비밀로 인신을 매매"할 경우, 수십 원의 중매료를 받는다. 왜냐하면, 이 경우는 "한번 팔리면 영영 벗어날 수 없는 그야말로 종신징역과 같은 것이므로 매매되는 신대금(身代金)도 보통 것보다는 비싸다는 것이다."[22] 근대에 도래된 유곽은 기생 전통의 사멸만이 아니라, 사창의 범람 및 인신매매와 같은 퇴폐 풍조를 조장했다.

---

20) 근대 통계학자 이여성은 1925년 예기 · 창기 · 작부의 수가 6천 9백 명이던 것이 1931년에는 9천 437명으로 늘어난 것에 대해, 당시 만연한 인신매매풍조를 우려하며 공창폐지운동의 필요성을 언급한다. 이여성, 「朝鮮의 藝妓, 娼妓及酌婦數」, 『신가정』, 1934.7, 50~51면.

21) 이태준, 「바다」, 『돌다리』, 깊은샘, 1995, 43면. 이하 작품 인용은 인용문 말미에 작품명과 페이지 수만 명기.

22) 石人, 「人身賣買小話」, 『신가정』, 1934.7, 51면. 뒷골목 비밀 거래를 제외하고 창기는 매매 당시, 계약 기간을 정하고 그 기간에 맞추어 돈을 받았다.

2) 유곽의 이원화와 조선 창기의 비애

이태준의 「아무 일도 없소」(『동광』, 1931.7)는 잡지사에 다니는 기자 K의 시점에서 이야기가 전개된다. "신춘 에로 백경집"을 기획하기 위해, 기자 K는 "크게 센세이션을 일으킬 기발한 에로"(「아무 일도 없소」, 143면)를 찾아 '유곽'으로 나선다.

> K는 전차를 내려 어두컴컴한 병목정 거리를 톺아 올라갔다. 거리는 들어갈수록 불이 밝고 번화하여 이곳은 다시 초저녁이 오는 것 같았다. (…중략…)
>
> "여보, 모자 쉬겨 쓰고 가는 양반?"
>
> 하고도 불렀다. 그런 때면 K는 더 걸음을 자주 놀렸다. 그리고 보니 얼만 안 가서 K의 앞에는 커다란 행길이 나오고 말았다. 그 행길은 보통 평범한 거리 같았다. K는 실소하지 않을 수가 없었다.
>
> 그러나 가만히 좌우를 살펴본즉 산 밑으로 올라가며, 보통 상점 집과는 다른 일본식 이층집 삼층집들이 즐비하게 놓여 있었다. 그때에 K는 옳구나 저기가 정말 유곽인가 보다 생각하였다. 그리고 가까이 가서 본 즉 과연 집집마다 문안에 으슥하게 들어설 곳을 만들어 놓고, 마치 활동사진관 문앞에 배우들의 브로마이드를 걸어놓듯 창기들의 인형 같은 사진을 진열해 놓았다. K는 아까 지나온 조선집 거리처럼 그렇게 난잡스럽지 않은 것을 다행으로 모자는 숙여 쓴 채 너덧 집이나 문간에 들어서서 다른 사람과 함께 사진 구경을 하였다. 그러나 별로 붙잡을 것이 없었다. 그 모양으로 다니다가는 밤을 새워도 기사 될 재료는 하나도 없을 것 같았다. 그래서 K는 다시 용기를 내어 각오하였다. 이것도 기자 생활의 수난인가 보다, 나선 길이니 철저히 한번 활약해 보자 하고, 다시 아까는 곁눈질

도 못하고 지나온 좁은 거리로 되들어섰다(「아무 일도 없소」, 144면, 강조는 인용자).

기자 K의 시선을 따라간 위 인용문에는 당대 유곽에 대한 몇 가지 정보가 나타나 있다. 유곽은 대규모로 밀집해 있으며, '좁은 거리'의 조선집 유곽과 '커다란 행길'의 일본집 유곽으로 엄격히 분리되어 있다. 조선집 유곽에서는 "불 밝은 이집 저집 대문간" 및 "들창 안에서" 계집애들이 손님을 직접 호객하는 풍경을 보여주고 있는 반면, 일본집 유곽에서는 대형 브로마이드를 진열해 놓고 보다 전문적으로 영업한다. 작중에서, 기자 K가 찾은 '병목정 거리'는 당시 유명한 신정유곽(新町遊廓) 일대이다. 1920년경 경성에는 신정유곽(新町遊廓)과 미생정유곽(彌生町遊廓), 두 개밖에 없었는데 그 후 대도유곽(大島遊廓)이 생겨났다. 미생정유곽은 일본인 공창만을 수용하였는데, 창기 수용과정에서 한 · 일인을 엄격히 분리했다. 신정유곽은 처음 제일루(第一樓) 하나로 시작된 신정(新町)내에 10개의 업체가 들어서고 계속 그 수가 늘어가자 우선 종전의 신정 서편일대를 새로 개발, 소위 대화신지(大和新地)라는 유곽지대를 만들었으며 신정의 동쪽 서사헌정(西四軒町, 장충동2가)에서 병목정(並木町, 쌍림동)에 걸친 지대를 개발하여 순 한인들만의 유곽지 동신지(東新地)를 개설한다.[23)]

이태준의 「아무 일도 없소」에서 기자 K가 병목정에 이르러 접어든 '좁은 거리'는 순 한인들만의 유곽인 '동신지'에 해당하며, '커다란 행길'의 즐비한 일본집은 '신정(新町)유곽' 혹은 '대화신지(大和新地)'로 추정된다. 당시

23) 손정목, 앞의 책, 456~457면 참고. 손정목에 의하면 '新地'란 '유곽을 위해 새로 개발한 땅', 즉 유곽 그 자체의 명칭이라고 한다.

유곽은 일본집과 조선집이 엄격히 이분화되었다. 공창업자들은 지역별로 조합을 형성하고 있었는데, 기자 K가 찾은 신정(新町)과 그 서편 대화신지(大和新地)는 신정대좌부업조합(新町貸座敷業組合)에 소속해 있었다. 창기의 '브로마이드' 진열은 1921년 9월부터 실시되었는데, 그 전에는 '장점(長店)'이라는 유리문을 단 넓은 방에 창기들이 열좌(列坐)하여 유객이 보고 선택할 수 있도록 되었다.[24)]

지금까지 K가 본 것이 병목정 일대의 유곽 외부 전경이라면, 유곽 내부는 어떠한가. K는 일본인 창기가 있는 유곽이 아니라, 조선인 창기가 있는 유곽으로 들어선다. 유곽에서 K가 주목한 것은 "몸으로써 사내를 꾀이기에는 너무나 털도 벗지 않은 살구처럼, 이제 **열오륙 세 살짜리들**이 머리채를 땋아 늘인 채로 대문간에 나서서 노랫가락을 홍얼거리며, 이녀석 저녀석에게 추파를 보내"(「아무 일도 없소」, 144~145면, 강조는 인용자)는 나이 어린 창기이다. "말소리와 얼굴을 보면 **많아야 열대여섯밖에** 안되어 보이나, 그의 젖가슴을 보면 스무 살도 훨씬 넘을 것"(「아무 일도 없소」, 146면, 강조는 인용자) 같은 "애티있는 얼굴"의 계집애는 치마끈을 끄르며 정식으로 홍정을 건다.

유곽에서 이태준이 주목한 것이 유곽의 환경이 아니라,[25)] 나이 어린 창기라는 사실은 의미있는 대목이다. '많아야 열오육 세 살짜리' 소녀는 창기가 되기에 너무 어림에도 불구하고, 일본은 기생과 창기의 연령하한을 만 15세로 정함으로써 매음부의 저연령화를 초래했다. 이것은 일본내 공창의

---

24) 위의 책, 456면.

25) 참고로 당시 유곽내 시설과 설비를 살펴보면 다음과 같다. "한간방인데, 천장 한 가운데 전등이 대롱대롱 매어달리고 우ㅅ목에는 값헐한 장농이 한채. 그 옆에는 경대, 장농 우에는 으릿으릿한 인조견 금침. 벼람박에는 울은붉읏한 인조견 의복. 드러앉으니 좌우 옆방에서 남녀의 속삭어리는 소리와 노래소리가 들려옵니다. 이와 같은 방이 몇十개고 반침하나씩을 격하여 즉 연결되어 있는 것입니다." 一記者, 「人肉의 市－公娼屈訪問記」, 『신가정』, 1934.7, 67면.

연령하한이 18세였다는 것과 16살을 하한으로 한 대구 이외에 거류지에서는 18살이었다는 것을 고려할 때,[26] 일제에 의한 조선 여성의 인권 유린을 보여준다. 더구나 남녀 혼인에 있어서도 충분한 발육을 충분조건으로 내세우는 당대의 상황으로 미루어 보더라도,[27] 어린 소녀 창기의 매매음은 조선의 상황을 고려하지 않은 일제의 압제를 간접적으로 시사한다. 일원을 놓고 도망치듯 나온 K는[28] 어두운 골목, 남의 집 담장 밑에서 새 '에로 하나'를 발견한다. 죽은 어머니의 시체를 감장하기 위해 돈을 마련하려는 딸이 밀매음을 선택한 것이다. 유곽내 공창(公娼)과는 또 다른 매음, 사창(私娼)을 경험한 K를 통해 당대 '유곽'은 단순히 공창만을 배양한 것이 아니라 암울하고 비애 가득한 조선 전역을 사창(私娼)으로 나아가 매음소굴로 물들이고 있음을 알 수 있다.[29]

3) 식민지 주종관계의 표본으로서 포주와 창기

이태준의 「사막의 화원」(『조선일보』, 1937.7.2)은 유곽을 탈주한 창기의 후

---

26) 山下英愛, 앞의 글, 36면 참고.

27) 이광수, 「婚姻에 對한 管見」, 학지광, 1917.4, 28~34면.

28) 1930년 중반무렵, 유곽에서 창녀를 사는 시가는 3원~4원 정도로 보인다. 일기자가 쓴 '공창굴 방문기'에 의하면 다소 유곽출입이 잦은 손님은 3원으로 낙착을 보는 반면, 처음 온 듯한 손님은 6원까지 받는다(一記者, 앞의 글, 66~67면 참고). 박태원의 「악마」(『조광』, 1936.3~4)에서 학주 일행 역시 3원으로 낙착을 본다.

29) 이명희는 「이태준 소설의 여성주의적 층위」(『1920년대 동인지 문학과 근대성 연구』, 깊은샘, 2000, 333~360면)에서 「오몽녀」를 제외하고, 이태준의 전작은 여성의 모성성을 강요함으로써 남성중심사회를 공고히 하였다고 본다. 이때 '여성의 매매음'은 아비의 부재라는 상황에서 여성이 아비의 경제력을 대리한다고 보고 있는데, 이러한 사실은 비단 이태준 작품에만 국한된 문제가 아니다. '아버지와 남편의 경제력을 대변하는 여성의 출현'은 김동인의 「감자」, 나도향의 「뽕」, 김유정의 「소낙비」 등과 관련하여 근대문학 저변에 산재해 있는 특수성이라는 점에서, 당 시대의 정치적이고 경제적인 문제를 함축하고 있다.

일담이다. "'하나꼬'는 원산 어떤 유곽에 매인 몸으로 이웃 요릿집의 쿡으로 있는 사나이와 정이 들어 도망왔던 것이라 한다."[30] 하나꼬가 쿡과 더불어 S어촌에서 식당을 차린 지 얼마 지나지 않아, 식당은 불타고 재만 남는다. "사나이는 순사에게 잡혀가고 계집은 포주에게 붙잡혀 매를 한 마당이나 맞고 다시 유곽으로 끌려갔다는 것이다."(「사막의 화원」, 101면) 이 작품은 단순히 바람난 창기가 남자와 눈이 맞아 도망간 사실을 보여주는 것이 아니라, 창살없는 감옥인 유곽에서 창기가 얼마나 부자유스럽게 감금되어 있는지 역설적으로 보여준다. 이들의 부자유는 유곽을 찾는 손님에게 기인한다기보다 이 공간을 자본으로 영업해 나가는 업주·포주에게 기인한다. 요컨대, 유곽은 '창기'와 '창기의 몸을 파는 포주' 간의 갈등공간이다.

이효석의 「깨뜨려지는 紅燈」(『대중공론』, 1930.4)은 근대소설에서 보기 드문 '유곽내 창기와 포주 간의 갈등'을 보여준다. 이 작품에서 창기들은 처음에 "몇백원이나 몇천원 계약에 팔"[31]려 오는데,[32] 이후 그들은 계약금을 훨씬 초과하는 극심한 착취와 학대를 당한다. '명자'는 팔려올 때 계약한 돈을 다 벌어 주고 기한이 벌써 두 달이 지났지만, 포주는 놓아주지 않는다. "밤이 되어 손님을 맞아 제방으로 들어갈 때" 손님을 제대로 맞지 못하면, "주인이 쫓아와서 사정없이 매질"(「깨뜨려지는 紅燈」, 110면)한다. "눈물과

30) 이태준, 「사막의 화원」, 『돌다리』, 깊은샘, 1995. 이하 작품 인용은 인용문 말미에 작품명과 페이지 수만 명기.

31) 이효석, 「깨뜨려지는 紅燈」, 『이효석전집』 1, 창미사, 1990, 110면. 이하 작품 인용은 인용문 말미에 작품명과 페이지 수만 명기.

32) 인신매매 대금, 속칭 전차금(前借金)은 대체로 4~7년에 일본인들은 1,000~1,500원 조선인은 400~500원 정도였다는데 그 3분의 1 정도는 소개인 수수료, 옷값과 경대값, 신변잡품값, 공증증서(公證證書) 작성비, 여비, 잡비 등의 명목으로 처음부터 공제되었고 실제로 부모의 수중에 들어가는 것은 60~70%에 불과하였다. 伊藤秀吉, 『紅燈の彼女の生活』, 實業之日本社, 1931, 219~221면; 손정목, 앞의 책, 477면에서 재인용.

공포와 매질에" "개나 도야지에도 떨어지는 생활을" 하는 그들은 "몸은 점점 피곤하여가서 나중에는 도저히 체력을 지탱하여 갈 수 없었다."(「깨뜨려지는 紅燈」, 110면) 유곽의 영업시간은 이태준의 「그림자」에서 '소련'이 4시까지 포주에게 들어가야 하는 것으로 보아 새벽 늦게까지 일해야 하는 것으로 보인다. 이 밖에 이들은 외출이 자유롭지 않았으며, 항용 '취업중 허가증'을 휴대해야 하니 만큼, 밤생활뿐 아니라 낮생활 역시 엄격히 구속되어 있었다. 견디다 못한 8명의 창기들은 포주에게 부당한 처우에 대한 '요구서'를 제출한다.33) 창기들이 단식과 동맹파업에 들어간 지 사흘째 되던 날, 대표자로 나선 부영이는 주인에게 협상을 요구한다. 이에 주인은 "부영이의 머리채를 쥐어 잡은 채 이 구석 저 구석 넓은 방안을 질질 몰고 다"녔고, "밑에서 밟히고 끌리는 부영이의 입에서는 피가 흘"러 "이리저리 끌리는 대로 넓은 방바닥에 핏줄이 구불구불 고패"(「깨뜨려지는 紅燈」, 124면) 친다. 이처럼 혹독한 매질과 학대에 견디다 못한 창기들은 설령 죽더라도 지옥 같은 유곽 생활을 벗어나고자 탈주를 시도한다.

이태준의 「사막의 화원」에서 하나꼬는 지옥 같은 유곽을 탈주한 창기이다. 식당을 차리고 얼굴 마담을 하노라고 앉은 하나꼬는 "가까이 들여다보니 나이 사십이나 되었을 얼굴"이며, "쪽도 아니요 트레머리도 아닌 머리에 기름을 고르지 못하게 칠하였고 얼굴은 희나 그것도 몇 번 쳐다보니 햇볕

33) 요구서의 조목은 다음과 같다.

一. 기한 넘은 명자를 하루라도 속히 내놓을 일.
一. 영업시간을 오후 여섯시부터 새로 두시까지로 할 일(즉 두시 이후에는 손님을 더 들이지 말일).
一. 낮 동안에는 외출을 마음대로 시킬 일.
一. 한달에 하루씩 놀릴 일.
一. 처음 들어온 사람을 매질하지 말 일.
一. 앓을 때에는 낫도록 치료를 하여 줄 일. (「깨뜨려지는 紅燈」, 115~116면)

을 보지 못한 때문인지 가죽이 두꺼운 눈두덩이요 뺨이요 입술"(「사막의 화원」, 100면)이라, '하나꼬[花子]'라는 명색(名色)과 어울리지 않는 초라한 행색이 그녀의 고단했던 유곽생활을 말해 준다. 나와 일행이 하나꼬의 식당을 '사막의 화원'이라 명명한 탓인지, 하나꼬는 황막한 사막에서 화원으로 뿌리도 뻗어보지 못한 채, 식당은 잿더미가 되고 포주에게 다시 붙잡혀 버린다.[34] 당시 유곽을 탈주한 대다수의 창기들은 유곽제도를 도입하고 감찰하는 일본 검찰망에 곧 포착되었고, 혹독한 매질을 당하며 다시금 유곽으로 소환되었다.

창기와 포주 간의 폭력적인 종속관계에는 다음과 같은 조항이 전제해 있음을 상기해야 한다. 일본 당국이 만든 '기생조합 규약표준'의 제12조에는 '조합은 본부(本夫) 또는 가부(假夫)가 있다고 인정되는 자에 대하여 가업계의 연서를 거부할 것'이라는 조항이 명시되어 있다.[35] 이 조항은 비록 '기둥서방'일망정 '본부(本夫)', '가부(假夫)'를 통해 일말의 보호를 받던 기생들이 사생활과 권익의 보호를 전혀 받지 못하고 조합으로, 나아가 포주에게 일방적으로 종속되어 창기로 전락하는 계기를 몰고 왔다. 이와 대조적으로 김유정 소설에 흔히 나타나는 강원도 산골의 들병이들은 버젓이 남편을 동반하고 그의 가르침과 비호 아래 영업하는 등 전통적인 밀매음녀의

34) 이와 관련하여, 최명익의 「張三李四」(『문장』, 1941.4)에서 붙잡힌 창기가 포주에게 끌려가는 모습은 인상적이다. 달아났다가 붙잡힌 창기는 여러 여행객들이 가득 찬 열차 안에서 포주로부터 갖은 멸시와 구타를 당한다. 창기는 "연기도 흐릿한 불빛에도 분명히 보이리만큼 손자국이 굵게 튀어 오르기 시작하는 뺨이 푸들푸들 경련을 일으키"고 "하얗게 드러난 앞 이로 옥 물은 입 가장자리가 떨리"면서 "북받히는 울음을 참는"다(최명익, 『한국소설문학자료집』 3, 평우문화사, 1987, 229~230면). 그러나 곧 화장실을 다녀온 창기는 화장을 고치고 뺨의 손자국과 눈물자국을 분으로 두껍게 칠하고, 맞은편에 앉은 나에게 예의 직업의식으로 추파를 보낸다.

35) 山下英愛, 앞의 글, 33~35면 참고. 일본 당국은 조선식 매음업을 일본식으로 변경하기 위해 종래 관계(본부 · 가부)를 끊고, 포주를 통해 기생들을 직접 관리하는 시스템(조합)을 만든다.

특징을 갖추고 있다.[36)]

들병이 수업을 시키는 남편과 그에 따라 술자리를 벌리고 손님을 받는 아내는, 육체가 포주에게 일방적으로 묶여있는 유곽의 창기에 비해 안정된 생활과 자유를 누릴 수 있었다. 이러한 사실은 동시대 작가 김유정이 '들병이' 소재의 작품을 창작한 동기가 무엇인지 보여준다. 김유정은 「총각과 맹꽁이」(『신여성』, 1933.9), 「솟」(『매일신보』, 1935.9.3~14), 「안해」(『사해공론』, 1935.12), 「정분」(『조광』, 1937.5)에서 매음녀 '들병이'를 중심 소재로 삼지만, 작중에서 들병이에 대해 시종일관 순박한 시선과 해학적 정서를 보이고 있다. 김유정은 들병이의 '매음성'을 고발하는 것이 아니라, 들병이가 간직한 '전통성'을 보여주고 싶었던 것이다.[37)] 김유정의 '들병이' 소재 작품들은 포주와 창기 간의 폭력적 주종관계를 보여주는 유곽과는 달리, 전통적인 밀매음은 부부관계와 같은 정적(情的) 울타리를 가지고 있었음을 보여준다.

유곽이라는 제도가 사회 전반에 미치는 폐해를 염두에 둘 때, 이태준의 「꽃나무는 심어 놓고」는 시사적인 작품이다. 김씨는 지주가 일본 사람의 회사로 바뀌자 훨씬 늘어난 세액을 충당하지 못해 동리를 떠난다. 군청 측에서는 떠나는 주민을 포섭할 요량으로 마을에 "사꾸라 나무 이백여 주"를 심어 놓는다. 이 작품의 종결부에서 이태준은 김씨 아내의 인신매매 및 짐꾼이 된 김씨의 일상을 보여준다. 김씨는 "일본 사람의 짐"을 나르며, "일본집 뜰안마다 가지가 휘어지게 열린 사꾸라 꽃송이"(「꽃나무는 심어 놓고」, 223면)를 보고 꽃 그늘을 거니는 "일본 여자"와 눈이 마주친다. 김씨는 "견딜수

36) 전통적인 밀매음녀의 실제 예로, 남사당의 비호아래 밤손님을 받던 조선시대 여사당(사당패)을 들 수 있다(이능화, 앞의 책, 445~450면).

37) 김유정은 전통적 예의 풍모를 지닌 기생 박녹주에게 마음을 빼앗긴 자신의 상황을 「生의 伴侶」(『중앙』, 1936.8~9)로 창작한 바 있다.

없이 슬픈 세상", "정칠놈의 세상"을 탄식하며 술에 취한다. 한 동리(민족)를 잠식한 일본은 곧 농민의 생계(삶)를 잠식하고, 그에 대한 일환으로 농민들에게 사꾸라(꽃-유곽)를 유포한다. 김씨 아내의 인신매매와 관련하여, 김씨가 향유하지 못하지만 생장력 강한 그 꽃은 일본이 조선내 유입한 '유곽'의 음화를 상징한다. 이때 창기를 학대하고 영업하는 포주는 일개 자본가이기 이전에, 유곽을 유포하고 정비해 나가는 일본 제국주의의 마수이다.

요컨대, 유곽내 포주와 창기 간의 폭력적인 주종관계는 곧 유곽을 근대에 도입한 일본과 조선의 관계로 귀결된다. 가와무라 미나토는 '눈을 아래로 내려 깔고' '벽'과 '기둥' 등에 몸을 의지한 기생의 그림엽서를 통해 '일본 제국주의 남자의 시선'을 읽고 있거니와[38] 일본으로부터 유입된 유곽의 내부풍경은 단순히 포주와 창기 간의 주종관계만 보여주는 것이 아니라, 식민지 종주국 일본과 식민지 백성 조선 간의 강제적인 주종관계를 보여준다. 식민지 종주국은 식민지 민중에게 '열등 콤플렉스', '의존 콤플렉스'를 주입함으로써 식민지배의 정당성과 우월성을 유지해 나간다는 프란츠 파농의 견해를 고려한다면,[39] 유곽내 창기에 대한 포주의 극악한 학대는 '열등'에 대한 '우월'을 '의존'에 대한 '주체'를 보여주는 제국주의 일본의 표본이라 할 수 있다.

38) 가와무라 미나토, 유재순 역, 「기생의 도상학」, 『기생』, 소담출판사, 2002, 274~295면.
39) 프란츠 파농, 이석호 역, 「식민지 민중의 의존 콤플렉스」, 『검은 피부, 하얀 가면』, 인간사랑, 1998, 107~138면.

3. 유곽에 대한 이중 시선

1) 사적(私的) 욕망의 출로

유곽은 비록 집단적으로 존재하고 있었지만 당대에는 법적으로 공인된 지역에서 영업하고 있었으므로, 자발적으로 들어가지 않는 이상 경험할 수 없는 곳이다. 그러므로 유곽을 배경으로 창기가 등장하는 소설에서 작중 주인공은 동기야 어떻든 손님의 입장에서 유곽을 찾아 들어가는데, 이때 작중 인물의 유곽을 찾는 동기와 창기에 대한 태도는 곧 작가의 의식을 대변한다. 유곽과 창기에 대한 이태준의 의식을 살펴보기 위해 동시대 다른 작가들의 작품을 살펴보는 것은 큰 도움이 된다.

1926년『조선문학』3월호에는 당대 유곽을 사실적으로 묘사한「유곽」이라는 시가 신인문학으로 당선된다.[40] 전체 4연으로 구성된 이 시에서 '유곽'과 '창기'는 매우 부정적으로 묘사된다. 유곽은 "붉은 살 누른 썌가 보기 조케 느려놔잇"으며 "뭇귀신이 거픔무는 고기의 장터", "독개비 행상터인 어둠의 나라"이다. 창기는 "상량스런 쌕다귀"로서 "무시무시 씁직하게 느러"져서, "묽은 살 누른 썌를 보기 조케 드러내고" "싸구려 홍탕치"며 손님을 부른다. 이러한 묘사는 마치 죽은 생선을 진열해 놓고 손님을 노리는 어물전을 연상케 한다. 특히, 4연에서는 창기와 손님의 매음 광경이 다음과 같이 묘사되어 있다. "벍어벗고 난잡스리 두 다리 버러트리여 / 놉흔뫼 엿튼바위 시내가 욱어진 잡목 / 추추한 물탕소리 히히호호 여호의 울음 /

40) 김지원,「유곽」,『조선문단』, 1926.3, 49면. 본문의 인용은 이 시의 일부임.

미와 추의 참된 정화 천국의 자랑 산지옥"—유곽과 창기에 대한 극도로 부정적인 외양 묘사에 이어진 매음장면 묘사는 "미와 추의 참된 정화", "천국" 및 "산지옥"이 착종되어 있어 눈길을 끈다. 이 시는 "산지옥"이라는 부정어에도 불구하고 미와 추가 정화되는 천국의 면모 또한 강조되고 있어, 유곽에 대한 작가의 이중 정서를 읽을 수 있다. 요컨대, '유곽'은 부정적 공간이지만 '유곽내 매음'은 필요악이라는 것이다.

유곽에 대한 이중 정서는 박태원의 「악마」(『조광』, 1936.3~4)에서 일정 서사구조를 통해 구체적으로 드러난다. 학주는 친구들에게 휩쓸려 유곽에 간 이후 성병에 감염된다. 그로 인해 아내 역시 성병이 옮으며, "임균성 결막염"에 걸린다.[41] 당시 공창은 법적으로 정기 검진을 실시했으나 창기들의 성병은 사회적 물의를 몰고 왔다. 하루 밤 여러 손님을 상대하는 창기는 본의 아니게 손님으로부터 병을 옮기고 다른 손님에게 다시 옮기게 마련이므로, 정기 검진은 일제의 유곽 감찰의 일환에 불과했다. 이 작품에서 주목해 볼 대목은 학주가 성병을 옮겨왔다는 사실이 아니라, 학주를 통해 표출되는 유곽에 대한 작가의 의식이다. 학주는 자신의 몸 속에 잠복해 있는 임균도 문제이거니와 누가 성병을 앓는지 제대로 알 수 없는 현실에서 '목욕탕', '이발소' 등 모든 공공장소가 '임균' 서식처로 여겨졌다. "병균이 단 한 개라도 몸속에 남아 있는 동안은 종시 마음을 놓지 못하고 모든 일에 객쩍은 근심"을 가지는 학주는 아내가 "임균성 결막염"에 걸린 것을 확인하자, 자신

41) 공창폐지를 주장하는 공창폐지론자에 의하면, 유곽은 '국민 위생보건문제'에 심각한 악영향을 미치는 망국병을 초래한다. "梅毒은 자손에게까지 유전되여 流産, 情神異常, 白痴, 半身不遂等 許多의 惡症을 伴할 섄 안니라 **淋疾**은 關節炎, 心臟內膜炎, 子宮炎, 睾丸炎等 惡症을 伴하고 또 **大多數는 眼疾을 生케함**은 最近 佛國의 實驗統計기 證明한 바라."(오경선, 앞의 글, 86면. 강조는 필자)

의 “방안에 충만한 ‘악마’의 호흡에”[42] 숨이 막힌다. 학주에게 있어서 악마는 “임균”이며, 유곽은 악마의 소굴이다. 유곽에 가기 이전부터 학주는 친구가 경영하는 약국을 통해 성병에 관한 지식을 상세히 알고 있었다.

“그 병균이 눈에 들어가면 큰일이라고”, “임균성 결막염 환자의 구십구퍼센트는 반드시 실명하고야 마는 것”(「악마」, 96~97면)을 숙지하는 학주가 유곽에 간 이유는 무엇인가. 학주는 집도 마련해 놓고, 생명보험과 적금을 넣는 충실한 소시민 가장이다. 아내가 아이들과 함께 친정에서 며칠 머물자, 학주는 단조로운 자신의 생활에 권태를 느껴 친구들과 유곽에 간다. “십팔구세나 그밖에는 안되어 보이는 어린 계집”이 팔을 걸자 학주는 “신기하게 귀여워, 어차피 이곳에서 놀다 가는 것이라면 이 애나 데리고, 하고 내심에 정”(「악마」, 104면)하자, “마주 대하는 젊은 계집에게 쉽사리는 어찌할 길 없는 전신의 충동을 느”(「악마」, 105면)낀다. 악마의 소굴에서 희열을 갈구하는 이중 심리는 앞서 살펴본 시 「유곽」의 마지막 연에서 언급한 “미와 추의 참된 정화”와 동일한 이중 정서이다. 악마의 소굴은 ‘추’한 것이지만 희열은 ‘미’의 영역에 속하므로, 학주는 성병에 대한 해박한 지식에도 불구하고 유곽을 찾은 것이다. 요컨대, 박태원을 비롯한 당대인들에게 유곽은 악의 소굴이지만 욕망을 발산할 수 있는 사적(私的) 공간으로 인식되었다.

2) 공적(公的) 비애의 현장

기생의 전통과 멋을 아는 이태준에게 유곽은 민족의 비애를 보여주는

42) 박태원, 「악마」, 『李箱의 悲戀』, 깊은샘, 1991, 128면. 이하 작품 인용은 인용문 말미에 작품명과 페이지 수만 명기.

공적(公的) 공간이다. 이태준의 「아무 일도 없소」에서 K는 기자라는 직업의식의 발로에서 유곽을 찾아간다. K 역시 객을 유혹하는 창기의 몸에서 욕망을 느끼지 않은 것은 아니다. "그 계집애의 속몸만은 온전히 계집의 한 몫을 당할 만한 것을 볼 때 묵살하기 어려운 새로운 흥분으로 전신이 흔들렸던 것"(「아무 일도 없소」, 146면)이나, 그는 그에 앞서 민족의 비애를 절감한다. 왜냐하면 유곽의 여인은 「바다」의 시골 소녀 '옥순', 「꽃나무는 심어 놓고」의 '김씨 아내'와 같이 빚 때문에 혹은 못된 이의 꼬임에 빠져 유곽에 팔려온, 기자 K와 동일한 동포이기 때문이다. 「아무 일도 없소」에서 기자 K가 좁은 거리의 마지막에서 만난 소복 입은 여인도 '옥순'과 '김씨의 아내'와 같은 애환을 가지고 있다. 독립군 아버지는 민족을 구제하기 위해 집을 나간 이후 소식이 없고, 호구지책에 빠진 모녀는 생계문제에 직면한다. 과년한 딸은 "쌀 몇 말"에 사기꾼에게 몸을 맡긴 후, 성병까지 얻는다. 딸의 밀매음을 눈치챈 모친은 양잿물을 먹고 자살하고, 딸은 죽은 모친의 감장 비용이 없어서 다시 거리로 나선다.

K는 유곽에서 본 '어린 소녀'가 곧 자신의 누이이며, 밤길에서 만난 '소복 입은 여인'이 곧 자신의 아내임을 직시한다. K를 비롯한 이태준의 작중 화자는 창기가 된 유곽 여인의 내력을 알고 있을 뿐 아니라, 그들에 대해 일말의 책임감을 가지고 있으므로 욕망을 충족하기는 고사하고 스스로 울분을 토로한다. 이태준은 악마의 소굴이 된 유곽과 악마의 기운을 퍼뜨리는 창기의 비극이 일제 식민치하 당대 지식인의 무기력과 무관하지 않음을 자탄한다. 「아무 일도 없소」에서 기자 K는 "저들을 위해서 나의 붓은 칼이 되리라 한 그 붓을 들고 자기는 무엇을 쓰러 나섰던 것인가? 고약한 놈이다!"(「아무 일도 없소」, 151면)라고 자탄하며, 유곽 일대를 벗어난다. 유곽에 팔

려 가는 여인의 수가 많은 것과 마찬가지로, 민중의 선봉장을 자청하는 지식인의 많은 수가 역시 민족의 현실을 외면하고 있었던 것이다.

「그림자」에서 이태준은 다음과 같이 고백한다. "이 세상에서 소련이와 같은 계집이 얼마나 많으며 또 나와 같은 사나이는 얼마나 많을까. 나는 오늘에 있어서도 나보다 약한 사람, 나보다 어리석은 사람, 그들에게 그들의 행복을 약속하며 그들의 장래를 보증하는 것이 아니냐? 과연 나에게 그만한 힘이 있는 것인가?"(「그림자」, 59면) 유곽을 바라보는 이태준의 의식은 동시대 동일 지점을 바라보는 다른 작가들의 시선에 비해 자기반성적이다. 이태준은 일본에 의해 이 땅에 유입된 유곽을 단순히 손님의 입장에서만 바라볼 수 없었던 것이다. 민족으로부터 한 발짝 떨어져 손님의 입장에서 선다면, 유곽은 '미와 추가 정화되는 천국'이거나 그렇지 않으면 악독한 질병을 옮기는 '악마의 소굴'이 될 수 있다. 그러나 민족의 연대감으로 한 발짝 다가서면 유곽의 창기들은 나의 누이와 아내가 되고, 유곽은 '민족 비애의 현장'이 된다.

그럼에도 1937년 중반을 지나면서 이태준의 의식은 급격한 변화의 조짐이 보인다. 이태준은 장편소설 「화관」(『조선일보』, 1937.7.29~12.22)에서 '유곽'을 손님의 입장에서 바라본다.

> 남성은 건강체로는 성욕이 늘 만조(滿潮) 상태라는 걸 알아야 돼. (…중략…) 우리가 우선 실례로 말할 수 있는 건 유곽이요 인도상으로 죄악이란 걸 위정자들이 모르기 때문에 유곽을 두느냐 하면 그런 단순은 아니요 남자들의 그 성욕 만조상태 때문이요 도회지엔 아내가 없는 남자가 많고. 아내가 집에는 있는 사람이라도 객지로 와 있는 사람도 많고. 그럼 그들의 성욕 만조 상태를 조절할

기관이 없다구 해보? 양가집 부녀자에게 위협이 적지 않을 거요. 성욕이 일으키는 범죄사건이 몇십배 증가될 것이오.[43]

유곽의 창기를 '누이'(「바다」, 1936.7)처럼 혹은 '아내'(「꽃나무는 심어 놓고」, 1933.3)처럼 여기던 이태준은 『화관』에 이르면 '건강한 남자' 손님의 입장에서 유곽의 창기를 성욕 처리 대상으로 본다. 이러한 엄청난 의식의 차이는 어디에서 연유한 것인가. 이전 장편소설과 달리, 『화관』에는 이념을 실현하려는 남자 주인공이 등장하지 않는다. 작중 주인공인 여학생 임동옥의 적극적인 생활과 대조적으로, 이 작품의 남자 주인공은 임동옥의 상대격인 박인철을 포함하여 모두 무기력한 모습으로 등장한다.[44] 이러한 사실은 「별은 창마다」(『신시대』, 1942.1~1943.6) 및 「행복에의 흰손들」(『문장』, 1942.1~1943.1)[45]과 관련하여 반일(反日)과 친일(親日) 사이에 고민하던 이태준의 행적 이해와 맞물려 있다. 「별은 창마다」는 일본의 전시기를 부각시킨 작품으로, 일본 유학생 '정은'이 '히틀러'를 동경하고 전시기 복장인 업무복을 디자인한다. 정은은 일 모르는 '흰손'을 자책하며, 음악도에서 건축학도로 전환하여 '이상촌' 실현에 열을 올린다. 「행복에의 흰손들」 역시 일본 전시기를 배경으로 북지파병 소식과 아울러, 중국이 먼저 침략한 것으로 언급된다. 이전 장편소설과 달리, 이 작품의 여성 인물은 가정(가정부인 '순남')과 사

43) 이태준, 『화관』, 깊은샘, 2001, 256면.

44) 무기력한 남자 인물의 설정은 이후 「딸삼형제」(『동아일보』, 1939.2.5~7.17)와 「청춘무성」(『조선일보』, 1940, 3.12~8.10)에도 이어진다. 「딸삼형제」에서 진보적인 정매와 정국의 인물됨에 견줄 수 있는 남자 인물은 없으며, 「청춘무성」에는 신학부를 졸업한 목사 원치원이 신학적 관점에서 학생을 선도하고 사회사업에 기여한다.

45) 『幸福에의 흰손들』(박문서관, 1945)은 『세동무』(범문사, 1946), 『신혼일기』(광문서림, 1949)로 각각 제목을 바꾸어 발행된 바 있다. 동일한 작품에 대한 제목의 잦은 변화는, 작품에 대한 작가의 불완전한 심리를 보여준다.

회(기자에서 사업가로 변신한 '화옥') 전반에 걸쳐 근검절약하는 여성상, 전시 총력전에 임하는 여성 인물을 형상화하고 있다.

『화관』 이후 이태준의 작품에는 반일(反日) 정서가 점차 희석되면서, 체제 동화의 흔적을 보인다. 그러므로 위 인용문에 나타난 '유곽에 대한 입장 변화'는 이태준 의식변화의 단서가 된다. 이태준 소설에서 '유곽'이 작가의 의식변화를 보여주는 객관적 상관물이라 할 때, 초기 단편에 나타난 유곽은 민족 비애의 현장이며 후기 장편에 언급된 유곽은 사적(私的) 욕망의 출로가 된다. 유곽에 대한 이태준의 의식 동요는 유곽이 폐지되던 해방이전까지, 시대의 격랑에 부대끼던 지식인 작가의 방황을 보여준다.

4. 결론

이태준은 소설형식의 선구성 못지 않게, 현실 문제를 집요하게 탐구해 나간 작가이다. 이태준 소설에서 '유곽'은 이태준의 구체적인 현실인식 지평을 보여준다. 1930년대 이태준 소설에 나타난 유곽은 다음과 같은 당대 문제를 보여준다. 첫째, 일본으로부터 유입된 유곽은 전통적인 기생 풍토의 사멸(「그림자」의 소련) 및 사창의 범람을 초래하고(「아무 일도 없소」의 소복 여인) 나아가 창기가 될 여성을 매매하는 풍토를 낳는다(「바다」의 옥순, 「꽃나무는 심어 놓고」의 김씨 부인). 둘째, 유곽은 일본집과 조선집으로 이원화 되었으며, 특히 조선집 창기의 저연령화는 식민치하 여성의 인권 유린을 보여준다(「아무 일도 없소」). 셋째, 유곽은 일차적으로 창기와 포주라는 신생 계층을 양산했으며, 양자 간의 폭력적인 관계는 식민치하 일본과 조선의 관계를 집약적으로 보여준다(「사막의 화원」, 「꽃나무는 심어 놓고」). 동시대 다른 작가들이 유곽을 사적(私的) 욕망의 출로로 여기는데 비해, 이태준은 유곽을 공적(公的) 비애의 현장으로 여긴다. 이태준은 손님이 아닌 오라비(누이)와 남편(아내)의 입장에서 창기를 바라보는데, 이때 유곽은 민족 비애의 현장이다. 이태준 소설에서 유곽은 전통문화를 수호하던 이태준의 민족애를 확인할 수 있는 현실적인 공간이다.

이태준은 1936년 『조선중앙일보』에 「황진이」(1936.6.2~9.4)를 연재한다. 가사 · 거문고 · 그림 · 사군자(四君子) 등의 기예가 출중한 기생 황진이는 근대의 '벙어리 기생' 및 유곽내 포주에게 종속된 창기와는 확연히 구분되는 재자가인(才子佳人)이다. 그렇다면, 왜 이태준은 1936년 기생 황진이에 대한 이야기를 신문에 연재한 것인가. 후일 단행본으로 출간(동광당서점, 1938.2)된 책의 후기에는 다음과 같은 고백이 있다. "실상, 나는 황진이를 쓰기보다 읽고 싶어한 사람이다. 『중앙일보』에 있을 때 몇 분이 선배에게 두루 황진이를 청해 보았으나 모다, 한번 써보고는 싶으나 기약을 할 수 없노라 하여 소원을 이루지 못하고 있던 것인데, 내가 동보의 객원으로 나았으며 첫 청을 받게 된 것이 공교롭게도 황진이였다."[46] '황진이를 읽고 싶어한 것', '황진이 이야기를 청탁한 것' 양자 모두 기생 황진이에 대한 강한 동경과 끌림을 보여준다.

1930년대 중반, 기생 황진이를 생각하는 이태준의 내면에는 동시대 현실의 비애가 전제해 있다. 앞서 살펴보았듯이, 매매음 집산체인 유곽의 세력이 조선 사회를 매음 소굴로 감염시킬 무렵, 이태준은 무엇보다 전통적인 기생의 풍모를 그리워했던 것이다. 비록 1930년대 말 『화관』에서 유곽에

46) 이태준, 『황진이』, 깊은샘, 1999, 224면. 강조는 필자.

대한 시선에 변동이 생기기도 하지만, 해방전후(前後) 그의 전작(全作)을 고려할 때 이태준의 시선은 민족의 비애에 초점이 맞추어져 있다. 이태준 소설에서 '유곽'은 민족의 애환을 보여주는 객관적 상관물로서 작가의 구체적인 현실인식의 지평이다. 일본의 전시기, 대다수 유곽의 창기들이 종군위안부로 배속되었음을[47] 떠올릴 때, 이태준 소설에 나타난 유곽의 존재와 의미는 식민지 문화의 음화를 반영한다. 유곽에 대한 이태준의 울분과 자탄에는 민족의 존속을 고민하는 당대 지식인의 자의식이 나타나 있다.

47) 손정목, 앞의 책, 505~506면; 山下英愛, 앞의 글, 59면. 종군위안부정책은 군인들의 성욕처리와 성병관리책으로 고안된 '군관계 전용의 공창제도'라 할 수 있다.

이태준의 『황진이』에 나타난 '고려'의 성격

1. 서론

이태준은 「황진이」를 『조선중앙일보』에 연재(1936.6.2~1936.9.4)하던 중 신문의 폐간과 더불어 연재가 중단된다. 이후 단행본 『황진이』(동광당서점, 1938)가 출간되었으며, 해방후에는 재출간(동광당서점, 1946.8) 된다. 지금까지 '황진이' 이야기를 소설로 만든 작품은 많지만,[1] 이태준의 『황진이』는 황진이 이야기의 소설화 작업을 처음 시도한 작품일 뿐 아니라 기존의 사료를 충실히 반영하고 있다고 평가된다.[2] 이태준의 『황진이』는 상 · 중 · 하의

1) 정한숙, 『황진이』, 정음사, 1955.10; 박종화, 「황진이의 역천」, 『새벽』, 1955.11; 안수길, 『황진이』, 홍문각, 1977; 유주현, 『황진이』, 범서출판사, 1978.6; 정비석, 『옛날옛날에 한 여자―옷을 벗은 황진이』, 남향문화사, 1982.1; 최인호, 『황진이』, 동화출판공사, 1986.2; 김남환, 『황진이와 달』, 복지문화사, 1986; 최정주, 『황진이』, 산신각, 1993.1; 홍석중, 『황진이』, 평양 : 문학예술출판사, 2002; 김탁환, 『나, 황진이』, 푸른역사, 2002; 전경린, 『황진이』, 이룸, 2004.

2) 역사학자 박광용은 "일제시대에 이태준이 쓴 『황진이』는 당대 견문이 바탕이 된 직접 사료는

세편으로 나누어져 있지만, 급작스러운 연재 중단으로 말미암아 '하편'의 종결부는 시가와 작가의 약술로 긴 사건이 짧게 요약되어 있다. 이병렬은 단행본 『황진이』의 분량을 비교하면서 상편이 85면, 중편이 109면인데 비해 하편은 41면에 불과하다는 점을 지적하여, 연재 중단 이후 이태준이 급작스럽게 결론을 완성하여 출간(동광당서점, 1938.2)한 것으로 추정한다.[3)]

이 글은 이태준의 역사소설 『황진이』를 고찰함으로서 그가 지향하는 '전통'의 일정 부분이 고려시대 문화적 요소를 포함하고 있음을 살펴보려는 데에 목적이 있다. 식민지 시대 이태준이 지향하는 '조선적인 것'은 조선시대적인 것이라기보다 전통적인 것을 의미하며, 여기에는 고려시대를 포함한 전대의 전통도 포함되어 있다. 이 글에서는 이태준이 '황진이'를 전유하여 구현해 낸 전통의 일면이 무엇인지 살펴보려는 것이다. 특히 '송도(개경)'의 공간적 성격에 주목하여, 이태준이 '황진이'를 통해 소환해 내려는 고려의 전통이 무엇인지 살펴보려 한다. 조선시대의 대표적인 명기 '황진이'를 통해 이태준이 고려의 전통을 소환한다고 보는 데에는 다음과 같은 두 가지 이유 때문이다. 첫째, 왕조의 쇠퇴와 더불어 식민지를 초래한 전시대에 대한 불만으로[4)] 이태준은 고려의 전통에 눈을 돌린다. 둘째, 이태

물론 『대동기문(大東奇聞)』 같은 후대의 간접 사료들, 그리고 관련시가들을 다 섭렵한 후, 이를 줄거리와 일어난 순서에 맞게 소화해서 풀어낸 좋은 역사소설의 전형"이라고 평가한다(박광용, 「역사가 입장에서 보는 역사소설과 사료 해석」, 『한국현대문학연구』 20, 2006, 52면).

3) 이병렬, 「역사적 인물의 소설적 형상화」, 『숭실어문』 14, 숭실어문학회, 1998, 458면 참조. 이병렬에 의하면, "강호(姜湖)의 삽화와 함께 『조선중앙일보』에 연재되던 『황진이』는 상편 33회, 중편 43회, 하편 1회에서 신문의 휴간으로 중단되고 만다. 『조선중앙일보』의 휴간은 『동아일보』의 손기정선수 사진의 일장기 말소사건과 관련하여 자진 휴간한 것으로, 이를 계기로 연재중이던 이태준의 『황진이』도 중단되었다"고 한다(442면).

4) 이명희와 이건은 이태준의 『황진이』를 전대 규범에 대한 반항으로 분석한다. 이명희, 「『황진이』·『왕자호동』의 역사소설적 의미-심정적 민족주의와 절필의 논리」, 『이태준문학연구』, 깊은샘, 1993, 390~405면. 이건, 「이태준 역사소설 『황진이』의 서사구조와 반유교주의 사상」, 『자하어문논집』, 상명어문학회, 1996.8. 이명희는 이태준이 『황진이』를 통해 조선시대 명분주의에 대한 냉

준의 『황진이』에서 주인공 황진이는 '송도'가 개경이던 시절의 고려 유적지를 활동무대로 삼을 뿐 아니라 고려의 노래를 빈번하게 부르고 있으므로, 조선시대보다 '고려시대'의 전통을 많이 반영하고 있다.

이 글에서는 이태준의 『황진이』에 나타난 '고려'의 성격에 주목하려 한다. 이태준의 『황진이』에서 '고려'는 전대 왕조의 봉건성 비판과 고려 수도로서 송도의 유적지 부각이라는 두 가지 방식으로 나타난다. 박광용에 의하면 황진이 당시 조선 사회 현실을 "사림파의 대두로 성리학적 가부장제가 이제 막 정착 단계"에[5] 있다고 본다. 이태준이 전대 왕조의 봉건성에 불만을 보인다면, 그것은 성리학적 가부장제라 할 수 있다. 아울러 이태준은 소설 『황진이』에서 고려의 유적지를 배경으로 고려의 시가를 삽입한다. 이태준은 남아있는 적은 사료에 충실하되 고려시가를 비롯한 전대의 노래를 사건 곳곳에 삽입하여, 황진이의 자작 시조뿐 아니라 전대의 시가를 소개하고 있다. 그러므로 이 글에서는 역사소설 『황진이』에서 이태준이 구현해 낸 '고려'의 성격을 살펴보고, 이를 통해 작가가 궁극적으로 지향하는 전통의 실체를 살펴보려 한다.

소적 비판을 보인다고 지적한다. 이밖에 역사소설 창작 방법에 관한 논의로서 김탁환, 「역사인물소설 창작방법 서설－이태준의 장편소설 『황진이』를 중심으로」, 『한국언어문화』, 한국언어문화학회, 2002, 23～41면이 있다.

5) 박광용, 「역사가 입장에서 보는 역사소설과 사료 해석－홍석중의 『황진이』를 중심으로」, 『한국현대문학연구』 20, 2006, 59면 참조. 황진이의 생몰기(生沒期)에 대해서는 중종(中宗, 1506～1544)대와 명종(明宗, 1545～1567)대로 의견이 갈라지는데, 대체로 중종대를 중심으로 살아간 인물로 추정하고 있다(이동준, 「황진이 설화의 문학적 연구」, 『어문학』 60, 1997, 444면 참조). 김용숙은 황진이의 교류 인물을 근거로 삼아 구체적인 생몰기를 중종 6년경에 나서 중종 36～37년경까지 살았을 것으로 추정한다(김용숙, 「황진이의 생존연대」, 『황진이연구』, 창학사, 1985, 172면; 윤재철, 「황진이 연구」, 『청람어문학』 12, 1994, 258면 재인용).

2. 『황진이』에서 '고려'가 구현되는 두 가지 방식

1) 조선시대 봉건제도에 대한 비판—적서차별, 양반의 허위의식

이태준은 『황진이』에서 조선시대 봉건제도를 비판하고 있다. 전반부에서는 '적서차별'을 중반부에서는 '양반의 허위의식'을 보여주고 있다. 『황진이』의 전반부에는 소녀 진이가 기생이 되기 이전, 서녀로 태어난 그녀의 가족사 및 절름발이 양반이라는 신분적 한계가 나타나 있다. 우선, 전반부 '적서차별'의 문제는 다음과 같이 나타난다. 윤판서집 장손과 혼약이 오고 갈 무렵, 18살의 진이는 "남녀칠세부동석이란 유학이 건너와 행세를 하는 세상"6)이라 탄식하며, "손님 같은" 아버지에 대한 불만과 불쌍한 어머니에 대한 염려로 눈시울을 적신다. "뻔적하면 양반의 집 체도가 어떠니 어떠해야 하느니 하고 대소사를 물론하고 어머니의 소실로서의 지위를 밝히는 것과 자기에게도 서자녀(庶子女)의 슬픔을 던져준 적이 한두 번이 아닌 아버지다."(『황진이』, 53면) "양반놈들은 인정이 없더라"(『황진이』, 54면)라는 모친의 말에, 진이 역시 "양반은 몰인정하다. 윤판서집도 양반이다. 그러니까 몰인정할거다!"(『황진이』, 54면)라고 혼약이 오고간 양반가에 대해 불만을 토로한다.

---

6) 이태준, 『황진이』, 깊은샘, 1999, 53면. 이하 작품 인용은 인용문 말미에 도서명과 페이지 수만 명기. 처음 연재된 『조선중앙일보』를 텍스트로 삼아야겠으나, 깊은샘 판본을 신뢰할 만하다고 여겨 이를 텍스트로 삼았다. 조선시대에는 여성 교화를 위해 많은 교훈서가 간행됐는데, 조선 초기의 교훈서는 원래 거의 모두 중국 것이었고, 세조 때부터 우리 실정에 맞게 편집 · 소개되기 시작했다. 세조의 맏며느리 소혜왕후가 여성들의 교양서적으로 『烈女傳』, 『小學』, 『女教』, 『名鑑』 등 네 책을 저본으로 하여 여자 행실에 규범이 될 내용을 추려 국역 여성 교훈서의 효시 『內訓』을 내 놓는다(이배용, 『역사속의 한국 여성들』, 어진이, 2005, 36면).

진이와 혼약이 오고간 윤판서집에서는 미색이 빼어난 것을 이유로 들어 혼약을 거부한다. 그 뒤 김참판집의 아들과도 혼담이 오고 가지만, 성사되지 않는다. 그 집에서 진이의 "어미가 상인이라고 퇴한"(『황진이』, 94면)다. 한양 어느 재상의 둘째 아들과도 혼담이 오고가지만, 모두 거부당한다. 그 이유는 "아무리 인물이 좋고 아무리 시서화(詩書畵)에 능통할지라도 온전한 양반의 자식이 아니면 될 수 없다는 것"(『황진이』, 68면)이다. "아비 황진사는 양반이되 어미 현금(玄琴)은 양반이 아닐 뿐 아니라, 황진사의 정실이 못되므로 그 새에서 난 진이는 온전한 양반이 아니라 절름발이 양반이라는 것이다. 나중에 알고 보니 김참판집에서도 새악시만은 탐을 냈으나 절름발이 양반이라는 점에 기피하고 만 것이었다."(『황진이』, 68면) 진이는 "양반은 양반, 상인은 상인의 표, 적자는 적자, 서자는 서자의 티"(『황진이』, 69면)가 어디에 있는지 자문하며 지울 수 없는 상처를 입는다.

전기적 사실에 의하면, 이태준도 둘째 부인의 소생이다. 부친 이창하는 첫 번째 부인 한양 조씨와 두 번째 부인 순흥 안씨를 두었는데, 이태준은 두 번째 부인 순흥 안씨의 1남 2녀 중의 아들에 해당된다.[7] 게다가 아버지(5세)와 어머니(8세)를 일찍 여읜 후 고학으로 공부하고 성장한 만큼, 이태준은 작중 인물 황진이의 태생적 한계에 깊이 동감한 것으로 보인다. 그래서인지 이태준은 작중에서 과년한 진이가 다음과 같은 앙심을 품는 것으로 묘사해 놓았다.

> "일체중생이 개유불성(皆有佛性) 아니냐? 나면서 선악심이 따로 따로 박혀 질리 없다! 서자녀를 천히 여김은 남의 시앗되기를 즐기지 말라는 데 일리 있다

7) 민충환, 「상허 이태준의 전기적 고찰」, 『이태준연구』, 깊은샘, 1988, 24면.

하려니와 오륙이 멀쩡한 자식들을 그 부모나 선조들이 비천하게 살았다 해서 대대손손이 꼭같은 운명에 쓸어 넣으려는 건 권병을 잡은 놈들의 횡포다! 이목구비가 똑같은 사람에게 인력으로 귀천의 운명을 붙여 버리는 것이 횡포가 아니고 무어냐? 천리(天理)에 반역이 아니고 무어냐? 양반? 흥! 이놈들 별놈들인가. 얼마나 도저한가 어디 보자!"(『황진이』, 70면)

"일체중생이 개유불성"이라는 진이의 말은 시사하는 바가 크다. 진이는 모든 사람들이 평등하게 '불성(佛性)'을 지니고 있다는 불교 교리를 내면화하고 있다. 요컨대 진이는 조선의 모럴인 유교보다 고려의 모럴인 불교를 삶의 구심점으로 삼고 있었던 것이다.[8] 그런 까닭에 양반가로부터 모든 혼약을 거절당하자, 진이는 '중'이 되려 하지만 어머니의 반대에 부딪힌다. 이어 중매가 동부승지의 첩 자리를 소개하자, 어머니는 적극 나서지만 진이는 후취 자리를 거부한다. 이러한 와중에 진이를 보고 상사병에 걸렸다가 종내에 죽은 떠꺼머리 총각의 장례행렬이 진이 집 앞에 멈추는 사건이 발생한다. 진이는 "자기를 절름발이 양반이니, 서녀니 하고 타박을 하는 사람들"과 비교하여 죽은 총각을 "이 너무 황송하여 제 목숨이 끊어질지언정 말 한 마디 내어보지 못하고 짝사랑을 품은 채 청춘을 땅 속에 묻는 겸손한 사나이"(『황진이』, 81면)라 여겨 마음을 준다. 진이는 죽은 총각을 위해 적삼과 남은 당혜 한 짝마저 내어준다. 이후 진이는 "날더러 온전한 양반이 아

8) 연구자들에 의하면 "유교는 자체적으로 유인하기보다는 보편적인 정치철학에 기초하므로 여성들에게 신앙으로써 기능하지 못했다는 지적도 있다." "본래 현실적 종교인 유교는 내세관이 없으며, 현세에서의 성취만을 보상하므로 남성에게 입신양명의 형태로 적용될 뿐, 여성에게는 현실적인 도움을 전혀 제공하지 못하였다." 이순구, 「조선초기 여성의 신앙생활」, 『역사학보』 150, 1996, 45면; 최홍기 외, 『조선 전기 가부장제와 여성』, 아카넷, 2004, 322면 재인용. 고려시대 개경은 불교도시라 일컬을 만큼, 대내외적으로 많은 절이 있었다는 사실도 상기할 필요가 있다.

니라고! 인전 날더러 또 온전한 처녀도 아니랄 테지! 흥 — 구구한 도덕이나 그 따위 고열한 제도에 묶여져 살 나도 아니다!"(『황진이』, 89면)고 다짐하며 기생이 되기로 한다.[9] 이태준은 『황진이』에서 규방의 소녀가 기생이 된 동기를 조선시대 불평등한 신분제도에 있음을 시사한다. 이태준은 황진이가 조선시대 제도의 희생양이기보다 제도에 반항하기 위해, '첩'이 아니라 '기생'의 길을 선택한 것으로 묘사한다.

중반부에서 이태준은 좀더 적극적인 형태로 양반의 허위의식을 비판한다. 기생이 된 황진이가 자신과 혼약이 오고간 김참판일가를 조롱하는 사건은 이태준이 특별히 고안해 낸 부분이다. 이태준은 진이가 기생이 된 후, 송도 유수를 비롯한 주위 양반들의 기만적인 허위의식을 좀 더 사실적으로 묘사한다. 작중에서 비판의 표적이 된 인물은 김참판이다. 그는 한때 진이를 아들의 배필로 삼을 생각도 했지만, 그녀의 집안과 신분을 탓하여 혼담을 진행하지 않았던 인물이다. 이에 양반에 대한 앙심을 품은 진이는 "자기를 절름발이 양반이라 퇴하여 버린 그 시애비 될 뻔한 김참판"에게 "자기가 당한 몇 갑절의 무안을 주리라"(『황진이』, 116면) 마음먹는다. 김참판이 진이를 한번 본 후 애욕을 참지 못하여, 자신의 백마를 진이에게 준다. 백마를 타고 김참판의 시회에 가던 진이는 그의 아들 김지학을 만난다. 그녀는 시

9) 전경린은 『황진이』에서 적서차별 문제를 진이의 입을 통해 좀 더 구체적으로 지적한다. 황진사가 진이에게 소실 자리를 강권하자 진이는 다음과 같이 조선시대 정치풍토를 비판한다. "이 나라에서는 남자들이 들이는 소실은 허락하고, 소실이 낳은 아이는 종모법이 어쩌니 하며 과거도 못 보게 하고 옳게 결혼도 못 하게 해서 부려먹기 좋은 쌍것을 더욱 늘이지요. 나라에서 정하는 일이라면 하늘의 법인 줄 알고 사람들은 따르지만, 나라의 벼슬아치들이야말로 사람의 마음은 모른 채 이익만 추구하는 모리배들이요. 그러니, 태종 때는 세금을 낼 양민이 더 필요하다 하여 종부법을 따르더니, 세조 때부터는 역시 부려먹을 쌍것들이 더 필요하다며 종모법을 따르게 하지요. 내일은 또 무슨 법을 따라 양반이 쌍것이 되고 쌍것은 양반이 될지 어찌 알아요. 다만 이런 세상 가운데 무정한 아비와 어미 사이에 태어난 내 신세를 애통해 해야지요." (전경린, 『황진이』 1, 이룸, 2004, 174면)

회에 가지 않고 김지학을 유혹한다. 그녀는 "자기가 반쪽 양반만 아니었더면" "자기의 남편이었을 사나이"(『황진이』, 131면) 김지학과 하룻밤 사랑을 나눈다. 진이를 기다리다 몸이 단 김참판은 늦은 밤 진이의 집으로 찾아온다. 진이는 내일을 기약하여 김참판을 돌려보낸 뒤, 새벽 일찍 김지학을 백마에 태워 집으로 돌려보낸다. 진이는 정혼할 남자와 사랑을 나누는데 성공함과 동시에, 혼약을 파기했던 양반에 대한 복수도 톡톡히 해내고 있다. 진이가 양반 김참판 일가를 모욕해 주는 설정은 이태준 소설의 중심부에 놓여있는 가장 두드러진 사건이다. 그 만큼, 이태준은 황진이의 태생적 한계에 주목하고 이러한 한계를 초래한 전대의 봉건성을 비판하고 있다.

2) 고려의 수도로서 송도(개경)의 유적지 부각

이태준은 황진이를 통해 '고려'의 유산을 환기시키고 있다. 작중 배경으로 등장하는 송도를 비롯하여, 그 곳에서 활동하는 황진이는 조선의 전통보다 고려의 전통을 내면화 하고 있다. 작품의 초반부에서 12살의 어린 소녀 진이는 배서리를 한 떠꺼머리 총각을 질책할 때 젊은 청년의 부도덕을 '고려'의 쇠락과 동궤에 놓고 있다. "벨 시라소니 녀석들 다 봐 ── 저 따위들이 밥을 먹어 아마 고려가 망했나봐."(『황진이』, 22면) 비록 12살의 어린 나이일지언정, 진이는 옛 고려 왕조의 수도인 송도(개경)에 살고 있으면서 고려의 쇠락을 안타까워하는 동시에 과거의 영화를 그리워함을 짐작할 수 있다. 그렇다면 고려는 어떠한 전통을 가지고 있는가.

고려의 수도 개경은 지리적으로 다음과 같은 특징을 구비하고 있다. 개경은 한반도의 중심 북위 37도 선상에 자리 잡고 있으며, 한반도 지형의 특징인 동쪽은 높고 서쪽은 낮은 지대의 한가운데에 위치하고 있다.[10] 송악산 아래 산줄기 양쪽으로 펼쳐진 지역은 보름달 같은 형상이라 이곳을 만월대(滿月臺)라고 이름 붙였다. 만월대를 중심으로 성곽과 궁궐이 배치되어 있다. 성은 외성(나성) 안에 두 방향으로 내성을 둘러서 만월대를 이중으로 에워싸게 만들었다. 궁궐은 대부분 만월대 안에 배치하였다(『최초의 민족통일국가 고려』, 86면). 여성의 풍속을 살펴보면, 그들은 조선시대에 비해 훨씬 자유로운 생활을 영위했다. 여자들은 사랑 노래를 부르고 다니면서, 활발하게 남자들과 교재하고 마음에 드는 사람과 혼인했다(『최초의 민족통일국가 고려』, 299면). 가정내 여성의 지위를 보면, 여성은 어머니로서 아버지와 다름없이 효도의 대상이 되었고, 딸은 아들과 마찬가지로 상속과 제사 면에서 권리를 가지고 있었다.[11] 고려시대에는 가족 및 친족구조의 비(非)부계적 성격, 불교의 수평적 이데올로기 등의 영향으로 여성들에게 유리한 측면이 있었다. 고려시대 여성의 가정 관리는 부모봉양, 남편내조, 자식양육 외 가계 운영, 집안의 노비와 토지를 관리하는 것도 여성의 몫이었으므로, 여성들은 남편 사후 명실상부한 가장 노릇을 할 수 있었다.[12]

개경의 여인들은 절부를 지향하는 사회적 요구에 순응하여 일부종사하

---

10) 이이화, 『최초의 민족통일국가 고려』, 한길사, 1999면, 84면. 이하 이 책의 인용은 인용문 말미에 도서명과 페이지 수만 명기.

11) 우리나라는 외가나 처가와도 밀접한 비부계적인 친족 구조를 가졌고, 상속도 조선 전기까지 아들과 딸에게 균분되었다. 남녀 구별없이 균분되던 상속제도가 변화를 보이기 시작한 것은 조선 후기에 이르러서이며, 여성의 재산권이 축소된다. 성리학이 국가의 지도 이념이 되면서 종법(宗法)사상이 받아들여지면서 부계 중심의 가계 계승원리가 강조되었다. 재가(再嫁)금지 역시 조선 초부터 있었던 것은 아니고 성종 때에 만들어졌다. 내외법은 조선 전기 이래 법률로 강화되어 조선 후기에는 일반 부녀자들 사이에서도 그대로 적용되기에 이르렀다. 중종 23년에는 '재가부녀 가장 치죄법'이 만들어져 양반에서 천민에 이르기까지 열녀와 정절 관념에 휩싸였다고 한다. 이배용, 「유교 제도의 확립에 따른 여성 생활의 변화」, 『역사속의 한국 여성들』, 어진이, 2005, 13~44면 참조.

12) 권순형, 『고려의 혼인제와 여성의 삶』, 혜안, 2006, 372~374면 참조.

는 경우도 있었지만, 한편으로는 노골적인 유혹과 거침없는 남성편력으로써 자신의 욕망을 추구한 여성 또한 적지 않았다.[13] 여성이 재가한 후, 의붓아들에게 사회진출의 제약은 없었다. 충숙왕의 다섯 번째 부인 수비 권씨도 이혼의 전력이 있으며, 충선왕의 후비인 수비 허씨의 경우 이전 남편의 자녀 3남 4녀가 있었지만 그들 모두 왕자와 공주의 예로써 대우를 받았다(『개경의 생활사』, 216면). 성리학이 사회의 지배이념으로 보편화되었던 조선시대에 비해 고려시대의 남녀관계는 상대적으로 평등하였다(『개경의 생활사』, 217면). 고려시대에는 송나라와 그 이후의 원나라, 아라비아 등 외국 상인들이 자주 개경의 시전 거리를 드나들었으며 아예 개경에 눌러 사는 자들도 있었다. 14세기 원나라 간섭기에는 외국 상인들이 개경에 더욱 많이 거주하거나 드나들었으므로, 이들을 상대로 하는 유흥업이 성행했으며 대규모의 유흥업소가 개경의 골목길 어딘가에 있었음을 짐작할 수 있다(『개경의 생활사』, 229~230면). 또한 성대한 불교행사와 더불어 여성의 외부 출입이 자유로웠으며, 한적한 시내에서는 남녀가 어울려 물놀이를 했다고 전한다.

이태준의 『황진이』에서 고려의 수도 '송도(개경)'에 대한 묘사를 살펴보면 다음과 같은 사실을 알 수 있다. 작중에는 송악산 · 만월대 · 천수대 · 화곡 · 귀법사 · 박연폭포 등이 등장하며 이러한 유적지는 고려시대 문화를 환유한다. 특히 송악산 · 만월대 · 천수대 · 귀법사는 고려 왕조를 환유하고 있다. 송악산은 고려시대 개경의 궁궐이 들어선 만월대의 후광으로 자리 잡고 있다. 만월대(滿月臺)는 고려시대 부소 명당 혹은 송악 명당으로 일컬어졌으나, 고려가 망한 후 땅과 산세의 모양이 보름달의 모습이라 해서 언제부

13) 한국역사연구회, 『개경의 생활사』, 휴머니스트, 2007, 210면. 이하 이 책의 인용은 인용문 말미에 도서명과 페이지 수만 명기.

터인가 이 이름으로 불렸다. 이 자리에 고려의 정궁인 본 궐이 있었는데, 지세를 상하지 않도록 하기 위해 구릉지에 축대를 쌓아 궁궐을 지었다.14)

귀법사는 고려 광종때 개성에 창건된 사찰이다. 당대 고승이던 균여를 이 절의 주지로 삼고 민심을 수습하는 한편 여러 가지 불교의식을 베풀어 왕권을 강화하였다. 천수사지(天壽寺址)는 장단군(長湍郡) 진서면(津西面) 전제리(田齊里)로 편입되어 속칭 원(院)터로 일컬어진다. 나성 밖에 창건한 천수사는 국가의 안태를 불력(佛力)에 의거하기 위해 건립한 사원이다. 고려 숙종이 창시하였으나 후에 예종이 계위(繼位)하면서부터 적극 창구(創構)한 까닭에 이때부터 역사에 기록된다. 이곳은 개성에서 남쪽으로 내려가는 교통의 요지였으며, 조선 초에는 이곳에 천수원(天壽院)이 설치되었다. 천수사지 옆에는 취적교라는 고려시대 돌다리가 있다.15)

작중에서 진이가 정인(情人)을 만나는 곳은 모두 고려의 역사가 베여 있는 유적지이다. 황진이가 김지학을 만나는 곳이 '송악산'이다. 진이는 김지학과 더불어 '귀법사'에 간다. 이태준은 기생이 된 진이가 선택한 첫 남자 김지학을 '송악산'에서 만나고, '귀법사' 여정을 통해 연정을 나누도록 설정해 놓았다. 진이가 소제학과 처음 대면한 곳도 '천수원'이다. 이태준은 천수원터가 지닌 역사적 의의를 염두에 두고, 조선의 관리가 쇠락한 고려의 옛 수도에 방문하는 장면을 부각시켰다. 송도에 온 소제학은 천수원터에

---

14) 위의 책, 36면. 만월대는 송악산 남쪽 기슭에 있는 고려의 왕궁지이다. 이곳에 고려의 궁전이 있었으나, 1361년 모두 불타고 터만 남았다. 박태순은 '만월대'라는 지명을 다음과 같이 소개하기도 한다. "송월산 만월대는 원래 '망월대'라 불렀던 곳이다. 그런데 웅장하게 궁궐을 올려 세우고 보니 경관이 달라진다. 달 바라기의 좋은 곳에서 더 나아가 달빛 찰찰넘치는 곳임을 일깨우게 되매 '만월대'가 된 것이다."(박태순, 「우리 산하를 다시 걷다 2－역사문화유산도시 개성 새롭게 찾아가기」, 『경향신문』, 2005.11.16)

15) 고유섭, 「吹笛峯天壽院」, 『松都의 古蹟』, 열화당, 1977, 133~137면 참조.

들어서면서 옛 왕도가 남아있는 송도의 전통을 다음과 같이 피력한다.

> 취적봉의 산색은 예나 이제나 한가지일 것이나 이름 높던 천수원은 쓸쓸히 벌레 소리 속에 묻혀 있는 것이다. 길 좌우에 늘어선 백성들도 다른 데서 보던 민중과 같지 않았다. 반 천 년의 오랜 고려 문화의 전통을 가진 그들이라 자세히 보면 사나이들 갓끈 하나에, 부녀자들 노리개끈 하나에, 모두 고전적인 풍습이 남아 있다. 몇백 년 전 고려의 거리를 꿈 속에서 나아가는 것 같았다. 왕기(王氣)는 잃은 지 오래나 산천은 맑은 대로 그저 맑다. 인물들도 그저 맑다. 인물도 자연이지만 오랜 문화 속에는 그 자연도 닦여지는 것이었다. 얼른 보되 인물들이 한양보다 맑다. 여자들은 미인이 아닌 사람이 도리어 적어 보인다.(『황진이』, 154면)

뿐만 아니라 이태준은 '천수원터'에서 황진이가 풍유남아 이사종을 처음 만나는 것으로 설정해 놓았다. 이태준은 고려 유적지에서 황진이가 그녀의 정인(情人)들을 만나는 것으로 설정해 놓음과 동시에, 그녀가 정인들과 더불어 고려의 노래를 부르는 것으로 묘사해 놓았다. 진이가 소세양의 부탁을 받고 벽계수를 만나는 곳은 '만월대'이다. 이태준은 고려의 궁궐터인 만월대에서 진이가 고려의 노래를 부르면서 벽계수를 유혹하는 것으로 설정해 놓았다. 이태준은 조선시대 송도의 명기 황진이를 주목하고 있지만, 실상 작품 곳곳에는 고려 옛 도읍지에 대한 감회와 고려의 정서를 피력하고 있다.

3. 『황진이』에서 고려 유적과 고려 시가 간의 상응

—옛 왕조에 대한 회한과 낭만적 사랑의 교차

기생이 된 황진이는 사랑하는 님을 갈구하면서 이개의[16] 노래를 부른다. "방안에 혓는 촛불 눌과 이별하였관대 / 겉으로 눈물지고 속타는줄 모르는고 / 저 촛불 날과 같아여 속타는줄 모르더라"(『황진이』, 127면) 주지하다시피 이 작품은 시적 화자와 객관적 상관물 간에 감정이입이 잘 되어 있다. 황진이는 자작시 외 전대의 노래를 부르면서 자신의 감정을 적극 투사한다. 진이는 밤을 지새우며, 정욕을 가라앉히기 위해 다음과 같은 가사를 불러본다. "춘수는 만사택하니 물이 깊어 못 오던가 하운이 다기봉하니 산이 높아 못 오던가 어데를 가고 날 아니 와 보고 어허야— 평풍에 그린 황계 두 나래를 둥덩 치며 사경일점 날새라고 꼬기요 울거던 오려는가 — "(『황진이』, 129면) 황진이는 님이 부재한 현실의 회한을 노래함과 동시에, 님에 대한 간절한 기다림을 노래하고 있다. 이태준의 『황진이』에서 님이 부재한 상황은 국운을 상실한 고려의 운명과 상응한다.

이태준은 황진이가 고려속요를 비롯하여 고려말 충신들의 시조도 잘 읊는 것으로 묘사해 놓았다.[17] 작중에서 진이는 고려충신 길재의 시조, 고려속요 「청산별곡」과 「만전춘」, 「정석가」, 신라의 노래 「헌화가」, 나옹화상

---

16) 이개(李塏, 1417~1456)는 조선 전기 사육신의 한 사람으로, 이색(李穡, 1328~1396)의 증손이다.

17) 전경린은 『황진이』 2의 말미에서 진이가 장년에 이르러 고려곡을 채집하는 데 심혈을 기울였음을 지적하고 있다. 진이는 채집한 곡들을 거문고에 맞게 곡을 정돈한 뒤에, 그녀의 집에서 일하던 연두의 둘째 딸 은기에게 전수해 준다. "진이 은기에게 가르친 향악은 〈무애〉, 〈서경〉, 〈예성강〉, 〈동백목〉, 〈한송정〉, 〈대동강〉, 〈오관산〉, 〈장당〉, 〈금강성〉, 〈장생포〉, 〈총석정〉, 〈처용〉, 〈사리원〉, 〈제위보〉, 〈안동자청〉, 〈송산〉, 〈풍입송〉, 〈안심사〉, 〈한림별곡〉, 〈삼장〉, 〈자하동〉 등이었다(고려곡이 진에 의해 조선 후기로 전수된 사실은 조선 후기 이영유가 기록한 「기악공 김성기 이야기」에서 증언된다)." (전경린, 『황진이』 2, 이룸, 2004, 268면)

의 「서왕가」, 「해어화사」 등의 노래를 부른다. 진이가 양반의 위선을 반격하기 위한 계략으로 김지학을 만날 때는 노래를 부르지 않지만, 소제학과 이사종을 만날 때에는 노래를 부른다. 그녀가 부르는 노래는 자신이 창작한 사랑노래,[18] 고려충신의 노래, 고려속요로 대표되는 전대의 노래 세 가지로 구분할 수 있다. 이태준은 작중에서 일련의 노래를 '고려 유적지'에 따라 적절하게 배치하고 있다. 이때 고려 유적과 고려 시가는 옛 왕조에 대한 회한을 보여줌과 동시에 황진이와 그녀의 정인(情人)이 만나고 사랑하는 낭만적 배경으로서 소임을 다하고 있다. 이러한 공간의 특성을 '귀법사', '천수원', '만월대'로 구분하여 살펴보면 다음과 같다.

1) '귀법사'—한시적 사랑의 형성 공간

황진이는 송월산에서 김지학을 만난다. 그녀는 그와 함께 '귀법사'에 가서 20년째 면벽수행중인 지족선사를 보러 간다. 그 곳에서 그녀는 영락한 고려를 떠올린다. "고려조 넘어진 그림자가 귀법사 마당에도 비꼈구나" 하고 명월이 탄식하자, 김지학은 "春草年年綠인데 王孫은 歸不歸를[봄 풀은 해마다 푸른데 왕손은 한번 가고는 돌아오지 않는구나]"(『황진이』, 136면)라고 답한다. 반면 "태고연한 옛절 후원"은 "신정을 속삭이는 청춘사녀, 모든 인간 업적이 꿈인 듯 흘러간 자리에서 이들이 아끼고 주저할 것"(『황진이』, 136면)이 없는 남녀의 사랑이 시작되는 낭만적 공간으로 재현된다. "사랑은 두 몸에서 우

---

18) 이태준은 『황진이』에서 그녀의 자작시로 한시와 국문시가를 골고루 작중에 배치하고 있는데, 특히 국문시가 6수 모두는 작중 사건과 긴밀하게 관련되어 배치되어 있다(국문시가—「어져 내일이야」, 「내 언제 無信하여」, 「동지달 기나긴 밤을」, 「청산은 내 뜻이요」, 「청산리 벽계수야」, 「산은 옛산이로되」).

러날 대로 우러났다"(『황진이』, 137면) 절에 이르러 선비는 황진이를 업어주고 버선을 벗겨주면서, 두 사람은 시내에 발을 담근다. 황진이는 지족암에서 지족의 위풍을 보고 "한번 잴그러지게 안겨보고 싶은 충동이 후둘후둘 떨리도록 일어나"(『황진이』, 141~142면)서, 곁에 있는 김지학의 "허리를 홈씬 끌어안"(『황진이』, 141면)는가 하면 "날 한번 깍지껴 안아봐요"(『황진이』, 142면)라고 하여 자신의 정욕을 드러낸다. 황진이의 입장에서, 김지학이 "내가 사랑할 수 있는 사나이"라면, 지족선사는 "내가 사랑을 받고 싶은 사나이다."(『황진이』, 126면) 전대 왕조의 국운이 쇠락한 귀법사를 두 남자에 대한 황진이의 정욕이 표출되는 공간으로 설정해 놓았다는 점에서, 이태준은 옛 왕조의 회한 가득한 유적을 청춘 남녀의 사랑을 위한 낭만적 배경으로 삼고 있음을 알 수 있다.

명월은 이사종과 송도에서 3년, 한양에서 3년 총 6년을 함께 보낸 후, 다시 송도로 돌아와 지족선사를 만나러 간다.[19] 귀법사에 이르러 명월은 다음과 같은 상념에 잠긴다. "옛 절에도 봄은 새로워 진달래가 불붙듯 피었는데 여기저기 무심한 목동들이 소며 양을 몰아 풀을 뜯길 뿐, 탑머리조차 깨어져 떨어진 절 마당에는 중들의 그림자도 보기 드물다. 한때 고려의 국운(國運)과 더불어 영화를 누리던 귀법사로 보기에는 너무나 마음 아픈 데가 있다."(『황진이』, 214면) 이에 진이는 석벽에 다음과 같은 즉흥시를 적는다. "개울 곁 옛절은 쓸쓸하온데 / 석양에 키 큰 나무는 애를 끊노라 / 연하는 남은 중의 꿈속에 차고 / 깨어진 탑머리에 세월만 가네 / 봉새 돌아간 뒤 참

19) 기존의 문헌에서 저자가 '지족선사'를 자의적으로 언급한 부분은 『惺翁識小錄』 밖에 없다고 한다. 다른 문헌 『朝野彙言』과 『燃藜室記術』에서는 전혀 찾을 수 없다. 이동준, 「황진이 설화의 문학적 연구」, 『어문학』 60, 1997, 447면 참조.

새만 날고 / 진달래 피었는제 소치는 것은 / 한창이던 그 옛꿈 그리웁나니 / 이같이 쓸쓸할줄 알았으리오."(『황진이』, 214면) 귀법사의 초라한 풍경과 더불어 황진이의 고려에 대한 상념은 그녀의 허무의식과 어우러져 작품의 애조를 더한다.

황진이는 지족에게 신라시절 노인이 강릉태수의 부인에게 진달래를 꺽어주며 불렀던 「노인 헌화가」를 목청껏 부른다. "붉은 바윗가에 / 끌던 암소는 놓고지고 / 날 아니 부끄러 하신다면 / 꽃을 꺾어 드리오리다."(『황진이』, 215면) 사건의 전개과정에서 「헌화가」는 신분과 연령에 구애받음 없이 아름다움을 좇아 사랑을 표현할 수 있는 인간의 '자유'를 표상하고 있다. 이태준은 황진이가 부르는 「헌화가」를 통해 수행자와 기생이라는 계층과 연령을 초월하여 남녀 간의 자연스러운 사랑을 보여주려 한다. 노래를 마치자, 황진이는 한아름 꺾은 진달래를 지족에게 던지며 지족의 품에 안긴다. 면벽 수행중인 지족이 고개를 숙여 진이의 하는 양을 보자, 진이는 지족의 위선을 조소한다. "봐야 난 사람이오 순진한 사람이오, 자연 그대로 사람이야, 당신처럼 위선덩어린 아니야."(『황진이』, 217면)

지족이 다시 시선을 거두자, 명월은 지족의 무릎에 누운 채 만월대에서 벽계수를 놀리느라 지었던 단가를 불렀다. "청산리 벽계수야 수이 감을 자랑마라 / 일도창해하면 다시 오기 어려워라 / 명월이 만공산하니 쉬어간들 어떠리"(『황진이』, 218면) 진이는 6년 전 흙덩어리로 지족을 때렸을 때 아프면서도 아픈 내색을 하지 않은 지족의 위선을 지적하자, 지족은 "그래, 아픈 건 아픈 게여. 다른 별 ―별 건 아니여― "(『황진이』, 220면)라고 응수한다. 지족은 굳었던 몸을 풀고, 명월과 달 가득한 밤을 보낸다. 고려의 쇠락을 발견한 그 곳에서, 황진이는 산만큼 큰 지족선사와 하룻밤 사랑을 나눈다.

황진이는 귀법사와 천수원에서 고려 옛 왕조의 쇠락과 회한 가득한 국운을 떠올리지만, 이와 동시에 이태준은 회한 어린 역사적 공간을 낭만적 사랑의 공간으로 재현한다. '회한이 어려 있는 공간' '한시적인 만남'에 그친다는 점에서, 이들의 만남과 사랑에는 낭만성이 고조된다.

2) '천수원(天壽院)'–정인(情人)과 첫 만남의 공간

이태준은 작중에서 '천수원(天壽院)'을 자주 부각시키고 있다. 물론 역원(驛院)으로서의 지명은 조선시대에 얻은 것이지만, 작중에서 이 공간의 효용 가치는 고려시대의 용도에 의거하고 있다.[20] 이곳에서 황진이는 소제학을 처음 만나는가 하면, 명창 선전관 이사종을 처음 만난다. 천수원에서 소제학을 보고 돌아온 가을 밤, 황진이는 "애련한 목소리로 편악(編樂) 한 장"(『황진이』, 152면)을 불러 본다. "창 내고저, 창 내고저, 이내 가삼에 창내고저, 광창이나 들창이나, 벼락다지 미닫이나 영창이나, 얼창자, 세로창자, 돌칩 접는 걷분합, 암돌쩌귀, 수톨쩌귀를 맞춰, 걸쇠, 배목고리 사슬 박을 설주에다, 부리 긴 밧옷을 대고, 크나큰 장도리로 땅뚱땅뚱 눌러박아 이내 가삼에 창 내고저, 님 생각나 가삼 답답하올 적에 여닫어 볼창 내고저 –"(『황진이』, 152면) 소제학 역시 천수원을 지나면서 "사람에 취해 감겨질 듯이 피곤한 눈을 물처럼 시원하게 해주는" "제일 앞줄로 나선 어느 한 부인의 얼굴(황진이–필자)"을 보고, "자기를 잊고 고개가 더 돌아가지 않을 때에야

20) 유수(留守) 이예의 「天壽院記」에는 "竊以謂天壽門 是高麗五百年迎賓送客之地也"라 소개되었는데, '천수원'은 송도(개경)를 찾아오고 손님을 맞이하고 떠나가는 손님을 배웅하던 장소였다. 고유섭, 앞의 책, 133면.

깜짝 놀래어 얼굴을 바로잡았다."(『황진이』, 154면) 소제학은 스스로 꾸짖으며 그 아름다운 얼굴을 잊으려 하나, 객사의 밤은 못 견디게 쓸쓸했다.

이태준은 황진이가 소세양과 만나는 과정에서 많은 노래를 부르는 것으로 묘사하고 있다. 황진이는 소세양과 첫 밤을 보내면서 다음과 같은 고려 속요를 노래한다. "얼음 위에 댓잎자리 보아 / 님과 나와 얼어죽을망정 / 얼음 위에 댓잎자리 보아 / 님과 나와 얼어죽을망정 / 정 둔 오늘 밤 / 더디 새오시라 / 더디 새오시라"(『황진이』, 160면) 황진이는 정은 긴데 밤은 모자라니 어서 다시 하루 낮이 잊어버리고 새로 밤이 되기를 기다리며, 다음과 같은 노래를 부른다. "보면 반갑고 못 보면 그리워라 / 반갑기는 웬일이며 그리기는 웬일인고 / 보도록 다정한 님 그리도록 간절하다 / 반야산 가자 하니 마고집 멀어 있고 / 서왕모 찾아 하니 청조(青鳥)새 아득하다 —"(『황진이』, 161면) 황진이는 소제학에 대한 다함 없는 정을 밤으로 다할 수 없어 아쉬워한다. 이태준은 널리 알려진 황진이의 시를 소제학이 떠날 때, 그리고 떠나고 난 뒤 부른 것으로 작중에 적절히 배치하고 있다.[21)]

진이는 화담의 도덕으로부터 질식을 느끼던 차에 풍유남아 이사종이 송도에 온다는 소식을 듣고 그를 맞이하러 천수원에 나간다. 천수원은 "고려 오백 년 동안, 송경 사람들이 가는 사람은 여기까지 따라 보내왔고 오는 사

21) 소제학이 떠나기로 하자, 황진이는 다음과 같은 시를 노래한다. "달 아래 오동잎 지고 / 서리 속에 국화 필제 / 다락 높아 하늘에 닿고 / 사람은 천 잔 술에 취하였네 / 물은 거문고에 얼리어 차고 / 매화는 피리에 들어 향기로워라 / 내일 서로 여읜 뒤엔 / 님은 그립고 강물은 길고"라는 황진이의 노래에 소제학은 "오역인야(吾亦人也)라(나도 또한 인간이다)"(『황진이』, 163면)라고 답한다. 소제학은 진이가 온 넋을 기울여 참된 사랑을 바쳐 버린 사나이라, 그가 떠난 후 그에 대한 그리움으로 진이는 다음과 같은 노래를 부른다. "내 언제 신(信)이 없어 님을 언제 속였관대 / 월침삼경(月沈三更)에 올 뜻이 전혀 없네 / 추풍(秋風)에 지는 잎 소리야 낸들 어이하리오."(『황진이』, 164면) 작중에서 황진이는 소제학과 새우던 짧았던 밤을 생각하며 다음과 같은 시를 짓는다. "동짓달 기나긴 밤을 한허리를 둘에 내여 / 춘풍이불 아래 서리서리 넣었다가 / 얼운님 오신날 밤이여드란 구뷔구뷔 펴리라."(『황진이』, 165면)

람은 여기까지 마중나와 기다리던, 눈물과 웃음"(『황진이』, 207면)의 정거장 이었다. "고려가 망하고 서울이 한양으로 옮긴 뒤엔 텅—비인 터만 남았고, 성종(成宗때) 유수 이예(留守李芮)가 세웠다는 옛 정자 하나만이 쓸쓸히 넘어 가는 석양을 받고 있"(『황진이』, 207~208면)다. 고려시대 송도를 찾아오고 떠나는 사람들의 만남의 장인 천수원에서 황진이는 이사종을 만난다. 이태준은 송도의 황진이를 통해 고려의 문화적 전통을 문면에 소환해 내고 있다. 그는 고려의 유적을 통해 황진이의 실존을 상상하고, 고려의 시가와 더불어 황진이 시조의 창작 배경을 추적하고 있다.

천수원의 정자에서 황진이는 이사종과 첫 만남을 가지기 전에 고려 사람의 노래를 부른다. 이것은 이태준이 황진이와 이사종 간의 만남을 묘사하기 앞서, 고려의 시가로서 두 남녀의 애정을 형상화하고 있음은 알 수 있다. 이러한 사실을 통해 이태준은 조선시대 명기 황진이를 재현해 내기 위해 조선의 전통보다 고려의 전통에 더 천착했음을 알 수 있다. 작중에서 황진이의 입을 빌어 호명하는 고려 사람 최사립(崔斯立)의 시는 다음과 같다. "천수문 앞에 버들가지 흩날리는데 / 술 한병 준비하고 옛님 오기를 기다리네 / 기나긴 뚝방에 지는해를 뚫어지게 보노라니 / 나가는 사람들은 모두 그 님인가 착각했네."(『황진이』, 208면) 이태준은 황진이가 천수원에서 풍유남아 이사종을 기다리는 애틋한 심정을 고려시대 최사립의 시조를 통해 묘사해 낸다. 황진이는 버들 숲이 우거진 언덕 밑으로 가서 옷을 벗고 목욕을 하며 물 위에 춤추는 낙조를 희롱하던 차, 이사종의 노래 소리를 듣는다. 이러한 그녀의 거침없는 행동은 황진이의 호방한 성품이기도 하지만, 고려풍속을 내면화하고 있는 개경 사람다운 지방색이기도 하다.

이태준은 황진이가 이사종의 애정을 확인하기 위해 잘 알려진 다음과 같은 자작시를 부른 것으로 묘사하고 있다. "청산은 내 뜻이요 녹수는 님의 정이라 / 녹수 흘러간들 청산이야 변할손가 / 녹수도 청산을 못잊어 울어 예어가난고."(『황진이』, 210면)[22] 이에 이사종은 화답하는 노래로서 고려속요 정석가(鄭石歌)의 한 구절을 부른다. "무쇠로 철릭을 말아나난 / 무쇠로 철릭을 말아나난 / 철사로 주름을 바고이다 / 그 옷이 다 헐어서야 / 그 옷이 다 헐어서야 / 유덕하신 님 여해아와지이다."(『황진이』, 211면) 이태준은 작중에서 남녀 간의 애틋한 사랑을 표현하기 위해 고려속요를 차용한다. 황진이가 기생신분이며 이사종 역시 풍유남아이므로, 전대 서민들의 애정표현에 익숙했을 뿐 아니라 자주 불렀을 것이라 짐작할 수 있다. 그렇다손 치더라도 우리는 이태준이 황진이를 소설로 구현해 내기 위해 무엇보다도 '고려'의 문화적 유산과 전통인 '고려 시가'에 의거하고 있음을 확인할 수 있다.

3) '만월대(滿月臺)'—쇠락한 왕조에 대한 회고와 유혹의 공간

황진이는 소세양으로부터 벽계수를 유혹해 보라는 전갈을 받는다. 황진이는 정인(情人) 소제학이 자신을 이용하는 것 같아 야속해 하면서도, "정말 미인은 구경도 못한 것들이 체모를 돈운답시고 자기만은 미색에 침혹되지 않겠노라 호언장담하는 양은 아니꼬와 참을 수가 없다"(『황진이』, 166면) 생각하며 만월대에서 벌어지는 소창에 간다. 만월대에서 황진이는 '길재의

22) 최동호는 '뜻'은 절대적인 주관의 세계이며 의지적인 것임에 비하여 '정(情)'은 상대적이며 유동적인 객관의 세계라고 보고, 양자간의 비극성은 '자아'에 대한 냉정한 인식에서 온 것임을 지적하고 있다(최동호, 「황진이시의 양면성과 현대적 변용」, 『어문논집』 18, 1977, 191면). 물을 소재로 한 황진이 시를 통해 최동호는 가변적인 세계에서 항상성의 존재로 남고자 하는 인간의 근원적인 욕망을 읽어낸다(193면). 시적 화자로서 황진이의 자아의식에는 시공간을 초월한 근대적인 개인의식이 내재해 있다.

시조'와 「만전춘」을 노래한다. 그리고 나서, 황진이는 "청산리 벽계수야" 를 노래한다. 요컨대 이태준은 고려의 궁궐터인 '만월대'를 주축으로 '고려에 대한 회고의 정 → 고려속요의 자유분방한 애정 → 호방한 기운의 황진이 노래'의 순으로 시가를 배열하고 있다. 일련의 노래는 벽계수에 대한 황진이의 특별한 의도가 내재해 있다. 고려에 대한 회고의 정을 통해 화려하고 장엄한 것일지라도 하룻밤의 꿈처럼 잔재만 남기고 사라진다는 것, 이어 인간의 일생도 단 한 번뿐이므로 싸우기보다는 놀면서 즐겨야 한다는 것, 잘 노는 기생 명월이 등대해 있으니 더불어 인생을 즐겨보자는 세 가지 전언을 전달하고 있다. 그 과정은 다음과 같다.

달 밝은 만월대에서 명월은 고려의 유신(遺臣) 길재의 노래를 부른다. "오백년 도읍지를 필마로 돌아드니 / 산천은 의구하되 인걸은 간 데 없네 / 어즈버 태평연월이 꿈이런가 하노라."(『황진이』, 167면) 황진이의 노래를 들은 벽계수는 그렇지 않아도 회고감(懷古感)에 가슴이 쓰리어 어느 주춧돌 위에 망연히 서서 말없는 달만 쳐다보던 중에 만감이 교차된다. "자리라도 다른 자리가 아니요 바로 산천만은 지금도 의구한 고려의 궁궐터 만월대"에서 "고려 유신의 눈물 고인 창자 속에서 우러난 노래"를 "그 맑고 고운 목소리로 들"(『황진이』, 167면)음에, 벽계수는 감동으로 소리를 좇아 명월에게 다가간다.

벽계수가 다가오자, 진이는 제흥에 겨워 "인생이 둘가 셋가 / 이몸이 네 다섯가 / 빌어온 인생의 / 꿈의 몸 가지고서 / 평생에 싸울 일만 하고 / 언제 놀려 하느니 — "(『황진이』, 168면)라는 노래의 뒤를 이어 「만전춘」의 끝절을 달아 불렀다. "남산에 자리 보아 / 옥산(玉山)을 벼여 누워 / 금수산 이불 안에 / 사향각시를 안어 누워 / 남산에 자리 보아 / 옥산을 벼여 누워 / 금수산

이불 안에 / 사향각시를 안어 누워 / 약든 가삼을 / 맛초압사이다. / 아 손님아 / 원대평생(遠代平生)에 / 여힐 줄 모르옵세."(『황진이』, 168~169면) 벽계수가 뒤를 돌아서자, 진이는 "청산리(靑山里) 벽계수(碧溪水)야 수이 감을 자랑마라 / 일도창해(一到蒼海)하면 다시 오기 오려워라 / 명월(明月)이 만공산(滿空山)하니 쉬어간들 어떠리"를 노래하며 그의 마음을 휘어잡는다. 황진이는 벽계수의 마음을 휘어잡을 뿐, 집까지 쫓아온 그를 돌려보낸다.

작중에서 만월대가 쇠락한 왕조를 회고하고 위선적인 양반을 유혹하는 공간으로 설정되어 있지만, 만월대 역시 귀법사와 마찬가지로 고려 왕조의 잔재와 더불어 인생의 허무함을 전달하고 인생은 즐기면서 쉴 수 있어야 한다는 인간의 자유를 전달하기 위한 배경으로 제시되어 있다. 이태준은 궁극적으로 고려 왕조의 장엄함과 위상을 그리워한다기보다 인생의 덧없음을 전달하기 위한 방법으로 쇠락한 고려 왕조와 그 잔재 만월대를 묘사하고 있다. 특히 황진이의 호 '명월(明月)'을 염두에 둔다면, 달빛을 가득 담고 있는 '만월대(滿月臺)'에서 밝은 달 황진이는 그 자신의 요염함을 더욱 돋보이며 부각시킬 수 있었을 것이다. 작중 황진이가 노래하고 있듯이, 이태준이 지향하는 인생의 자유는 남녀 간의 자유로운 사랑이다.

4. 인간을 압제하는 일체의 규율과 위선에 대한 부정

그렇다면 이태준이 『황진이』의 곳곳에서 '고려'의 전통을 삽입시킴으로써 보여주려 했던 것은 무엇인가. 결론부터 말하자면 그것은 '인간을 압제하는 일체의 규율과 위선에 대한 부정'이다. 이것은 온전한 고려의 전통이라기보다, 이태준이라는 개인이 황진이를 통해 직시한 고려의 일면이다. 김진영은 황진이가 "남다른 삶의 방식이 가능할 수 있었던 것은 그의 내면 속에 분출하는 열정과 야생적인 디오니소스적 생명력이 자리하고 있었기 때문이요, 현실 안에서 현실을 뛰어넘는 초월적 자유의지가 샘솟았기 때문"이라고 타성적(惰性的) 삶에 맞선' 황진이의 주체성을 강조한 바 있다.[23] 그래서 인지 지금까지 황진이라는 코드는 생명력 넘치는 인간의 '자유'를 현실에 소환해 낸다.

앞서 살펴본 바와 같이, 이태준은 『황진이』에서 고려의 정서를 환기시킴과 대조적으로 조선의 봉건적 유습으로서 적서차별과 양반의 위선을 비판한다. 이태준이 유교의 전통을 비판하는 근본적인 이유는 그것이 '인정의 본연함'을 압제하기 때문이다. 이태준은 작품의 첫 회에서부터 12살 소녀 진이의 목소리로 자연스러운 영육 간의 성장에 가해지는 규범과 제제에 대한 비판을 시사한다. 소녀 진이는 '배'를 먹으며 소학의 부유칠거를 비난한다. "부유칠거는 다 뭐야. 글이라니깐 읽긴 하지만 웬 내치는 게 그리 많아 ― 뭐 계집은 사내 비복인가!"(『황진이』, 19면) 진이는 소학에서 여자들에게 제시하는 부유칠거(婦有七去)에 대응하여, 자신이 생각하는 여자의 미덕을 다음과 같이 제시한다. "계집이 참배 같으란 말은 왜 소학에 없을꼬? 요렇게 속 들어 딴딴하고 목직하고 반듯하고 그리고도 연싹싹하고 시원하고 속이 희고 마구 다루는 데 가서는 으스러져 버리고― 좀 깔끔하고 깨끗하고 시원하담."(『황진이』, 19면)

작품의 중반부에서도 기생이 된 진이는 인간이 지닌 감정의 자유를 강조한다. 송유수의 첩 평양집이 명월을 새옴함을 지켜보며, "인간의 본연을

23) 김진영, 「黃眞伊, 惰性的 삶에 맞선 主體的 藝術觀」, 『국어국문학』 124, 1999.5, 124면 참조.

압제"하는 소학의 칠거지악(七去之惡)을 재삼 언급한다. '새옴함이 과연 죄라야 할까?' '오히려 인정의 본연함이 아닐까? 인정의 본연을 압제함이 옳은 일인가? 옳은 윤리일까?' 황진이는 아무리 생각해 보아도 자기 남편이 딴 계집을 볼 때 새옴하는 것은 극히 자연스러운 감정이라 생각한다. "자연스러운 감정이라면 하늘이 준 정신에서 우러나는 의식일 것이다. 그것을 죄악이라고 지명해 가지고 억압하는 것은 억압하는 편이 천리(天理)에 반역하는 편이라 생각되는 것이다."(『황진이』, 176~177면) 진이는 "남편이 딴 계집을 볼 때 아내가 새오는 것이나 아내가 딴 사나이를 볼 때 남편이 새오는 것은 둘이 다 똑같은 감정임에 틀림없을 것인데 남자 편에는 공공연히 용허되면서 여자 편에는 거악(去惡)으로 몰리는 그런 불공평한 윤리나 도덕이 어디 있는가?"(『황진이』, 177면)고 자탄하며, 경세가(經世家)의 어리석음을 비웃었다. "남자, 저희끼리만 독차지해서 덤비는 세상에 정색을 띠고" "길이 쉬우니 화류장에나 뛰어들어 걷어찰 놈은 한번 걷어차 보고 놀릴 놈은 좀 놀리기도 하면서 아깝지 않은 일생을 농세상으로나 살아보려" 했으나, 진이는 남의 아내가 자신을 새옴함을 직시하며 기생이라는 직분을 회의한다.

이 일을 계기로 복잡한 세속에서 벗어나 진이는 산에 오른다. 진이는 '박연폭포'에 올라 「청산별곡」을 노래한다. 진이는 박연폭포의 웅장함 앞에서, 자연의 기개와 안온함을 느낀다. "살어리 살어리랏다. 청산에 살어리랏다. // 머루랑 다래랑 먹고 청산에 살어리랏다 // 우러라 우러라 새여 자고 니러 우러라 새여 // 널라와 시름한(너와 함께 시름많은) 나도 자고 니러 울리로다."(『황진이』, 182~183면) 진이는 '자연'을 노래하면서 세속의 번뇌를 잊고 내면을 치유한다. 작중에서 '청산(青山)'과 '박연폭포'는 시름 많은 진이의 삶을 위무해 줄 뿐 아니라, 진이에게 살아있는 생생한 삶의 귀감이 된다. 황진이는 술을 마시고 물속으로 뛰어든 후, 머리채로 흥건히 먹을 묻혀 이태백이 여산폭포에서 읊었다는 "비류직하삼천척 의시은하낙구천[飛流直下三千尺 疑是銀河落九天 : 곧 바로 삼천 척이나 쏟아져 내려오니, 아마도 이게 하늘의 은하수가 내려 오는 게 아닌가]"을 쓴다. 그녀는 남의 노래만 외지 않고 즉흥시를 짓는다. "한줄기 긴 내 이 산골에 풍겨 / 떨어져 깊은 못에 물이 넘치네 / 날리는 샘 은하수가 거꾸로 쏟고 / 성난 폭포 무지갠 듯 비끼었구나 / 우박 헐고 우뢰 달려 산골에 차고 / 옥 깨는 구슬방아 하늘 닿았네 / 사람아 여산 좋다 이르지 마소 / 천마산이 해동에선 제일이라네."(『황진이』, 183~184면)

박연폭포가 있는 천마산 기슭에서 진이는 병색이 짙은 젊은 총각을 만난다. 총각은 진이에게 "마음은 그대를 따라가니 / 비인 몸만 문에 기대섰노라"라는 시를 전한다. 이에 진이는 "노새가 나를 무거워 숨차 하는 줄 알았더니 / 한 사람의 넋을 더 실은 때문이로구나"(『황진이』, 180면)라고 답해준다. 박연폭포에서 머물던 중 꿈자리가 이상스러워 그 곳을 떠나던 차, 젊은 총각이 죽은 것을 알게 된다. 죽은 넋을 위로하여 황진이는 다음과 같은 시를 부른다. "어져 내일이야 그릴 줄을 모르던가 / 이시라 하드면 가랴마는 제 구타여 / 보내고 그리는 정은 나도 몰라하노라"(『황진이』, 186면) 황진이는 놀이에서 별로 불러보지 않던 나옹화상(懶翁和尙)의 「서왕가(西往歌)」를 부르며, 슬픔을 달래고 의지할 더 큰 자연을 찾아 나선다. 황진이가 찾아 나선 대상은 귀법사의 지족선사이다. 김지학과 함께 간 이래, 이것이 두 번째 방문이다.

황진이는 "폭포와 지족선사!"라고 여겨 폭포와 지족선사를 동일시하다가 "지족선사는 폭포보다 더 큰 것인 것 같다. 폭포에 비길 것이 아니라 폭포가 걸려 있는 천마산과 비길 사람", "산 같은 사나이!"(『황진이』, 181면)라

여긴다. '지족선사'는 큰 자연에 해당한다. 진이는 큰 사나이로서 지족과 화담을 유혹한다. 진이는 머리를 자르고 지족암에 올라 지족선사를 유혹하지만, 지족은 눈썹 한 오리 움직이지 않는다. 밤을 보내고 아침을 맞이하며 진이는 "자연이 지어준 대로 사는 것이 선이요 진리요 또한 그게 자연의 본체가 아닌가?"(『황진이』, 198면)를 직시하는 동시에 지족이 "자연스러운 생활을 버림은 자연에의 반역"(『황진이』, 198면)이라 여겨 지족을 아니꼽게 여긴다. "새가 지저귀고 물이 흘러가는 건 거짓 자연이란 말인가? 살고도 죽은 체 고요한 것만이 자연이요 산 것을 산 체하는 건 자연 아니란 말인가? 난 산 것에 의지하고 싶지 죽은 것에 의지하고 싶지는 않다. 정지한 것에 의지하는 건 죽는 것이 아니고 무어냐?"(『황진이』, 199면) 진이는 지족선사의 위선을 질타하며 암자를 내려간다.

이후 진이가 찾아간 곳은 화곡에 있는 서경덕의 집이다. 진이는 화담을 유혹하지만, 그는 학락만 탐할 뿐이다. 이태준은 진이의 목소리를 빌어 화담의 도덕을 찬탄하기는 하나, 자연을 너무 삭탈하려는 데는 반감을 보인다. 진이는 "양반이니 상인이니 하는 세상 지체와 적자니 서자니 하는 가정 도덕에 모두 아니꼬움과 구속만을 느끼다 못해 죽든지, 그렇지 않으면 한 번 산 사람답게 자유분방한 생활을 가져보리라 하고 표연히 회장에 몸을 던졌던" 까닭에, "화담의 도덕 속에서 질식"(『황진이』, 207면)하는 듯한 갑갑증을 느낀다. 서경덕이 조선중기 주기철학의 대표적인 유학자라는 점을 떠올릴 때, 이태준은 황진이의 자유를 유교의 도덕과는 근본적으로 배리되는 것으로 설정해 놓았음을 알 수 있다.

진이는 이사종과 6년을 함께 산 이후, 세 번째로 지족선사를 찾아간다. 그녀는 멀리 송악연봉을 바라보며 처사가(處士歌)를 부른다. "천생아재(天生

我才) 쓸데없어 / 세상공명을 하직하고 / 양한수명(養閑壽命) 하야 / 운림처사(雲林處士) 되오리라."(『황진이』, 212면) 그녀는 집 대신 귀법사의 지족암에 오른다. 세 번째 방문에서 진이는 지족선사와 사랑을 나눈다. 면벽수행중인 지족선사는 굳었던 몸을 풀고, 자유로운 영혼 황진이와 더불어 달 밝은 밤을 함께 보낸다. 이태준이 구현해 낸 '지족선사'는 면벽수행을 중단하고, 진이와 하룻밤 정을 나누는 독특한 캐릭터이다. 황진이의 유혹에 넘어갔지만 문전박대당한 왕실의 종손(宗孫) 벽계수와 달리, 지족선사는 황진이 스스로 몸이 달아 세 번씩 찾아 나선 고승(高僧)으로 등장한다. 작중에서 진이와 하룻밤을 보낸 후, 초연히 길을 떠나는 지족선사의 행로는 억압적인 수행보다 성정의 자유를 표방한다. 이태준은 이러한 지족선사의 행로를 통해 일체의 규율과 위선에서 벗어난 인간의 자유를 구현해 보인다.

화곡에서 이미 고인이 된 화담선생을 위해 분향재배한 후, 황진이는 금강산 길을 향하며 다음과 같이 노래한다. "산은 옛산이로되 물은 옛물이 아니로다 / 주야에 흘러가니 옛물이 이실손가 / 인걸도 물과 같아여 가고 아니 오더라."(『황진이』, 222면) 이태준의 『황진이』는 그의 여느 다른 소설과 달리, 식민지 시기 일제의 정치적인 규제로부터 매우 자유롭다. 아울러 동시대 그의 장편소설에서 보이던 계몽의지로부터도 멀리 벗어나 있다. 이태준은 『황진이』에서 '고려'를 전유하여 인간 본연의 자유를 추구하고 있다. 그것은 조선시대 봉건적인 규제로부터의 자유이면서 동시에 인간의 자연스러운 감정의 분출이다. 그런 의미에서 역사소설 『황진이』는 궁극적으로 이태준이 지향하는 근대적인 개인의 자유를 표상한다.

5. 결론

이 글에서는 이태준의 『황진이』에 나타난 '고려'의 성격을 분석해 보았다. 작중에서 '고려'의 구현은 전대(조선) 왕조의 봉건성 비판, 고려 수도로서 송도(개경) 유적지의 부각이라는 두 가지 형태로 나타난다. 이태준은 전대 왕조의 봉건성으로 적서차별과 양반의 허위의식을 들고 있다. 고려 수도인 송도의 유적지 '귀법사', '천수원', '만월대'는 황진이가 정인(情人)들을 만나 사랑을 나누는 공간으로 적절히 배치되어 있다. 작품 곳곳에는 황진이의 자작시 외, 황진이의 내면을 토로하거나 정인(情人)들의 답가의 형태로 고려시가가 나타나 있다. 이러한 과정에서 옛 왕조의 회한(悔恨) 가득한 유적지는 남녀의 낭만적인 사랑이 재현되는 공간으로 교체된다. '귀법사'에서 황진이가 김지학, 지족선사와 한시적이되 열정어린 사랑을 나누었다면, '천수원'에서는 정인(情人)들 소제학 · 이사종과 각각 첫눈에 반하고 사랑에 빠진다. 이에 비해 '만월대(滿月臺)'는 그 지명과 명월(明月)이라는 황진이의 이름이 어우러져, 황진이가 벽계수를 유혹하는 은밀한 공간으로 재현된다. 이태준은 고려의 유적지에서 고려의 노래들과 더불어 남녀의 낭만적 사랑을 구현해 보인다.

이러한 공간인식의 기저에는 이태준이 '고려'를 바라보는 독자적인 시선이 내재해 있다. 이태준은 '황진이'라는 코드를 통해 국가의 몰락을 초래한 조선시대의 봉건성을 비판함과 동시에 고려시대 자유로운 인간의 성정을 소환해 내고 있다. 식민지 시대 지식인 작가의 입장에서 몰락한 왕조 '조선'은 부정의 대상이 된다. 이태준이 『황진이』에서 조선시대 송도 명기 황진이를 통해 소환해 낸 것은 조선의 엄격한 유교 윤리가 아니라 고려시대 기층민들의 속요에 나타나 있는 인간의 자유이다. 이태준은 '고려'라는 전통의 코드와 '황진이'라는 자유의 코드를 결합함으로써, 인간을 압제하는 일체의 규율과 위선을 부정하고 인간의 자유를 극대화하고 있다. 이태준은 황진이를 통해 독자들에게 자유를 적극적으로 구현해 내는 호방함을 재현해 보이고 있다. 그런 의미에서 『황진이』는 1940년대 발표한 역사소설 「왕자호동」(『매일신보』, 1942.12.22~1943.6.16)과 구분될 뿐 아니라, 동시대 그의 다른 통속적인 장편소설과도 구분된다. 『황진이』에서 이태준은 황진이라는 자유로운 영혼을 통해 평소 그가 지향하는 유미적이고 낭만적인 문학을 실현해 보인다.

이러한 유미적 성향은 단편 「가마귀」(1936.1)와 「석양」(1942?)에서도 나타난다. 「가마귀」에서 주인공으로 등장하는 나는 폐병을 앓는 여인과 제한된 공간에서 제한된 만남을 갖는다. 태고의 자취가 배어있는 별장은 일상적 공간과 구분되는 시공간의 유한성을 지니고 있을 뿐 아니라, 폐병을 앓는 여인 역시 그녀의 각혈마저 받아 마시는 일념의 약혼자가 있다. 「석양」에서 주인공으로 등장하는 나는 신라의 고도 경주에서 싱그러운 젊은 여성 타옥을 만난다. 주인공은 잠시 일상의 공간을 벗어나 경주에서 휴양을 즐기며, 그 와중에 싱그러운 타옥의 젊음에 매료된다. 두 작품 모두에서 작중 주인공들은 아름다운 여성을 만나 감정을 몰입함과 동시에 감정을 절제한다. 역사적 공간을 배경으로, 아름다움과의 한시적 만남과 이별이라는 중심 사건은 작품의 아름다움과 낭만성을 더욱 고조시킨다.

『황진이』를 창작할 무렵, 이태준은 차남 유진의 출생과 더불어 2남 1녀의 아버지가 된다. 『황진이』 연재 당시 이태준의 심경은 자전적인 소설, 「장마」(『조광』, 1936.10)에 잘 나타나 있다. 그는 당시 성북동 집에 거주하고 있으면서 이화여전 등에 출강하여 작문을 가르친다. 그는 집에서 아내와의 사소한 말다툼을 한 후, 조선중앙일보사에 가서 과거 함께 일하던 동료들이 바쁘게 일하는 모습을 지켜본다.[24] 그는 찻집 '낭랑'에서 무료하게 시간을 보낸 후, 일한서방에서 총독부 일을 하는 친구를 만난다. 그는 친구의 접대를 받으며, 그로부터 "소설에 나오는 것 같은 쩍 뽑은 신여성"(70면)을 소개해 달라는 부탁을 받는다. 그는 고향친구에게 자신의 창작집 『달밤』을 부쳐주고, 아내가 좋아하는 도야지족을 사들고 집으로 돌아간다. 이 작품에서 드러나듯 당시 이태준은 소소한 부부 간의 갈등 및 식민지 시대 지식인의 비애를 지각하고 있지만, 가족과 친구 그리고 친지들의 울타리 안에서 비교적 안온하게 창작활동에 전념하고 있음을 알 수 있다.

당시 이태준이 처한 상황에서도 짐작할 수 있듯이, 그는 신문사의 일을 그만두고 그 신문사의 청탁으로 창작에 전념하며 비교적 안온한 가운데 자신이 지향하는 문학세계를 그려나가고 있었다. 『황진이』의 연재를 전후하여 이태준이 창작한 작품으로는 단편 「바다」(『사해공론』, 1936.7), 「장마」(『조광』, 1936.10), 「철로」(『여성』, 1936.10), 「복덕방」(『조광』, 1937.3), 「사막의 화원」(『조선일보』, 1937.7.2), 「패강랭」(『삼천리문학』, 1938.1), 장편 「화관」(『조선일보』, 1937.7.29~12.22) 등이 있다. 당시 이태준이 「가마귀」(1936.1)를 비롯한 동시대 작품에서 개성적인 인물과 사건을 통해 서정적인 유미주의를 구축하고 있었다면, 1938년 이후에는 냉엄한 현실을 천착하고 조선의 비애를 조명하는데 주력한다. 1938년 그는 만주기행 길에 오르며, 이후 더 큰 변

---

24) 1931년 이태준은 『중외일보』 기자로 근무하다가 신문의 폐간으로 『조선중앙일보』의 학예부 기자가 된다. 이후 1935년 『조선중앙일보』를 퇴사한 후에는 창작에 전념한다. 자전적인 단편 「장마」에서 그는 『황진이』를 『조선중앙일보』에 연재하던 중, 오랫동안 몸담았던 직장이기도 한 조선중앙일보사로 산책을 한다.

화를 보인다. 이러한 작가의 문학적인 변화를 고려할 때 이태준의 『황진이』는 급박한 정세 변화에 노출되어 현실에 다급하게 반응하기 이전, 그의 심미(審美)적이고 낭만적인 문학관이 가장 잘 반영된 대표작이다.

언어 민족주의

이태준의 「고향」에 나타난 '고향'의 의미

1. 서론

이 글에서는 이태준의 「고향」을 중심으로 근대문학에 나타난 '고향(故鄕)'의 의미를 살펴보고자 한다.[1] 우선 '고향'의 사전적인 의미를 살펴보면 다음과 같다. '고향'은 ① 제가 나서 자라난 곳으로 고구(故丘)·고리(故里)·고산(故山)·고원(故園)·고토(故土)·시골 등으로 명명되며, ② 제 조상이 오래 누려 살던 곳을 뜻한다.[2] '고향'을 옛 언덕(故丘), 옛 마을(故里), 옛 산(故山), 집 있는 마을(家鄕) 등으로 부르는 것은 '고향'의 개념에 같은 마을에 살던 '사람' 외, '산천'과 같은 자연을 비롯한 다양한 무정물도 포함되어 있기

1) 이태준 소설 속의 고향과 고향 사람들을 주목한 선행 논의로는 유인순의 「이태준 소설 속의 고향과 고향 사람들」(『강원문화연구』, 강원대학교 강원문화연구소, 2005, 123~163면), 최덕근의 「이태준 단편소설에 나타난 고향의 의미」(강원대 석사논문, 2005)가 있다.

2) 이희승, 『국어대사전』, 민중서관, 2001, 274면.

때문이다. 전광식은 고향의 본래적 의미를 첫째 고풍성(예스러운 모습), 둘째 환상성(추억 및 동심), 셋째 은닉성과 순수성(도회처럼 때묻은 공간이 아니라 감춰지고 숨겨진 영역), 넷째 풍경성과 풍물성(산천)으로 나누어 설명하고 있다.[3]

고향(故鄕)에 대한 이러한 개념은 시대와 역사를 초월하여 유효하게 받아들여진다. 그러나 문학에 있어서는 사정이 달라질 수 있다. 작중에서 작가가 소환해 내는 고향은 당대 역사와 풍토에 따라 다양한 의미를 내포한다. 식민지 조선을 배경으로 하는 근대문학에서 '고향'은 '민족공동체'를 대변하고 있으며, 한국전쟁이후 1950년대 문학에서 '고향'은 실향민들의 '삶의 토대(본향 · 본적)'을 의미하고, 산업화와 도시화의 한 복판에 놓인 1960년대 이후 문학에서 '고향'은 물질주의 '도시'에 대한 상대개념으로 '자연'을 의미한다. 이외도 개별 작가들에 의해 더욱 다양한 의미가 만들어질 수 있다. 이 글에서는 근대문학에 나타난 '고향'의 의미를 조명해 보고자 한다. 특히 이태준의 단편 「고향」을 중심으로 근대소설에 나타난 '고향'의 의미를 살펴보고자 한다. 근대 작가 이태준은 당대 미문(美文)을 쓰는 문장가(文章家)로 널리 알려졌을 뿐 아니라, 동시대 작가들 중에서도 언어에 대한 인식이 돋보이기 때문에[4] 그의 작품을 중심 텍스트로 설정하였다.

다른 시기와 달리, 근대문학에서 고향을 언급하기 위해서는 '국가'의 부재, '국어'의 위상 상실을 고려해 넣어야 한다. 주지하다시피 일본은 식민지 조선에 대해 정치적 제국주의 정책을 행사할 뿐 아니라, '언어 제국주의' 정책을 시행하고 있었다. 지배 언어에 대하여 소수언어가 취할 수 있는 전

3) 전광식, 『고향』, 문학과지성사, 1999, 25~26면 참조.

4) 이태준은 『문장강화』(박문서관, 1948)에서 '언어'를 "민중 전체가 평등하게 가지는 최대의 문화물"로 여기며, '언어'와 '생활'간의 밀접한 관계를 강조한 바 있다.

략으로 '동화', '저항', '공존'의 세 유형이 있다면,[5] 근대 식민지 조선에서 민족어 '고향'은 '저항' 담론을 형성하고 있다. 특히, 문학 작품에 나타나는 '고향(故鄕)'은 고향산천과 고향사람들을 비롯하여 동시대 독자들에게 애향심과 마음속에 잊을 수 없는 생활의 기억을 동반한다는 점에서, 민족공동체를 영속시키는 민족어의 위상은 물론, 식민지하 조선에서 대언어(일본어)에 대한 소언어(조선어)의 저항 담론을 수행해 내는 대표적인 기표이다. 동시대 작품 중에서, 이태준의 「고향」을 주목하는 것도 작중에서 표제인 '고향'이 함의하는 저항 담론에 주목한 때문이다.

식민지 상황에서 '조선'은 근대 국가와 유구한 민족의 정통성을 명명하는 국호(國號)의 역할을 해 내지 못한다는 점에서, 문학 작품에 나타난 '고향'이라는 시공간의 의미는 주목해서 살펴볼 필요가 있다. 더욱이 문학에 나타난 '고향'은 민족을 대변하는 민족어의 위상을 실현하고 있다는 점에서 주목해 보아야 한다. 근대문학에 나타난 고향의 의미를 구체적으로 파악하기 위해서는 '양(洋)'의 이입이라는 당대 역사의 특수성을 고려해야 한다. '양(洋)'에 대한 인식이 자리를 잡으면서 '향(鄕)'에 대한 인식이 공고해지기 시작했으며, 근대문학에 빈번히 나타난 고향 소재의 작품들은 이러한 사실을 대변한다. 이 글에서는 우선 근대에 만들어진 신어(新語) '양(洋)'의 성격을 살펴본 후 그러한 신어가 민족어로서 '고향'의 의미에 어떤 영향을 주었는지 살펴보려 한다. 그 다음으로 이태준의 단편 「고향」을 중심으로 근대소설에 나타난 '고향'의 의미를 살펴보고자 한다.

5) 이 밖에 언어제국주의와 관련된 자세한 사항은 '언어 민족주의'를 다룬 두 번째 글, '이태준의 근대소설에 반영된 식민지 어문정책과 민족어의 성격'에서 다루도록 함.

2. '양(洋)'의 이입과 '향(鄕)'에 대한 자각

근대문학에 나타난 '양(洋)'과 '향(鄕)'을 살펴보기 앞서, 우선 '양(洋)'의 어휘 이입에 관해 살펴보고자 한다. 근대 만들어진 신어(新語) 중에서, '양(洋)'은 접사로서 매우 광범위한 조어(助語)를 만들어낸다. 양(洋)이 접두사가 되어 쓰이는 말은 19세기 말 '양이(洋夷)'에서 비롯하여 양옥(洋屋), 양복(洋服)쟁이, 양의(洋醫), 양행(洋行), 1950년대 전후 양공주(洋公主)에 이르기까지 셀 수 없이 많다.6) 그렇다면, 왜 다른 어휘를 재치고 유독 '양(洋)'이 서구를 명명하는 어휘로 자리 잡게 되었을까. 그 이유는 반도국인 조선이 문명과 조우하게 된 계기가 '개항(開港)'과 더불어 시작된다는 사실에서 찾아 볼 수 있다. 동아시아의 정치적 소용돌이 외, 우리나라의 지정학적 조건이 '양(洋)'을 새롭게 인식하도록 만든 것이다.

전대에는 신학문과 사상이 중국을 통해 육로로 유입되었던 데 비해, 근대에 이르면 반도 조선은 육지가 아닌 '바다'를 통해 '서구'와 조우하게 된다. '바다'를 의미하는 한자어는 '해(海)'와 '양(洋)'이 있다. '해(海)'와 '양(洋)'이 모두 접사로서 '바다의 뜻을 더하는 접미사'의 기능을 하지만, '양(洋)'은 이에 그치지 않고 '서구식의' 혹은 '외국에서 들어온'이라는 뜻을 첨가하는

---

6) 지리 문화적 실체로서 '동양(東洋)'은 20세기 일본적인 개념이다. 초기에는 대체로 중국 상인들이 자바 주변 해역을 동양이라 부르고 인도 연안 서쪽 해역을 서양이라 부른데서 찾아볼 수 있다. 19세기 일본에서 동양의 개념은 유럽에 대한 지식이 늘면서 바뀌기 시작한다. 서구에 대한 대립 개념으로서 동양의 역사가 강조된다. 예컨대 '동양사'는 근대 일본이 아시아의 최선진국으로서 유럽과 대등한 나라이며 동시에 일본이 중국과 다를 뿐 아니라 문화적 · 지적 · 구조적으로 더 우월하다는 시각을 확립했다. 서구로서의 '유럽'은 일본이 스스로를 비교하는 상대로 존재했고, '지나'는 대상화된 하나의 객체로서 일본이 거기로부터 발전해 나온 관념화된 시 · 공간이었다. 스테판 다나카, 「근대 일본과 '동양'의 창안」, 『동아시아, 문제와 시각』, 문학과지성사, 1995, 170~193면; 진형준, 「같은 것과 다른 것—방법으로서의 동아시아」, 『동아시아인의 '동양' 인식 19~20세기』, 문학과지성사, 1997, 285~286면 참조.

접두사의 역할을 한다. 우리나라의 입지(立地) 조건으로 말미암아, 당시 새롭게 각인된 '양(洋)'은 서구 문명의 전반적인 특징과 용품을 호명하는 특정 기호가 된다.[7]

개화기 국어사에서 양(洋)이 이입되는 과정을 김형철은 다음과 같이 소개한다. 서양어를 받아들이는 데 있어 그 당시 국제적인 여건으로 말미암아 우리나라는 서양에서 직접 받아들이지 못하고 중국을 통하거나 일본을 통해서 받아들였는데 이러한 차용의 경로는 어휘의 형태뿐만 아니라 의미에도 영향을 미치게 된다고 본다. 차용경로는 '서구 → 중국 → 한국', '서구 → 일본 → 한국', '서구 → 중국 → 일본 → 한국'으로 나눌 수 있으며, 근대 초기에는 중국어계 어휘를 많이 수용했고 후대로 올수록 일본어계 어휘의 영향이 많다고 본다.[8] 김형철은 개화기 신어휘를 어소(語素)별로 소개하면서 '양-(洋)'이 붙은 어휘를 다음과 같이 소개한다. "'양목'(洋木)이나 '양서'(洋書)에서 '양-'(洋)은 '서양의(western)', '외국의(foreign)'와 같은 의미를 지녔는데, 이것은 ① 새로운 물건 ② 우리나라에도 있으나 수입된 물건에 주로 붙여졌다. 이것은 한꺼번에 많은 종류의 물건이 수입되면서 개별적으로 명명할 여유를 가지지 못한 상황에서 원래 있었던 것과 구별하기 위해서 보

7) '양(洋)'에서 유입된 것은 단순히 생활 용품에 국한된 것이 아니다. 1950년대 『자유부인』에서 정비석은 가정부인의 일탈을 조장하는 공간이 '양(洋)품점'이며, 그 곳에서 가정부인이 '자유'를 오용하고 있다는 점을 지적하고 있다. 이때 작가는 서구에서 유래한 '생활용품(핸드백 · 화장품)'을 곱지 않은 시각으로 볼 뿐 아니라, 사상으로서 '자유(自由)'에 대한 개념 역시 온건히 이해하고 있지 않다. 자유를 인식하기에는 한국의 근현대사가 몹시 다난했던 것이다.

8) 김형철, 「개화기 국어 어휘」, 『국어의 시대별 변천 연구 4-개화기국어』, 국립국어연구원, 1999, 116면. 오미정은 현대 국어 어휘의 변천 시기를 네 시기로 구분한다(오미정, 「현대 국어 어휘의 의미 변화」, 『현대국어의 형성과 변천』 3, 박이정, 2000, 170면).
제1기 : 신문명어(新文明語) 도입기-1876년 전후에서 1910년대 초반
제2기 : 일본어의 영향기-1910년대 중반부터 1940년대 전반
제3기 : 국어 어휘의 내적 발전기-1940년대 후반에서 1960년대 전반
제4기 : 서구 외래어의 확장기-1970년대 초반에서 현재까지

편적으로 붙여진 명칭이다."[9]

김형철에 의하면 '양(洋)-'자가 붙은 말은 '재래의 것'이 아닌 '외래의 것, 서양에서 온 것'의 의미로 사용되었는데, 이런 말들이 세력을 확대하여 보편적으로 쓰이게 되자 재래의 것을 구별하는 어휘 '국(國), 한(漢 · 韓), 토종(土種)'등의 접두어가 생겼다고 한다.[10] 요컨대 그는 '양(洋)'에 대한 인식과 더불어 그와 상대되는 '국(國)'과 '한(韓)'을 접두어로 하는 조어가 만들어졌다는 것이다. 이러한 논의를 바탕으로 하되, 이 글에서는 한일합방과 더불어 국(國)을 호명할 수 없었던 근대문학사에서는 '양(洋)'에 상대되는 어휘로 '향(鄕)'을 선택할 수밖에 없었음을 제언하려 한다. 근대시에는 '향토(鄕土)'와 '향수(鄕愁)'를 소재로 한 작품이 빈번히 나타나며,[11] 근대소설에는 '실향(失鄕)'와 '망향(望鄕)' 등의 소재가 빈번히 나타난다. 근대소설의 중심 소재로서 '고향(故鄕)'은 고향이 암시하는 자기동일성(출신 · 거주 등)의 문제는 물론, 국가가 부재한 일제 식민지하에서는 민족 정체성과 동일성의 문제를 환기시키고 있다는 점에서 언어 내셔널리즘을 실현하고 있다.

베네딕트 앤더슨의 지적처럼 민족이 본래 제한되고 주권을 가진 것으로 상상되는 정치공동체라고 한다면,[12] 우리의 근대문학에서는 부재한 상상의 공동체를 호명해내는 방식이 '고향'이라는 민족어였다. 고향의 과거성이 인간 실존에 의미 있게 다가오는 것은 그것이 바로 나의 과거를 형성하고 있기 때문이다. 나의 과거 지평으로서 고향은 내 존재의 출발이면서 뿌리

9) 김형철, 앞의 글, 133면.
10) 위의 글, 134면.
11) 이원수의 「고향의 봄」, 박용철의 「고향」, 이은상의 「가고파」, 노천명의 「고향」, 윤동주의 「또 다른 고향」, 이병기의 고향시들 등을 들 수 있다.
12) 베네딕트 앤더슨, 윤형숙 역, 『상상의 공동체－민족주의의 기원과 전파에 대한 성찰』, 나남출판, 2002, 25면.

요, 또 중심인 것이다. 이러한 실존 지평으로서 과거에 대한 의식은 나의 현존이 과거와의 직접적 연장선상에 있기보다 단절 속에 있을 때 더 강화되는 것이다. 과거와의 단절로 인해 나(개체)는 더욱 고향을 지향하게 된다.[13] 한일합방과 더불어 민족(국가)의 존립이 어려워짐에 따라, 민족의 단절을 극복하기 위해 과거와의 직접적 연장선으로서 '고향'이 호명된 것이다.

'양(洋)'의 접사가 만들어내는 다양한 조어(서양 문명)은 1900년대와 1930년대간 인식의 차이를 가지고 있다. 1900년을 전후한 시기 '양(洋)'은 '서양의' 혹은 '외국의'라는 의미 외에 시대적 특수성을 함의하고 있으며, 그것은 새로운 문명과의 조우, '개화(開化)'를 의미하고 있다. "한국 개화기에 문물의 유입과 함께 '洋燈, 洋服, 洋人'과 같은 접두 파생어가 많이 사용되었는데, '洋-' 대신에 '기화포(開化砲), 기화장(開化杖), 기화당(開化黨)' 등 '開化-'를 쓰기도 하였다. '開化-'라는 말은 일본에서 1860년대 이후 급격한 서양화 현상을 가리키는 유행어였으며 civilization의 번역어로 사용된 것이다"[14] 이러한 사실로 미루어 보아, 적어도 1900년대를 전후한 시기, 접두사 '洋-'은 '開化-'와 동일한 의미를 지니고 있음을 짐작할 수 있다. 그것은 전대의 것보다 진보되었거나, 적어도 기존에 없는 새로운 것을 의미한다.

1920~30년대에 접어들면, '양(洋)'이 만들어낸 용어는 개화라는 긍정적 의미와 '진보'에 대한 우려와 회의의 의미를 내포한다. 1930년대 '양(洋)'에 대한 인식을 살펴보기 위해, 접사 '양(洋)'이 만들어낸 신어(新語)가 당대 소설에 쓰인 용례를 살펴보면 다음과 같다. 이종명은 단편 「亞麻와 洋襪」(『조

13) 전광식, 『고향』, 문학과지성사, 1993, 41면 참조.
14) 시라이와 미호, 「현대 국어 어휘의 의미 변화」, 『현대국어의 형성과 변천』 3, 박이정, 2000, 234면.

선문학』, 1933.10)에서 '양말(洋襪)'과 '아마(亞麻)'를 대조적으로 파악하고 있다. 작중에서 '아마(亞麻)'는 백화점에서 '양말'을 파는 여점원의 이름으로, 양말(洋襪)과 대조적인 의미를 지니고 있다. 작품의 내용은 단순하다. 백화점에서 여점원 아마(亞麻)는 양말도둑을 잡으려다 도리어 자신이 양말도둑으로 몰려 백화점을 떠나게 된다. 그후 아마(亞麻) 자신도 백화점에 가서 양말(洋襪)을 훔친다. '양말(洋襪)'이 서구에서 유입된 스타킹 등을 의미한다면, '아마(亞麻)'는 '아마과의 한해살이 풀'로서 껍질의 섬유로는 리넨 따위의 피륙을 짜고, 씨는 '아마인'이라고 하여 기름을 짜며 약재로도 쓰는 유사이전부터 재배하던 섬유식물의 이름이다. 작중 '양말(洋襪)'은 당대 일상에 유입된 서구 문명으로서, 서구를 표상한다. 작가는 '양말'을 통해 근대 조선을 잠식해 들어가는 '서구'를 직시하고 있다. 이 작품에서 이종명은 마땅히 도래된 것이지만, 긍정만 할 수 없었던 '서구', 양(洋)에 대한 당대 지식인의 자조를 보여준다.

'양(洋)'에 대한 이러한 부정적 인식은 '향(鄕)'에 대한 새로운 자각과 발견으로 이어진다. 이러한 작품은 단순히 양(洋)을 비판한다기보다, 서구에서 이입된 사상이 당대 현실과 맺는 마찰의 일면을 보여준다. 당대 지식인 작가들은 소설을 통해 '양(洋)'으로부터 용품과 사상은 이미 도래되었고 그 의의를 부정할 수도 없지만, 당대 조선 현실의 개선에는 크게 일조할 수 없다는 자조적 시선을 보낸다.[15] '양(洋)'에 대한 이해는 '고향(故鄕)'에 대한 자각

15) 예컨대, 염상섭은 단편 「전화」(1925)에서 '전화(電話)'에 대한 당대인들의 반응을 흥미있게 조명하고 있다. '양복'을 입고 안방을 나오던 남편은 안방아씨의 신경을 건드린다. 근자에 남편은 전화를 집에 들이자, 퇴근 후 전화를 받고 부쩍 외출이 잦아진다. 남편은 오늘도 기생집에서 걸려온 전화를 받자, 곧 집을 나선다. 이에 아씨는 전화에 대해 곱지 않은 시선을 보낸다. "그 빌어먹을 전화, 내 이따 떼여 버려야. 기생년하고 새벽부터 이야기하라구 옷을 잽혀 가며 매였드람? 참 기가 막혀!" 염상섭은 부부간의 말다툼을 묘사하면서, 그들 사이에 놓여 있는 '전화'를 다음과

과 한탄, 그리고 새로운 의미부여로 옮아간다. 양(洋)에 대한 부정적 인식이 심화될수록 향(鄕)에 대한 자각은 가속화되고, 물리적이고 정서적인 공동체로서 '고향(故鄕)'을 절실하게 소환해 낸다. 굳이 근대 작가들이 작품 표제로 '고향'을 언명하지 않더라도, 이태준의 「아무 일도 없소」·「꽃나무는 심어 놓고」 등의 단편에서 고단한 농민들의 삶은 당대 고향이 어떤식으로 피폐해져 가는가를 잘 보여준다. 고향에 있던 고향 사람들은 농토를 잃고, 아내와 딸을 잃는가 하면 생활의 기반을 잃어버리고 만다. 그들은 흔적만 남은 고향을 직시하며, '고향상실증', '향수병'에 젖는다. 이태준의 단편 「고향」을 소개하기 앞서 1920~30년대 소설에 나타난 '고향'의 의미를 살펴보도록 하겠다.

3. 근대문학에 나타난 '고향(故鄕)'의 의미 —물리적 실체로서 '가족'과 '고향산천'

정지용의 시 「향수(鄕愁)」(『조선지광』, 1927)는 시공을 초월하여 '고향'이 표상하는 바를 잘 보여준다. 그의 시에는 "어린 시절 가족들과 함께 지내던 추억"과 "고향 산천의 아름다운 자연 풍광"이 구체적으로 제시되어 있다. 그의 시에서 고향(故鄕)은 '가족과의 추억'과 '고향산천'이라는 고향의 일반적 의미를 잘 구현해 내고 있으며, 그로 말미암아 오늘날에도 정지용의 시 「향수」는 대중적인 노래로 애송되고 있다. 이러한 의미 외, 근대 식민지

같이 묘사한다. "네모 반듯한 나무갑 위에 나란히 얹힌 백통빛 새 종 두 개는 젊은 내외의 말다툼에 놀란 고양이 눈같이 빤짝한다." 염상섭은 '전화'라는 용품에 대해서는 가치중립적이지만, '전화'가 당대 기층민들에게 미치는 영향에 대해서는 중립적일 수만은 없음을 시사한다. 이러한 시각은 단순히, '전화'라고 하는 서구에서 유래된 생활용품에만 국한된 것은 아닐 것이다.

조선에서 '고향'은 또 다른 의미를 내포한다. 그것은 '양(洋)'의 유입으로 말미암아 자각하게 된 '민족어'로서 고향(故鄕)의 의미이다. '양(洋)'의 의미는 단순히 '양(洋)'이라는 단어의 확산과 분화를 보여주는 것이 아니다. '양(洋)'에 대한 인식으로 말미암아, 조선 반도의 실체를 대상화하는 고향과 같은 언어가 정립된다. 근대문학에서 '민족어'는 서구에 대한 인식과 번역어가 이입됨으로서 구분되고 자각(발견)되는 것이다.

'고향'은 전대부터 있어왔지만,[16] '고향'이 아닌 대상 '양(洋)'이 부각됨으로서 '고향'의 의미는 새롭게 재구축된다. '향(鄕)'과 구분되는 '양(洋)'은 '바다'를 의미하는 동시에 바다 너머의 세계를 의미한다. 개항 후, '바다'는 '항구'와 더불어 '서구(西歐)'라고 하는 중국이 아닌 다른 문명의 출입로가 된다. 이때 '바다'는 반도의 '끝'이 아니라, 반도의 '이상(理想)'이 된다. 임화의 시 「해협의 로맨티시즘」은 이러한 '바다'를 바라보는 청년의 설렘을 잘 보여준다. "맑게 갠 새 파란 하늘 / 높다란 해가 어느새 한낮의 카브를 꺾는다 / 물개가 멀리 날아가는 곳 / 釜山 埠頭는 벌써 아득한 故鄕의 포구인가!" 시 속의 화자는 바다를 통해 "日本列島의 긴 그림자를 바라"본다. 그의 "흰 얼굴에는 분명히 가슴의 「로맨티시즘」이 물결치고 있다." 그는 다음과 같은 포부를 가슴에 새겨본다. "藝術, 學問, 움직일 수 없는 眞理── / 그의 꿈꾸는 思想이 높다랗게 굽이치는 동안 / 모든 것을 배워 모든 것을 익혀 / 다시 이 바다 물결 위에 올았을 때 / 나는 슬픈 故鄕의 한 밤 / 홰보다도 밝게 타는 별이 되리라"[17]

---

16) '향(鄕)'은 ① 고대 중국이나 신라 · 고려의 부곡(部曲)의 하나이며, ② 중국의 주대(周代)에 있었던 행정상의 한 구역으로서 곧 일만 이천 오백 호가 있는 땅을 일컫는다(이희승, 『국어대사전』, 민중서관, 2001, 4332면). '고향(故鄕)'은 17세기 국어사전(한국정신문화연구원, 『17세기 국어사전』, 1995)에도 나타나는 것으로 보아, 오래전부터 쓰고 있음을 알 수 있다.

임화의 시에서 '바다'는 '청년'과 같은 위상을 가지고 있으며, '청년의 위용'과 같은 활기를 발산한다. 새로운 문명에 목말라 하던 청년은 '바다'를 바라보며, '해(海)'가 아니라 '양(洋)'을 의식하고 있음을 알 수 있다. 더 정확하게 말하자면, 시 속의 화자가 바라보는 '해협(海峽)'은 현해탄이며 가까운 바다 너머 '일본'이다. 일본에서 유입된 '양(洋)' 역시 '서구식의'·'외국에서 들어온' 문명이라는 점에서, 근본적으로 '서구에서 전래'된 것이다. 시적 화자가 '바다'를 바라보는 시선은 신어(新語)의 차용경로 '서구 → 일본 → 한국'을 떠올리게 한다. 청년이 바다를 통해 지향하는 궁극적인 대상은 서양의 문명이지만, 그는 가까운 바다 너머 일본을 통해 서구의 문명을 지각한다. 식민지 조선은 서구를 직접 체험하는 것이 아니라 일본식으로 유입된 서구, 양(洋)을 수용할 수밖에 없었다. 서구가 존재하고 서구를 직접 수용한 일본이 있다면, 식민지 조선은 일본을 통해 일본화된 서구를 만난다. 이 글에서 주목하는 부분은 일본에서 받아들인 '양(洋)'을 식민지 조선이 재수용하는 과정에서 발견하게 되는 '고향(故鄕)'에 관해서이다.

이 시에서 '현해탄' 너머의 '양(洋)'과 대조적인 위상을 지닌 대상으로 '고향'을 발견할 수 있다. 시 속 화자는 '부산 부두(埠頭)'를 '아득한 고향의 포구'라고 보고, 자신은 '슬픈 고향'을 밝힐 수 있는 '밝게 타는 별'이 되기 위해 일본에서 모든 것을 배우고 익혀 귀향할 것을 다짐한다. 시 속의 화자는 '조국'과 '민족'에 대한 명명법으로 '고향'이라는 용어를 사용하고 있다.

이태준의 소설 「고향」(『동아일보』, 1931.4.21~29)에서 작중 주인공 윤건 역시 "부산 부두에 발을 올려 딛는 때부터 내 고향"[18]이라 생각한다. 일본에

17) 「玄海灘」이라는 제목으로 발표(『중앙』, 1936.3). 임화, 「海峽의 로맨티시즘」, 『玄海灘』, 동광서관, 1938, 140~142면. 이하 전문은 생략.

서 6년 동안 유학생활을 마치고 조선으로 돌아가는 윤건에게 '고향'은 불행한 조국의 암울한 현실을 총칭한다. "내 고향은 철원도 아니요, 배기미도 아니요, 서울도 아니다. 부산 부두에 발을 올려 딛는 때부터 내 고향이다. 내 고향은 나에겐 편안히 쉴 자리를 줄 리가 없다. 그것을 바라고 그것을 꾀할 나도 아니다."(「고향」, 124면) 작중 윤건은 일본에 있으면서 일본을 통해 조선의 현실을 보았으며, 그러한 조국을 통칭 '고향'이라 명명하고 있다. 일본으로부터 유입된 양(洋)을 지각하면서, 근대 지식인 작가들은 그와 대조적인 입지에 있는 식민지 조선을 '고향(故鄕)'으로 바라본다. 염상섭은 「만세전」에서 주인공 이인화의 시선을 통해 당대 '고향' 풍경을 다음과 같이 묘사한다.

> 몃 千 몃 百年동안 그들의祖上이 根氣잇는努力으로 조금式 조금式 다저노은 이土地를, 다른사람의손에 내던지고 內外로 쏘겨나가거나 村으로 기어드러갈제, 自己혼자만 써나가는 것갓고, 自己혼자만 村으로 기어드러가는 것가타얏슬 것이다. 쌍마직이나잇든것을싸불려버리고, 집한채진엿든것이나마 文書가 이사람저사람의손으로 넘어단이다가, 辨理에 辨理가늘어서 내노코나가게될째라도, 사람이살랴면 이런꼴도보고 저런꼴도보는 것이지하면, 이것도 내八字所關이라는 安價한 樂天이나 斷念으로 代代로직혀나려오든故鄕을 등지며, 門밧그로 나가고 山으로 기어들샘이요, 이것이 어써한勢力에 밀리기 째문이거나 或은 自己가 堅實치못하거나, 自制力과 忍耐力이업서서 짭살리고만것이라는 생각은 쑴에도업다. (…중략…) 이가티하야 한집줄고 두집줄며 열집줄고 百집주는동

18) 이태준, 「고향」, 『달밤』, 깊은샘, 1995, 124면(『동아일보』, 1931.4.21~29). 이하 작품 인용은 인용문 말미에 작품명과 페이지 수만 명기.

안에 쓰러저가는집은 헐리어 어느틈에 새집이스고, 斷層집은 二層으로變하며, 溫突이 다다미[疊]가되고 石油불이 電燈이된다. 「아모계집이 이번에 道路로 드러간대데」하며 곰방담배째에 葉草를 다저너코 쌕쌕빨아가며, 逍遣삼아 숙썩어리다가 자고나면 벌서 곡괭이질 부삽질에 며츨어수선하다가 電車가노히고, 自動車가 진흙덩어리를 튀기며 쌩쌩다라나가고, 짤국나막신소리가 날마다 느러가고, 郵便局이 드러와안고, 郡가헐리고 憲兵駐在所가 드러와안는다. 주막이니 술집이니하는 것이 파리ㅅ채를 날리는 동안에 어느덧 한구석에 遊廓이 생기어 三味線소리가찌링찌링난다. 梅毒이니 淋疾이니하는 새손님을 마저드린 村書房님네들이, 病院이업서不便하다고 짜증을내이면 너머느저未安하엿습니다는 듯이 體面차릴줄아는 詐欺師가待令을 한다. 世上이便利하게되엇다.[19]

염상섭은 「만세전」에서 고향을 위협하는 큰 세력을 자각하지 못하는 우매한 조선 사람들을 자탄한다. 염상섭이 묘사한 것처럼, 당대 고향(조선)의 농민들은 조상대대로 살아왔던 '토지'를 잃고 '집'을 잃고, '계집'을 잃고, '육체'를 잃어가고 있었다. 주인공 이인화가 지적한 '이층집', '다다미방', '전등', '전차', '자동차', '우편국', '헌병주재소', '유곽', '임질', '매독'은 문명의 양화와 음화가 섞여있다. 나아가 열거된 문명에는 서양의 문명(일본이 수용한 서양문명)과 일본의 전통이 혼재되어 있다. 여기에는 전통적인 조선의 문화유산은 물론, 서구 문명의 정신적인 유산도 자리 잡고 있지 않다. 염상섭이 소설에 묘사한 고향을 통해, 우리는 식민지 조선에서 '고향'은 '조상대대로 살아온 토지와 일가들이 모여사는 곳'이라는 물리적인 의미 이상의 것을 발견해 낼 수 없다. 식민지 조선의 작가들은 '물리적인 고향', 고향산천

19) 염상섭, 「萬歲前」, 『염상섭전집』 1, 민음사, 1987, 53~54면(고려공사, 1924). 강조는 필자.

과 가족을 잃어버린 데 급급한 나머지 정신적인 고향의 위상을 운운할 여유가 없었으며, 상황도 허락지 않았다.[20]

이것은 현진건의 「고향—조선의 얼골」(『조선일보』, 1926.1.3)에서도 마찬가지이다. 현진건이 '고향의 부재'를 보여주기 위해 작중에 설정한 공간은 '열차'이다. '대구에서 서울로 올라오는 차중'이라는 공간 설정은 특정한 한 공간을 지정해 두고 있지 않다. 움직이는 '열차'는 끝을 알 수 없는 변화의 소용돌이 속에 놓여 있는 조선의 상황과 흡사하다. 그곳은 대구도 아니며 서울도 아닐뿐 아니라 '고향'도 아니다. 작중 화자인 나는 차안에서 '그'를 만난다. 그의 인상착의에는 국적이 드러나 있지 않다. 그는 일본의 '기모노'를 두르고 '고부가리'로 머리를 깎았으며, 안에는 '옥양목 저고리'를 두르고 아랫도리에는 '중국식 바지'를 입고 '감발'을 한 채 '짚신'을 신고 있다. 국적 불명의 그의 곁에는 중국 사람과 일본 사람이 함께 앉아 있다. 중국사람, 일본 사람, 그리고 '삼국 옷을 한 몸에 감은' 사람, 세 종류의 사람이 흔들리는 차 안에 있다. 현진건은 '중국'과 '일본'의 존재를 통해서 상실된 '고향'의 실체를 자각한다. 이 작품에서 부재한 '조선'의 민족공동체는 '고향'

20) 동시대 일본 지식인의 경우 사정이 다르다. '양(洋)'의 수용을 통해 '향(鄕)'을 발견했다는 점에서는 우리나라의 근대문학과 다를 바 없지만, 그들은 '양(洋)'을 통해 '향(鄕)'의 독자적인 문화를 탐색하고 도모했다는 점에서 우리의 근대문학에 나타난 '고향'과는 구별된다. 고바야시 히데오가 「고향을 잃은 문학」(『문예춘추』, 1933.5)에서 명명하는 고향(故鄕)은 근대 식민지 조선의 지식인들이 말하는 고향(故鄕)과 다르다. 도쿄 출생의 고바야시 히데오는 「고향을 잃은 문학」에서 '서구의 문학'을 이해하고 자국의 문학을 이해한 개념에서 '고향의 문학'을 언급하고 있다. 서양의 문명을 탐닉하고 연구해 나가는 가운데 '고향'의 것을 잃은 것 같지만, 기실 서양을 정확하게 이해했을 뿐 고향의 것을 잃어버린 것은 아니다. 타자(他者)에 대한 이해가 선행한 다음에 이루어지는 자아(自我)에 대한 이해는 개인을 더욱 성숙하게 만든다. 그것은 고향에 내재해 있는 전통을 발견해 내는 일이었다. 고바야시 히데오가 명명하는 '고향(故鄕)'은 물리적(향토)인 것은 물론, 정신적(문화)인 것을 포괄하고 있다. 나아가 고바야시 히데오는 '고향'의 문학을 '서양'의 고전과 동일한 반열에 놓고 있다(小林秀雄, 유은경 역, 『고바야시 히데오 평론집—문학이란 무엇인가』, 소화, 2003, 153~166면 참조).

으로 대체된다. 그의 외관과 그의 말씨(어눌한 중국말과 일본말, 그리고 방언으로서 조선어)는 조선이라는 국가의 정체성 부재를 시사한다. 현진건은 '부재한 고향으로 말미암아 조선의 순박한 '농민'이 중국과 일본의 날품팔이 '노동자'로 전락한 모습을 통해, '고향의 상실'은 곧 '국가의 상실'이라는 확장적 의미를 유도해 내고 있다.

작중 청년은 서간도와 일본을 떠돌다가 기껏 고향으로 돌아왔지만, 고향에는 '집'은커녕 '고향 사람'도 남아있지 않다. 그는 고향의 옛터에서 유녀(遊女)로 팔려간 옛동무를 만나 술을 마신 후 그 곳을 떠난다. 현진건은 작중에서 고향을 상실할 수밖에 없는 원인을 간접적으로 시사하고 있다. 고향의 농토가 '동양척식주식회사'의 소유가 되고, 얼굴 반반한 여자애는 '유곽'으로 팔려간다. 작중 청년은 열일곱 살 봄에 부모님과 함께 서간도로 갔으나 병과 노동으로 인해 부모님을 여윈다. 그 후 그는 단신 일본으로 떠나 날품을 팔지만, 몸은 방탕해지고 마음은 울화로 가득하다. 그는 농토를 잃고 '이향(離鄕)'의 고통을 겪었으며, 중국과 일본에서 '실향(失鄕)'의 서러움을 몸소 겪어야 했다. '귀향(歸鄕)' 의지를 돈독히 하고 고향 땅을 밟지만, 그에게 '고향'은 없다.

부재한 고향에 대해 그는 다음과 같이 한탄한다. "집도 없고, 사람도 없고, 개 한 마리도 얼씬 않더마." "무너지다가 담만 즐비하게 남았더마. 우리 살던 집도 터야 안 남았겠는기오? 암만 찾아도 못 찾겠더마." "썩어 넘어진 서까래, 뚤뚤 구르는 주추는 꼭 무덤을 파서 해골을 헐어 젖혀 놓은 것 같더마." "백여 호 살던 동리가 십 년이 못 되어 통 없어지는 수도 있는기오?"[21] 이때 작중 주인공이 인식하는 '고향(故鄕)'은 '고향집과 고향사람'과

---

21) 현진건, 「고향－조선의 얼골」, 『현진건문학전집』 1, 국학자료원, 2003, 183면. 이외 이기영의

같은 물리적 실체이다. 그러나 상실한 것은 물리적 실체만이 아니다. 감정적인 유대와 공동체 의식, 자기 동질성과 같은 내면의 구심점마저 사라진다. '고향의 부재'는 단순히 현상에 그치는 것이 아니라, 이후 그의 삶에 큰 변화를 몰고 온다. 현진건은 식민지 조선에서 상실된 고향의 모습을 사실적으로 보여주고 있지만, 그로 인해 파생되는 문제는 보여주지 않는다. 그것은 이 작품의 주인공이 이제 정주할 수 없는 유이민(流移民)의[22] 운명에 처한다는 사실이다.

식민지 조선에서 유이민은 단순히 '정주할 곳'을 잃은 실향민(失鄕民)이라기보다, 망국민(亡國民)의 의미를 지닌다. 왜냐하면 근대문학에서 '고향'은 특정한 지역을 의미한다기보다, '조국의 산천'을 의미하고 있기 때문이다. 임화의 시 「해협의 로맨티시즘」에서 '바다'를 바라보는 시적 화자는 바다 너머에 있는 일본과 구분하여 조선을 '고향'이라 명명한다. 염상섭의 「만세전」과 현진건의 「고향」에서 작중 주인공의 '고향' 인식에는 일본에 대한 인식이 선행해 있다. 그들은 모두 '일본'으로부터 그들의 '고향'을 자각한다. 이때 고향은 '조상대대로 살아온 토지와 일가들이 모여 사는 곳'과 같은 물리적 실체이다. 염상섭의 「만세전」에서 '고향'은 몇 세대가 살아온 '토지'와 그 곳에 살고 있는 '사람들'을 의미한다. 현진건의 「고향」에서 '고향'은 '고향의 사람들'과 '그들의 농토'를 의미한다. 두 작품 모두에서 '고향'

『고향』(1933~34)은 고향의 토지와 사람들을 지키려는 의지를 보여준다. 서구 문물이 이입되기 이전, 농본국가인 우리나라의 고향은 모두 '농토'였으며 고향 사람들은 모두 농부였다는 사실은 '고향'을 이해하기 위한 다양한 기준을 제공해 준다. 『고향』 외에도 「농부정도령」, 「민촌」 등 이기영의 다른 작품에 나타난 '고향'에 대한 의미는 다른 글을 통해 살펴보도록 하겠다.

22) 유이민으로 전락한 그는 '비자발적노마드'가 된다. 동시대 그와 같은 처지의 유이민들은 자발적노마드(하이퍼노마드)와 달리 주거지가 없는 사람들로서 이주 노동자의 신세로 전락하며, 이것은 그의 운명에 그치지 않고 이후 세대의 운명에 어두운 그림자를 드리운다. 자크 아탈리, 이효숙 역, 『호모노마드』, 웅진닷컴, 2005, 418면.

은 물리적 실체로서 고향을 의미하며, 나아가 식민지로 전락한 조국의 산하를 명명하는 민족에 대한 기표이다. 다음 장에서는 이태준의 「고향」에 나타난 '고향'의 의미를 살펴보도록 하겠다.

4. 고향(故鄕), '민족의 과거'를 소환해 내는 언어 내셔널리즘의 구현

이태준의 소설은 조선과 동경, 만주를 비롯하여 미국에 이르기까지 다양한 공간을 배경으로 하고 있다. 초기 단편에는 동경과 조선을 배경으로 하고 있으나, 점차 만주와 미국 하와이 등으로 작중 공간이 다양해진다. 작중에 나타난 '조선'은 경성, 대구, 개성을 비롯한 '도시' 그리고 이와 대조적인 '촌('시골'이라 명명하기도 함)'으로 구분된다. 이태준은 그의 소설에서 도시와 촌(시골)을 구분함과 동시에 '고향'도 구분한다. 그의 소설에서 '고향(故鄕)'은 도시와 촌 양자를 모두 포괄하고 있다. 단편 「고향」에서 동경을 떠나 조선땅으로 돌아오는 주인공이 가장 먼저 떠올리는 어휘는 '고향'이다. "나의 고향은 어데냐?" "함경북도 배기미냐, 서울이냐, 철원이냐, 그저 막연하게 조선땅이냐, 그러면 배기미나 서울이나 철원에 누가 나를 기다리고 있느냐, 아무도 없다. 배기미 같지도 않다. 서울도, 철원도 아닌 것 같다. 그러나 그는 이 말 끝에 연달아 "조선땅이 아니다"라는 말은 해본 적이 없었다."(「고향」, 122면) 이태준의 단편 「고향」(『동아일보』, 1931.4.21~29)에서 '고향'은 조국을 의미한다. 이 장에서는 이태준이 호명하는 '고향'의 의미에 대해 구체적으로 살펴보도록 하겠다.

단편 「고향」에는 일본에서 조선으로 돌아오는 사람들의 귀국(歸國) 풍경이 자세히 나타나 있다. 국가를 상실한 식민지 주민의 귀국(歸國)은 '귀향(歸鄕)'으로 명명할 수 있다. 작중에서 고향으로 돌아가는 사람은 '지식인 청년'과 '노동자', 두 부류로 나눌 수 있다. 지식인 청년의 경우, 윤건과 같은 '지사형 지식인'이 있는가 하면 자신의 입신만을 챙기는 '속물형 지식인'이 있다. 이 글에서 주목하는 부분은 '지사형 지식인'의 귀국 풍경이며, 그 과정에서 그가 명명하고 있는 '고향'이 지닌 의미이다. '지사형 지식인'의 귀국 풍경을 살펴보기 앞서, '속물형 지식인'과 '조선 농민(노동자)'의 귀향 풍경 그리고 고향(故鄕)에 대한 그들의 의식을 살펴볼 필요가 있다.

'지사형 지식인'과 '속물형 지식인'은 그들의 귀국 동기에서부터 구별된다. '지사형 지식인'이 '조국을 위해 할 수 있는 일'을 찾아 고국으로 간다면, '속물형 지식인'은 '자신을 위해 할 수 있는 일'을 찾아 조선으로 돌아간다. 그는 "××은행 본점"에 취직되어 조선으로 나간다. 그는 "큰 일을 못 칠 바에야 내 한 사람이 헐벗지 않도록 하는 것도 작게 보아 조선 사람 하나가 헐벗지 않는 것"(「고향」, 126면)이라 여기며, 자신의 취직을 대의로 포장한다. 이외 도화선생이 된 동창생, 보전 졸업하고 자기 고향으로 가서 금융조합 이사로 있는 마군, 경도제대를 나와서 총독부 식산국에 들어간 배군 등이 이 부류에 속한다. '속물형 지식인'의 내면에는 조국으로서 '고향'의 의미가 존재하지 않는다. 그들은 자신의 실리(취직과 수입)을 염두에 둘 뿐, 고향의 현실에 대해서는 무관심하다. '속물형 지식인'과 달리, '조선 농민(노동자)'는 '고향(故鄕)'을 직시한다. 조선의 농민들은 돈을 벌 요량으로 일본으로 가지만, 일본인에 비해 현저히 낮은 보수 탓에 입벌이만 간신히 할 뿐이다. 귀국선에 오른 그들은 고향에 가는 이유를 다음과 같이 밝힌다.

"그럼, 고향에 가시면 농사하십니까?"

"농사니 농토가 있어야죠. 우리 제가끔 저 한몸만 같으면 조밥보다는 나으니 일본서 뒹굴겠지마는 돈들도 못 벌 바에야 첫째 처자식 그리워 허턱대구 나오지요."(「고향」, 129면)

'지사형 지식인'이 '고향'을 통해 '민족의 운명'을 떠올리고 있다면, '조선의 농민'은 '고향'을 통해 '자신의 농토'와 '처자'를 떠올린다. 지식인 청년 윤건이 조선으로 돌아갈 때 민족의 운명을 염두에 두고 있다면, 조선 농민은 부재한 그들의 농토와 두고 온 처자를 생각한다. 양자 모두 '고향'을 떠올리지만, 지식인에게 호명되는 '고향'이 암울한 민족(조국)의 운명인 반면 농민(노동자)에게 호명되는 '고향'은 두고 온 가족(고향사람들)과 자신의 농토(고향산천)으로 국한되어 있다. 조선의 농민이 물리적 실체로서 고향을 염두에 두고 있다면, '지사형 지식인'은 고국(故國) 산천이라는 물리적인 실체 외에 민족의 과거(정신 문화)를 소환해 낸다. '지사형 지식인'의 귀향 풍경을 구체적으로 살펴보면 다음과 같다.

윤건은 일본에서 유학생활을 마치고 조선으로 돌아간다. 유학시절, 윤건은 심사가 울적할 때마다 보던 책을 다다미 위에 집어 내던지고, 고향을 생각한다. 그는 비가 오나 눈이 오나 남 다 자는 새벽 거리를 뛰어다니며 신문과 우유를 배달하며, 형설의 공을 이룬다. "M대학 정치학부에서 교수들이 혀를 차는 훌륭한 논문을 써 들여놓고 누구보다도 빛나는 졸업장을 받아들"(「고향」, 123면)고, "내 고향 산천임엔 틀림이 없는 조선땅을 향하여 동경을 떠난"(「고향」, 123면)다. "부산 부두에 발을 올려 딛는 때부터 내 고향이다"라는 일념으로 고향땅에서 그는 자신을 위해 할 수 있는 일이 아니라,

고향(조국)을 위해 할 수 있는 일을 모색한다. 그는 식민지 조선의 현실에 대한 자각과 더불어 '민족'과 '조국'의 기표로서 '고향'을 호명한다.

그는 모교를 방문하고 신문사, 신간회 사무실, 잡지사를 찾아가지만 자신이 할 수 있는 일은 없다. 모교에는 속물적인 선생과 동창이 교편 생활을 하고 있으며, 사상을 같이 했던 동창은 이미 감옥에 가고 없다. 식사와 잠자리도 해결하지 못한 채, 그는 은행에 취직한 청년이 이끄는 대로 요리집에 간다. 옆방에는 취직을 자축하는 이들의 사은회가 열리고 있다. "여러 끼를 굶었던 속이라 삐루 몇 잔에 그의 악만 남았던 몸 속에서는 커다란 혁명이 일어났다."(「고향」, 139면) 윤건은 맥주병을 거꾸로 잡고, 옆 방의 생도와 교원들에게 맥주병을 휘둘렀다. 그는 "힘세고 날랜 스포츠맨 여러 사람"에게 사지가 묶여서 그날부터 감옥에 들어간다. "육년 만에 돌아온 고향이나 의탁할 곳이 없던 김윤건의 몸은 그날 저녁부터 관청(감옥)의 신세를 지게 되었다."(「고향」, 140면, 괄호 필자)

고향을 위해 할 수 있는 일을 찾기에는 당대 고향이 너무 척박해져 있었다. 그럼에도 윤건이 지식인으로서 소명의식을 가지고 고향(故鄕)을 '조국'으로 의식할 수 있었던 이유는 무엇인가. 그것은 윤건이 '고향'을 바라볼 때 '현재'만을 직시하는 것이 아니라 고향이 환기하는 '과거(역사와 문화)'를 염두에 두고 있기 때문이다. '지사적 지식인' 윤건은 '고향'의 현실을 직시하면서 동시에 고향의 유구한 역사와 문화, '과거'를 소환해 낸다. 윤건은 '고향'에 있는 '조선사람'과 그들의 남루해진 '조선옷'을 바라보고, 찬란했던 고국(古國)의 과거를 떠올리며 비탄에 잠긴다.

"윤건은 하관역에서부터는 많은 조선 사람을 보았다. 조선 솜바지저고리를 입은 사람도 까마귀떼에 비둘기처럼 끼여 있었다. 오래간만에 보는 조선옷은 더구나 석탄 연기에 그을은 노동자의 바지저고리는 아무리 보아도 을리는 구석이 없어 어색스러웠다." "저 옷이 **찬란한 문화를 가진 역사 있는 민족의 의복이라** 할 수 있을까?"(「고향」, 127면, 강조는 필자)

윤건은 고향 땅에서 '찬란한 문화'와 '역사 있는 민족'이라는 '고향(조국)의 과거'를 떠올린다. 이 작품에서 이태준은 '고향'을 통해 민족의 과거를 현실로 소환해 내고자 한다. 이 작품에서 특기할 만한 사실은 '고향'에 대한 자각이 막 동경에서 돌아온 지사적 지식인의 시선에서 포착된다는 사실이다. 임화의 시를 비롯하여 염상섭의 「만세전」, 현진건의 「고향」에 이르기까지 근대 지식인 작가들은 일본(동경)을 염두에 두고, 자신의 고향을 발견한다. 동시대 다른 작가에 비해 이태준의 고향 인식이 두드러지는 것은 그가 단순히 물리적 실체로서 '고향'을 발견한 데 그치지 않고, 고향이 지닌 문화와 전통을 현실에 소환해 내고 독자들에게 민족의 과거를 각인시키고 있기 때문이다. '고향'에 대한 이태준의 적극적인 의미 부여는 「돌다리」(『국민문학』, 1943.1)에서 구체적으로 나타난다. 작중에서 고향의 농토는 현물 가치를 지닌 논밭에 그치는 것이 아니고, 과거 조상이 살아온 내력과 전통을 대변한다.

「돌다리」에서 이태준은 새로 놓인 '나무다리'에 비해 '돌다리'가 지닌 내력과 전통의 소중함을 각인시킨다. 아들은 나무다리가 있음에도 돌다리를 고치는 아버지를 의아히 여긴다. 아버지는 그런 아들에게 어린 시절 그 다리 아래에서 고기 잡던 생각, 그 다리 건너 글 읽으러 다니던 생각, 그 다리로 아내(어머니)가 시집오던 생각, 조상(할아버지)의 상돌을 그 다리로 건네다 모시던 생각을 각인시킨다. 이때 '돌다리'는 돌다리라는 물리적 실체로서 존재한다기보다, 돌다리가 지닌 전통과 내력으로 말미암아 의의를 지닌다. 작중 이태준이 돌다리의 전통과 내력을 통해 궁극적으로 소환해 내고자 하는 것은 고향으로 명명되는 이 땅의 유구한 역사이다. 작중에서 전대의 전통과 문화에 대한 아버지의 생각은 고향의 '돌다리'뿐 아니라, 고향의 '농토'에서 더욱 구체적으로 드러난다. '양의(洋醫)'가 된 아들은 '양관(洋館)'을 구입하고자, 아버지에게 고향의 농토를 팔 것을 제안한다. 농군인 아버지는 자신이 죽기까지 농토를 지키겠다는 결심을 밝히며, 아들에게 다음과 같이 말한다.

> "천금이 쏟아진대두 난 땅은 못 팔겠다. 내 아버님께서 손수 이룩허시는 걸 내 눈으루 본 밭이구, 내 할아버님께서 손수 피땀을 흘려 모으신 돈으루 작만허신 논들이야. (…중략…) 느르지논둑에 선 느티나문 할아버님께서 심으신 거구, 저 사랑 마당엣 은행나무는 아버님께서 심으신 거다. 그 나무 밑에를 설 때마다 난 그 어룬들 동상(銅像)이나 다름없이 경건한 마음이 솟아 우러러보군 헌다. 땅이란 걸 어떻게 일시 이해를 따져 사구 팔구 허느냐? 땅 없어 봐라, 집이 어딨으며 나라가 어딨는 줄 아니? 땅이란 천지만물의 근거야. 돈 있다구 땅이 뭔지두 모르구 욕심만 내 문서쪽으로 사 모기만 하는 사람들, 돈놀이처럼 변리만 생각허구 **제 조상들과 그 땅과 어떤 인연이란** 건 도시 생각지 않구 헌신짝 버리듯 하는 사람들, 다 내 눈엔 괴이한 사람들루밖엔 뵈지 않드라."[23]

이태준은 고향을 통해 '민족의 과거(역사)'를 소환해 낸다. '고향의 땅'은

23) 이태준, 「돌다리」, 『돌다리』, 깊은샘, 1995, 238면. 강조는 필자.

조상과 후손들의 인연이 적층되어 있는 역사적인 실체이다. 이때 '고향의 땅(농토)'은 단순히 물리적 실체에 그치는 것이 아니고 현재와 과거가 만나고 연결된 교착지점이다. 동일한 의미에서 '고향의 땅을 일구는 농군'은 이 땅의 과거와 현재를 비롯하여 미래를 기약해 주는 역사의 원동력이 된다. 이태준은 '고향'을 통해 '민족의 과거'를 구현해 냄으로써, 민족어로서 고향(故鄕)'의 의미를 확장하고 언어 내셔널리즘을 구현해 낸다. '민족'에 대한 의식은 반드시 국가를 필요로 하는 것은 아니다. 국가를 못 가진 경우에는 과거에 있었던 국가에 대한 기억과 장래의 국가를 향한 열망이 민족주의를 형성한다고 할 때,[24] 이태준은 이 땅의 과거를 소환해 냄으로써 언어 내셔널리즘을 실현하고 있다. 이태준 소설에서 작중 표제와 작중 공간으로 빈번히 등장하는 '고향'은 우리가 일반적으로 알고 있는 물리적 실체 '고향'을 의미하는 것은 아니다. 애국심의 핵심으로 간주되는 향토에 대한 이러한 사랑은 '자연적인' 현상이 아니라 역사적 · 지적 발전의 인위적인 산물이라고 할 때,[25] 이태준이 소환해 낸 '고향의 과거'는 소언어인 조선어가 대언어에 대항할 수 있는 적극적인 저항 담론을 형성해 내고 있다.

5. 결론

문학작품에 나타난 '고향(故鄕)'은 다양한 의미를 양산해 내면서 한국문학사의 다채로운 내용을 형성해 내고 있다. 이 글에서는 근대소설에 나타난

---

24) 백낙청, 「민족주의의 개념」, 『민족주의란 무엇인가』, 창작과비평사, 1981, 33면.
25) 위의 글, 22면.

'고향'의 의미를 이태준의 단편 「고향」을 중심으로 살펴보았다. 근대소설에 나타난 '고향'을 이해하기 위해서는 국가의 부재와 모국어의 상실이라는 식민지 특수성을 간과해서는 안 된다. 그러므로 근대소설에 나타난 고향(故鄕)을 이해하기 위해서는 필연적으로 양(洋)의 이입을 고려해야 한다. 전대에는 신학문과 사상이 중국을 통해 육로로 유입되었던 데 비해, 근대에 이르면 반도 조선은 육지가 아닌 '바다'를 통해 '서구'와 조우하게 된다. 우리나라의 입지(立地) 조건으로 말미암아, 새롭게 각인된 '양(洋)'은 '서구식의' 혹은 '외국에서 들어온'이라는 뜻을 첨가하는 접두사의 역할을 수행하면서 서구 문명의 전반적인 특징과 용품을 호명하는 특정 기호가 된다.

한일합방과 더불어 국(國)을 호명할 수 없었던 근대문학사에서는 '양(洋)'과 상대되는 어휘(접사)로 '향(鄕)'을 선택할 수밖에 없었다. 근대 시에는 '향토(鄕土)'와 '향수(鄕愁)'를 소재로 한 작품이 빈번히 나타나며, 근대소설에는 '실향(失鄕)'와 '망향(望鄕)' 등의 소재가 빈번히 나타난다. 근대소설의 중심 소재로서 '고향(故鄕)'은 고향이 암시하는 자기동일성(출신 · 거주 등)의 문제는 물론, 국가가 부재한 일제 식민지하에서는 민족 정체성과 동일성의 문제를 환기시키고 있다. 특히 근대소설에서 고향(故鄕)은 물리적 실체로서 고향 사람들(가족)과 고향 산천이라는 의미 외, 상실한 조국을 적극적으로 호명해내는 '민족어'의 위상을 보여준다. 이태준의 소설에서 '고향'은 상실한 조국의 현재 상황뿐 아니라, 민족의 과거 '역사와 문화'를 소환해 낸다는 점에서 언어 내셔널리즘을 실현하고 있다.

이태준의 단편 「고향」에 나타난 '고향'의 의미는 이태준의 전작을 고려해 볼 때 작가의 의식을 드러내는 중심 소재라 할 수 있다. 이태준은 근대 만들어진 신어(新語)를 비롯하여 언어적 감각이 뛰어난 작가인 만큼 그의 소설에 나타난 '고향'은 단순히 소재에 그치지 않으며, '민족공동체의 구현'이라는 민족주의적인 주제를 도출해 낸다. 이태준의 소설에서 '고향'은 민족의 전통과 유구한 역사를 의미하고 있으므로, 『황진이』와 『왕자호동』을 비롯한 그의 역사소설은 민족공동체의 고향, 기원을 복원해 낸다는 점에서 새롭게 조명해 볼 필요가 있다. 아울러 그의 소설에 나타난 '고향'은 이태준의 월북과 관련하여 시사점을 제공한다. '양(洋)'에 대한 이입으로 말미암아 더욱 절실히 '향(鄕)'을 발견해 낸다는 점에서, 양(洋)을 배제한 가운데 민족공동체를 구현하려던 그의 의지가 월북으로 이어졌음을 추측해 볼 수 있다.

근대소설에 나타난 '고향'의 의미는 한국전쟁이후 1950년대 소설에 나타난 '고향', 산업화(도시화)로 접어든 1960년대 이후 소설에 나타난 '고향'의 의미와 구분된다. 한국전쟁이후 소설에서 '고향'은 북에 두고 온 원적(본향)을 의미하면서 실향민들의 향수를 각인시키고 있다면, 산업화로 접어든 1960년대 이후 소설에서 '고향'은 물질만능주의로 팽배한 도시와 구분되는 자연을 의미하며 도시가 아닌 시골을 대변한다. 반면 근대소설에서 '고향'은 부재한 조국과 민족을 대변하는 '민족어'의 위상을 지니고 있다. 근대문학에 나타난 고향은 식민지하 조국의 농토와 조국 사람들을 의미한다. 동시대 다른 작가에 비해 이태준은 그의 소설에서 '민족어'로서 고향의 의미를 더욱 확장시킨다. 그의 소설에서 '고향'은 식민지하(현실) 조국의 물리적 실체를 의미하는 것 외, 민족의 찬란한 과거(전통과 문화)를 환기시킨다는 점에서 언어 내셔널리즘을 수행해 내고 있다.

이태준의 근대소설에 반영된 식민지 어문정책과 민족어의 성격

1. 서론

이 글에서는 이태준의 근대소설에 반영된 식민지 어문정책과[1] 그의 소설에 나타난 민족어의 성격을 살펴보고자 한다. 식민지하 조선어가 일제 식민지 어문정책의 영향 아래 있었던 만큼, 문학 작품 역시 어문정책을 직·간접적으로 반영하고 있다. 식민지 시기 조선어는 끊임없이 언어통제를 받으면서 민족어의 성격을 만들어 가기 시작한다. 홉스봄에 의하면, "민족어는 거의 언제나 반(半)인위적인 가공물"이며 "그것은 민족주의적 신화

1) 이 글에서 근대 식민지 어문정책은 당시 국권을 장악한 일제 총독부의 언어정책을 의미한다. 송철의는 「한국 근대 초기의 어문 운동과 어문정책」(『한국문화』 33, 서울대 한국문화연구소, 2004)에서 '어문운동'과 '어문정책'을 다음과 같이 구분한다. "우리의 언어와 문자 문제에 관련한 민간 차원의 노력은 어문운동으로 간주하고 국가나 정부 차원의 시정방책은 어문정책으로 간주하고자 한다." 그에 의하면 어문정책은 "국가나 정부 차원에서 우리의 어문 문제와 관련하여 제정한 법률이나 규정, 혹은 어문 문제와 관련하여 내린 시행령, 고시, 지침 등"을 의미한다(3면 참조).

론자가 생각한 것과는 달리 민족문화의 원초적 바탕과 민족심의 모체가 아니었다. 보통 민족어는 실제 말해지는 다양한 언어 중에서 표준어 하나를 고안해 내려는 시도이다."[2] '민족어'가 자생적인 것이 아니라 만들어진 것이라면, 한국의 근대에 있어 민족어의 생성은 식민지라는 특수성을 고려해야 한다.

그러므로 한국의 근대에 만들어진 '민족어'에 대한 고찰은 일제 식민지 어문정책의 영향을 고려하여 검토되어야 한다. 중세의 봉건에 대항하는 시민계급의 출현과 근대국민(민족)국가의 성립이라는 서구와 달리, 한국을 비롯한 제3세계는 제국주의와 직면하는 가운데 민족주의가 형성되었으며, 이 과정에서 한글은 '민족어'로서 제국주의에 대한 '대항의 언어'이자 '민족 전통의 표상'이 되었다. 종주국의 지배 언어에 대응하는 식민지 하위 언어 사용자가 그들의 주체성을 드러낸 것이 '민족어'이다. 1933년 조선어학회에서 만든 한글맞춤법통일안과 표준어는[3] '조선어'이기 앞서 '민족어'의 성격을 띤다.

1930년대 후반에 접어들면 전대에 비해 일본의 조선어 말살 정책이 작가들의 창작과 각종 언론사의 지면에 걸쳐 더욱 적극적인 방법으로 진행된

---

2) E. J. 홉스봄, 강명세 역, 「대중적 원형민족주의」, 『1780년 이후의 민족과 민족주의』, 창작과비평사, 1990, 78면.

3) 1933년 10월에는 '한글마춤법통일안' 발표. 『동아일보』와 『조선일보』는 발표 당일에 많은 비용을 들여 통일안을 특별부록으로 하여 독자들에게 배부하였고, 경성방송국은 이를 계기로 통일안 위원 권덕규를 초빙하여 한글 강좌를 방송하였다. 뒤이어 각종 출판사와 문인, 학교 등이 새로운 맞춤법을 사용하기 시작하였고 통일안 발표 후 2개월간은 한글 강습회가 여러 차례 열렸다. 1934년 각 단체 및 언론 잡지사에서 조선어학회의 '한글마춤법통일안'에 대한 지지 성명 발표가 줄을 이었고, 이 내용들은 '한글의 통일과 보급 각계 여러분의 말슴'이라는 제목하에 『한글』지 제2권 제1호부터 제2권 제9호까지 실렸다. 1936년 조선어학회는 제490주년 한글날을 맞이하여 '조선어 표준말'을 공포하고, 각 언론을 통해 적극 홍보하는 한편 『사정한 조선어 표준말 모음』이라는 제목의 단행본을 발행하였을 뿐 아니라, '한글 통일안 보급회'를 창립하여 조직적인 보급에 나섰다.

다. 이것은 전세가 급박했던 일본의 정치적 상황에서 말미암은 탓도 있지만, 그와 동시에 이 시기에 이르러 조선적인 것을 비롯한 전통이 만들어졌으며 이에 대한 일제의 시선이 조선어 말살이라는 탄압으로 행사되었고 볼 수 있다. 예컨대 조선어학회를 비롯하여 일간지와 민간단체에서 이루어진 다양한 어문운동은 한글을 통해 조선적인 전통을 계승 발전시켰다. 조선어학회(1921~1942)로 대표되는 언어운동의 두드러진 성과가 한글맞춤법통일안의 제정이라면, 이태준은 그의 소설에서 한글맞춤법통일안을 적극 실행하고 있으며 조선어학회 기관지 『한글』지는 여러 차례 한글맞춤법통일안을 준수한 모범작으로 이태준 소설을 소개한다.[4] 이태준은 당시 표준어사정위원으로 활동하는 등[5] 근대 어문운동에 적극 동참하고 있을 뿐 아니라, 해방후에도 언어운동에 적극적으로 뛰어든다.[6] 이 글에서는 이태준이 근대 식민지 언어정책에 어떠한 반응을 보이고 있는지 살펴보고, 그가 구현해 내는 민족어의 성격을 살펴보고자 한다. 이태준의 근대소설을 통해 식민지 언어정책과 민족어의 성격을 살펴보는 일은 이태준의 언어의식을 살펴볼 수 있는 구체적인 준거가 될 수 있으리라 본다.

근대 식민지 언어정책은 '언어 제국주의'로 명명할 수 있다. '언어 제국주의'란 소수의 강력한 언어에 의한 전 지구적 규모에서의 영토적 분할에

---

4) 편집자, 「本會推薦良書」, 『한글』 3권 제1호, 1935.1. 이태준의 첫 창작집 『달밤』에 대한 광고는 다음과 같다. "小說을 알려는 이나 小說家로서의 李泰俊氏를 알려는 이는 반듯이 한번 읽기를 勸하며, **全篇을 「한글마춤법통일안」 그대로 되었으니, 小說을 읽는 한편에 統一案에 對한 智慧를 얻을 수 있다**"(『한글』 제2권 제5호, 1934.8. 강조는 필자).

5) 이태준은 1935년 조선어학회의 표준말 사정 준비에도 적극 동참한다. 그는 40인으로 구성된 '표준어사정위원회'의 회원으로 참여한 바 있다. 조태린, 「일제시대의 언어정책과 언어운동에 관한 연구—언어관 및 이데올로기와의 관계를 중심으로」, 연세대 석사논문, 1997, 72면 참조.

6) 해방기 이태준은 월북하기 전까지 국어로서 조선어의 위상을 조명하는 평문(「국어에 대하여」, 『대조』, 1946.3 등)을 발표하며, 『중등국어교본』의 기초위원(起草委員)으로 교과서편찬에 기여한다.

서 독점으로 나아가는 언어 형태로서, '제국의 언어'는 제국에 의한 영토의 분할과 영유에 동반하여 그 분포(지배) 영역을 확대하여 나간다.[7] 근대 식민지 조선에서 '일본어'가 제국의 언어로서 대언어라면, '조선어'는 민족어로서 식민지 피지배 원주민의 소수언어(소언어, minority language)이다.[8] 식민지시대 조선어는 소언어로서 대언어인 일본어에 의해 '언어침식(glotto-phagie)'을 당했으며 이때 지배 언어에 대하여 소수언어가 취할 수 있는 세 유형 '동화', '저항', '공존' 중에서, 조선어는 '민족어'로서 일정 부분 '저항' 담론을 형성한다. 이러한 맥락에서 이태준 소설에 반영된 식민지 언어정책과 그에 대한 지식인의 자괴감은 소수언어의 저항으로 읽을 수 있다.

민족어가 '민족공동체'를 지탱하고 국어가 '국민공동체'를 지탱한다고 할 때, 국어의 위상을 상실한 조선어는 비록 제도적인 차원에서 거세당하지만 자라나면서 배운 말, 모어(母語)의[9] 형태로 식민지 조선 민족에게 공동체적 귀속감을 부여한다. 조선어는 피지배언어로서 모어이자 방언의 위상을 점하는 반면, 일본어는 지배언어로서 식민지 권력에 타협하는 무리들에 의해 채택된다. 조태린의 지적처럼, 조선총독부의 식민지 언어정책은 "근대화

7) 다나카 가쓰히코, 고영진 · 이연숙 · 조태린 역, 「언어와 민족은 분리할 수 있다는, 언어 제국주의를 지탱하는 언어 이론」, 『언어제국주의란 무엇인가』(가스야 게이스케 · 미우라 노부타카 편), 돌베개, 2005, 54~55면 참조.

8) 프랑스어로 소수언어는 'langues minoritairesd' 'langues minorees', 두 가지로 표현된다. 전자는 수적인 면에서의 소수파 언어를 가리키고 후자는 위신(委信)이 낮은 폄하된 언어를 의미하는데, 식민지시대 조선의 민족어는 정치적으로 강제된 '위신이 낮은 폄하된 언어'의 위상을 지니고 있다. 미우라 노부타카, 「식민지 시대와 포스트식민지 시대의 언어 지배—언어 제국주의의 발견 원리」, 위의 책, 20~21면.

9) 이때 '모어(母語)'는 무정형한 것으로 존재론적 한정을 벗어나 있다. 사카이 나오키에 의하면, 모어(母語)는 형태론적 · 문법적 특징이라는 관점에서 그 존재가 주제화되는 것에 앞선다. 그것은 모든 언어적 분절화를 가능케 하는 근거이며 따라서 그 언어에 대한 관계가 모어로서의 관계가 아닌 타자를 경유하지 않고서는 그 존재 자체를 언어적으로 주체화할 수 없다(사카이 나오키, 후지이 다케시 역, 『번역과 주체』, 이산, 2005, 73면).

이데올로기라는 의장을 통해 동화 이데올로기를 구현"해 낸다. 근대화 이데올로기를 바탕으로 한 언어정책은 식민지 조선이라는 공간에 존재하는 두 언어를 이중언어사용(bilingualism) 관계가 아닌 하위어로서의 조선어와 상위어로서의 일본어라는 양층어사용(diglossia) 관계로 만들어 버렸다. 양층어사용의 상황에서 일본어 구사능력은 사회적 지위와 부를 획득할 수 있는 가장 중요한 수단이었다.[10] 상위어로서 일본어 구사능력은 사회적 지위와 부를 약속하는 반면, 하위어로서 조선어 사용은 회한과 자탄의 언어로 등장한다. 이러한 식민지 언어사용관계와 달리, 이태준은 그의 소설에서 일본어와 조선어를 상위어와 하위어로 일대일 대응시키지 않고 각 작품마다 다양한 층위에서 두 언어를 조명하고 있다. 이 글에서는 이태준 소설에 등장하는 '일본어 발화자'에 주목하여 그들이 구사하는 일본어의 특수성을 살펴보고 그에 대응하는 언어로서 민족어의 성격을 살펴보고자 한다. 민족어의 성격을 살펴보기 앞서, 우선 이태준 소설에 반영된 식민지 언어정책을 구체적으로 살펴보도록 하겠다.

2. 이태준 소설에 나타난 식민지 언어정책과 조선어의 운명

1) 교수어(敎授語)로서 일본어의 강제—문명을 번역해 내지 못하는 조선어

이태준 소설 「실낙원 이야기」(『신동아』, 1932.7)에는 일제의 언어정책이 직

10) 조태린, 「일제시대의 언어정책과 언어운동에 관한 연구—언어관 및 이데올로기와의 관계를 중심으로」, 연세대 석사논문, 1997, 58~59면.

접적으로 나타나 있다. 주인공은 일본에서 유학하고 돌아와 시골 학교에서 교편생활을 한다. 이 작품은 주인공이 일경(일제)으로부터 단속과 제재를 견디다 못하여 그 곳을 떠나야 했다는 것으로 끝을 맺고 있다. 1932년 창작된 이 작품의 배경이 '어느 한적한 산촌'이라는 사실은 중요하다. 1932년부터 일제는 '농촌진흥운동'을 실시하여 식민지 조선인의 대다수를 점하는 농민층을 직접 장악하고자 했다. 동경에서 돌아온 나는 p촌을 '유토피아'라 생각하지만, 일제의 식민정책은 이미 한적한 시골에까지 미치고 있었다.

우선 주인공이 몸담은 학교부터 살펴보면 다음과 같다. '신명의숙(新明義塾)'은 마을 사람들의 교육구국 의지로 설립된 비제도권 사학(私學)이다. 새로운 밝음을 의미하는 '신명'은 '신문명(新文明)'으로 보아 무방할 것이다. "이 신명의숙은 그 동리에서 여러 대 번부터 학계(學契)를 모아 경영해 오던 서당으로서, '아이우에오' '가감승제' 같은 신학문을 가르치기 시작한 지는 기미년 이후부터"[11]이다. 기미년(1919)이면 제1차 조선교육령(1911.8.23)이 시행되던 막바지 해로서 제2차 조선교육령(1922.2.15)으로 넘어가는 과도기에 해당한다.[12] 1919년 3·1운동으로 말미암아 조선내 일제의 통제는 더욱 강화되었다. 본시 신명의숙은 '서당'이었으나, 1919년 이후부터 '신학문'

---

11) 이태준, 「실낙원 이야기」, 『달밤』, 깊은샘, 1995, 176면. 이하 작품 인용은 인용문 말미에 작품명과 페이지 수만 명기.

12) 이성연은 「열강(列强)의 식민지(植民地) 언어정책에 관한 연구」(전남대 박사논문, 1988, 106면)에서 일본의 한국통치기간을 4시기로 구분하여 언어정책을 소개한다.

구분	교육방법	기간	통치내용상의 특징
제1기	학교령	1904~1910	통감정치
제2기	제1차 조선교육령(1911.8.23)	1910~1919	무단정치
제3기	제2차 조선교육령(1922.2.15)	1919~1938	문화정치
제4기	제3차 조선교육령(1938.3.3) 제4차 조선교육령(1943.3.8)	1938~1945	황민화 정치

을 가르치기 시작한 것이다. 작중에서 이태준이 명명하는 '신학문'은 단순히 새로운 학문만을 의미하지 않는다. '아이우에오(あいうえお)'로 대표되는 '신학문'은 일본어이며, 이 작품에서 문제의 발단은 '일본어' 교과목 시간이 아니라, '일본어 교수(教授)의 강요'이다. 제2차 조선교육령(1922.2.15) 시행 중반부터 각급 학교의 조선어 사용이 금지되면서 어길 경우 벌금, 채벌, 구타 등 다양한 규제가 가해졌다. 작품이 창작된 1932년은 제2차 조선교육령(1922.2.15)이 시행되던 후반기로서, 각급 학교에서 조선어 수업시간이 감축됨과 아울러 교수어로서 일본어가 강제되었다. 이태준은 「실낙원 이야기」에서 조선이라는 낙원을 상실하게 되는 과정을 일제의 식민지 언어정책을 통해 조명하고 있다.

사건의 발단은 주재소 소장이 학교에 나타나면서 시작된다. 갑자기 학교에 나타난 주재소 소장은 학생들이 보는 앞에서 교사인 나에게 모욕을 준다. "아무리 시골 학교기로니, 그는 교수중에 문을 열고 좀 나오라 하였고, 처음 말부터 '기미'라 불렀으며, 내 방으로 가서는 나의 허락도 없이 책상에 놓인 책들을 끌어내어 가지고 뒤지었다."(「실낙원 이야기」, 177면) 이어 주재소 소장은 교사를 취조하고 모욕한다.

> 부장은 대뜸 이렇게 물었다.
>
> "수신 시간 있지?"
>
> "있소."
>
> "국어로 하나? 조선말로 하나?"
>
> "학생들의 국어 정도가 유치하여 조선말로 하오."
>
> "유치하니까 자꾸 국어로 해서 국어 사용 습관을 길러 주어야지. 네가 국어를

잘 못하니까 국어로 못 가르치는 것이 아니냐?"

(…중략…)

그는 잠깐 생각하더니 하인을 시켜 자기 딸애 형제와 또 이웃집 애들까지 다섯 아이를 불러왔다. 그리고 나더러, 학교에서 가르치듯 이애들을 상급반 학생들로 가정하고 수신을 가르쳐 보이라는 것이었다. 물론 이것은 견딜 수 없는 모욕이었다. 그러나 나는 요행으로 얻는 내 낙원을 잃지 않으려 혀를 깨물고 공순히 말했다.

"이것은 나를 모욕하는 것 같소. 내가 당신한테 교사 시험을 치러야 하오?" (「실낙원 이야기」, 178면)

인용문에서 '국어'는 일본어를 지칭한다. 1911년 8월 23일 제1차 조선교육령이 공포되면서 일어가 국어로 개칭되고 종래의 국어 자격을 박탈당한 조선어는 보통학교에서 한문과 더불어 한 교과, '조선어급한자(朝鮮語及漢文)'로 통합된다. 위 인용문은 전 교과에 걸쳐 일본어로 교수해야 한다는 일제의 식민지 어문정책을 시사하고 있다. 일제는 1911년 제1차 조선교육령에서부터 교수 용어로서 일본어를 명시했으며, 보통학교 규칙 제7조에는 교수상 유의사항으로 다음과 같은 조항이 있다. "국어(일본어–인용자)는 국민정신이 머무는 곳이며, 또 지식·기능을 얻게 하는 데 없어서는 안될 것이므로, 어떠한 교과에 있어서나 국어의 사용을 정확히 하고 그 응용을 자유롭게 할 수 있도록 한다."[13]

1922년 제2차 조선교육령에 이르면 다양한 방법을 동원하여 학교의 교수 용어로서 일본어를 강제하기 시작한다. 이 작품은 교수용어로서 일본어

13) 이성연, 앞의 글, 11면 재인용.

가 강제되던 시기를 배경으로 일제의 식민지 언어정책을 비판적으로 조명하고 있다. 일본어를 교수용어로 하지 않는 주인공에게 주재소 소장은 모욕을 준다. 주재소 소장은 일본어를 구사할 줄 아는 아이들을 불러 모아 교사의 국어(일본어) 실력을 테스트하려 한다. 그는 자신이 보는 앞에서 학생들에게 일본어로 수신을 가르쳐 보일 것을 강요한다. 이러한 사건 외에도, 주재소 소장은 마을 사람들을 동원하여 교사를 궁지에 몰아넣고 종국에는 교사가 마을을 떠나도록 만든다.

당시 '일본어 교수'에 관한 부당성은 1920년대 일간지에도 빈번히 나타난다. "일본어로 교수하는 현행 방법의 근본정신"은 궁극적으로 "일어 보급에 노력하는 所以(소이)"라는 것이다. "오인은 일본어의 학습을 반대함이 아니니 일본어뿐 아니라 영어나 한어라도 개국 진취하는 필요상 오히려 그 왕성한 연구를 희망하거니와, 이를 교육 용어로 강제함을 반대"[14]한다는 것이다. 보통학교 내내 일본어 교육을 받기 때문에, "각 학과의 의미를 조선말로는 알지 못할 뿐 아니라 쉬운 명사까지도 알지 못하"[15]게 된다. "조선인으로 조선말도 잘하지 못하고 잘 듣지 못하는 유년들"에게 일본어 교수만을 강요한다는 점에서 당시 조선인 보통학교는 "일어(日語) 전문학교"[16]라 명명되기도 한다. 아래의 신문기사는 보통학교에서 강제하는 일본어 교수와 관련하여 당시 보통학교의 정체성을 묻고 있다.

---

14) 『동아일보』, 1920.6.4. 박정우의 「일제하 언어 민족주의－식민지 시기 문맹퇴치 / 한글보급운동을 중심으로」(서울대 석사논문, 2001) 중 '식민지 시기 문자의 보급'에서 재인용함. 이하 『동아일보』 인용은 박정우의 글에서 재인용함.

15) 『동아일보』, 1925.4.4.

16) 『동아일보』, 1927.1.12.

현재 보통학교라고 하는 것은 현대 소위 교육학 상으로 보아서 초등교육을 교수하기 위하여 설치한 것인지, 또는 일본어 전문을 시키기 위하여 발의된 기관인지 알 수 없다고 하는 것보다도 그 목적의 대부분은 일어를 가르치는 데에 있다고 하여 큰 과언이 아닌 현상에 있는 것이다. 학무당국자는 말하리라. 일주일간의 전교수 시간이 30시간 내외인데 일어 시간이 10시간 내외이니 약 3분의 1에 불과하다고. 그러나 보통학교 학과 중 조선어로 교수하는 학과가 몇 과정인가 심한 곳에서는 조선어 독본을 일어 절반으로 교수하는 자가 있으니 그 이상 더 말할 필요가 없이 현하의 보통학교라고 하는 것은 거의 조선인 아동에게 일어 전문시키는 곳이라고 하여 크게 틀림이 없다.[17]

1911년 제1차 조선교육령을 거쳐 1922년 제2차 조선교육령에 이르기까지 학교교육에서 두드러진 문제는 '일본어 교수'의 문제였다. 이것은 단순히 교사가 일본어로 전 교과목을 가르친다는 것에 그치는 문제가 아니었다. 당시 조선의 학생들은 모국어인 조선어가 아니라, 국어의 위상을 지닌 일본어를 통해 '지식'을 습득하고 '사고'하고 '작문'하게 됨을 의미한다. 이때 일본어는 "명령을 내리는 매개로써 특정 언어에 대한 복종을 요구"하는 권력을 함축하고 있을 뿐 아니라,[18] 그 과정에서 조선어로 하여금 신문명을 명명하거나 해석할 수 있는 언어의 자격을 박탈한다. 개화기에 유입된 신문명을 명명하는 용어가 대다수 일본식 한자어인 것은, 신문명을 우리의 언어(조선어)로 바꿀 수 있는 기회를 보통학교에서부터 박탈해 버린 일제의 식민지 언

17) 『동아일보』, 1926.5.12. 아이러니하게도 기자가 신문에서 구사하는 조선어는 일본 번역문장의 형태로 나타나 있다. 강조는 필자.
18) 김진균 · 정근식 · 강이수, 「일제하 보통학교와 규율」, 『근대주체와 식민지 규율권력』, 문화과학사, 2000, 95면.

어정책에서 비롯된 것이다. 1945년 「조선어학회사건 일제최종판결문」에 나와 있는 변호인의 말에는 문명개화되지 못한 열등한 언어로서 식민지 조선어의 위치가 간접적으로 시사되어 있다. "조선어문은 모든 문화 즉 정치 · 경제 · 사회 · 종교 · 과학 등의 전문화면에서 거의 완전히 쫓겨나"있으며, "조선어문이 아무리 이 여러 문화면을 뒤따라 가려해도 도저히 불가능"하다. "**이제 조선어문을 가지고 정치를 말하며 경제를 논하며 과학을 연구하며 사회를 말하는 것은 불가능하다.** 이 현상은 우리가 조선인과 말하든지 또는 조선인끼리 말하는 회화를 듣던지 혹은 그들이 쓴 문장 논문 등을 보면 곧 알 수 있는 것으로 **그들이 의논의 요점을 반드시 국어(일본어)로 표현하는 까닭은 다름 아니라 진보된 문화를 말할 때 적절한 조선어가 없는 까닭이다.**"[19]

당시 신문명과 신지식 습득의 장이 학교라는 점, 어린 아이의 신문명과 신지식 습득이 보통학교에서부터 시작된다는 점에서 비추어 볼 때 학교의 교수(教授)용어로서 일본어가 강제된다는 사실은 중요하다. 학교에서 교사가 일본어로 전달하는 신문명과 신지식은 조선인 학습자에게 신문명과 신지식을 조선어로 번역할 기회를 박탈한다. 조선어마저 미숙한 보통학교 학생들의 경우, 그들은 일본어로 신문명과 신지식을 습득함으로서 문명화된 담론의 장에서 조선어를 배제시키는 결과를 초래한다. 식민지 조선의 학생들은 문명화된 서구의 언어를 조선어로 바꾸는 과정을 경험하지 못한 채 일본식으로 번역한 언어를[20] 조선에 이입(移入)하고 정착시키는 첨병이 된

---

19) 이현희, 「어문연구와 문자보급운동」, 『한민족독립운동사』 9, 시사문화사, 1991, 11면. 박정우의 논문에서 재인용(강조는 필자).

20) 야나부 아키라는 『번역어성립사정』(서혜영 역, 한빛, 2003)에서 서구의 신문명과 신지식이 일본어로 번역되는 과정에서 서구에서와 달리 일본에서 새롭게 부여된 사상도 잘 보여주고 있다. 서구문명을 번역한 일본어는 근대 일본에서만 통용되는 문제가 아니라 식민지 조선에서부터 지금에 이르기까지 한국에도 통용되는 문제라는 점에서, 근대 만들어진 '번역어'는 식민지 역사가

다. 일본의 메이지 20년대 '번역'과 '번역자'는 새로운 문명으로 나아갈 '일본어'의 창조자로서 대단히 높은 위치를 차지하고 있었다. '번역자'와 '번역 행위'는 영어 · 독일어 · 프랑스어 등에만 존재하던 개념에 새로운 한자숙어를 부여하고 그 의미를 옮겼다는 점에서라기보다 다시 말해 서구제국주의 열강에서 국가어로서 위치를 획득한 언어에 대응할 수 있는 '일본어'의 존재를 실체화한다는 점에서, 대단한 가치를 점하고 있었다. 코모리 요이치는 근대 일본이 그 과정에서 심지어 번역내셔널리즘의 성격조차 띠었다고 지적한다.[21)]

요컨대 문명개화의 주체로서 일본제국과 일본어의 위상을 드높이기 위해서, 일본은 식민지 조선에서 서구제국주의 열강의 국가어를 식민지의 언어인 조선어로 번역할 수 있는 환경을 폐쇄시킨 것이다. 학교 교수어로서 일본어는 학생들로 하여금 단순히 일본어를 습득케 하는 데 그치지 않는다. 개별 교과의 이해를 비롯하여 독서에도 영향을 미친다. 그들은 일본인과 마찬가지로 일본어 서적을 읽는 독자가 된다. 1933년 해외도서수이입 상황을 보면, 일본어로 출판된 책이 90% 가까이 국내에 유입되었고, 지식인의 대다수는 일본어로 된 책을 읽었다.

초래한 한국의 상처를 노정하고 있다. 코모리 요이치는 「근대 국민국가와 '일본어'」(『일본어의 근대－근대 국민국가와 '국어'의 발견』, 소명출판, 2003)에서 애초 서구의 근대가 만들어낸 개념에 대응하는 고유의 일본어가 없으므로, 메이지 초기부터 10년에 걸쳐 한학 · 양학지식인에 의해 번역된 신어(新語), 조어(造語), 재결합어로서의 한자이자숙어군(漢字二字熟語群)이 범람했다고 전한다. 다른 의미 또는 다른 개념을 지닌 두 개의 한자를 조합함으로써, 상당히 미묘한 의미의 흔들림을 낳으면서 그때까지 '일본어'의 '내부'는 물론 한자문화권의 '내부'에도 존재하지 않았던 서구의 제개념을 번역해 냈다고 한다.

21) 코모리 요이치, 정선태 역, 「식민지 영유와 일본근대문학의 성립」, 『일본어의 근대－근대 국민국가와 '국어'의 발견』, 소명출판, 2003, 229~231면 참조. 근대 일본에 있어서 번역은 일본어의 정체성을 마련하는 단초였으며, 국민국가 건설의 프로젝트였다(마루야마 마사오 · 가토 슈이치, 임성모 역, 『번역과 일본의 근대』, 이산, 2003 참조).

> 조선내에서 출판되는 조선어이외의 도서도 국정교과서(한문, 조선어독본을 제함)를 필두로 하야 상당히 많을 것이 알 수 잇는터이니 이는 초등학교생들로부터 대학생에 이르기까지 그 읽고배우는 책의 8,9할이 조선어이외의 서적인 것을 보아 명백히 알수잇고 또 일반독서층이 또 그러한 것을 승인하는터인즉 금일의 조선은 실로 해외어도서전성시대라 할 수 잇을 것이다. **해외어도서중에서도 일본말로 된 도서는 9할9분을 점하야 거의 그 전부를 대표케되엇으며 양서는 약1분으로** 극소수한 특수독서층에 공급되고 잇을뿐인바 **이는 조선이 자유스러운 처지에서 해외문물을 임의로 선택한 결과가 아니오 그 정치적 경우가 그러케만든것임은 부언할 필요가 없다.**[22)]

학교 교수용어로서 일본어는 일본어 독자를 배출한다. 그들은 신문명과 신지식을 일본어를 통해 전수받은 다음, 일본어 출판물을 통해 일본어로 된 신문명과 신지식을 재확인하고 그것을 널리 확산시키는 역할을 수행한다. 박태원과 이상(李箱) 등 1930년대 작가의 작품에 의례히 일본 작가와 그들이 쓴 작품이 언급되곤 하는 것도, 그들이 학교에서 전수받은 신문명과 신지식의 용어가 일본어였다는 사실과 무관하지 않다. 8세 전후 보통학교에 입학한다고 할 때, 1930년대 작가들의 다수는 1911년 제1차 조선교육령과 1922년 제2차 조선교육령이 시행되던 시기 학교교육을 받았다. 그런 의미에서 정규 학제를 제대로 경험하지 못한 이태준은 오히려 더 많은 조선어에 노출되어 있었다고 볼 수 있으며, 그러한 그의 경력이 소설에서 질박한 조선어 문장을 만들어내는 데 일조했다고 볼 수 있다.

---

22) 이여성 · 김세용, 『수자조선연구』 제4집, 세광사, 1933, 29면. 박정우의 논문 75~76면 재인용. 강조는 필자.

학교에서 교수어로 강제된 일본어는 대내외적으로 조선어의 사회적인 효용가치를 비롯하여 조선어의 위상에 영향을 미치지 않을 수 없다. 그것은 특정 교과에 대한 특수 지식의 전달과 습득에 그치는 것이 아니라, 신문명을 전수하는 언어로서 일본어가 상위의 언어가 되는 반면 구습을 전수하는 언어로서 조선어는 하위의 언어로 조정된다. 조선시대 한글은 중국의 한자에 밀려 언문(諺文)으로 폄하되었다면, 식민지 시기 한글은 일본어에 밀려 문명어에서 제외된다. "일본어가 식민지주민을 지식인계급이나 상류사회로 인도하는 공적수단으로 받아들여지는 가운데, 조선어는 가정의 언어 유년시절의 언어로 퇴행적 내재화"된다는[23] 정백수의 지적처럼, 조선어는 단지 상위언어에 대한 하위언어에 그치지 않고 복속에 대한 굴절의 성격을 띠게 된다.

학교라는 제도를 통과한 당대 조선인은 모두 양층어(diglossia) 사용자가 되는데, 이 과정에서 전래의 조선어는 하위어가 되는 반면 일본어는 상위어가 되어 식민지 백성에게 열등감을 조장한다. 문명의 시혜자로서 일본어가 상위의 위상을 점한다면, 조선어는 구습과 부진의 원인 제공자로서 하위의 위상을 점하게 된다. 이태준이 「실낙원 이야기」에서 낙원을 상실할 수밖에 없는 계기로 일제의 언어정책, 무엇보다도 일본어 교수의 강제를 보여주는 것도, 그것이 단순히 언어 문제에 그치는 것이 아니라 조선의 과거와 미래에 어두운 운명을 초래하고 있기 때문이다. 그것은 실상 문명을 번역해내지 못하는 조선어의 운명이 아니라, 문명을 온전히 자기 것으로 수용하지 못하고 식민지 하위주체로 전락하는 조선의 운명, 실낙원(失樂園)을 의미한다.

---

23) 정백수, 「식민지 조선사회의 二言語상황」, 『한국 근대의 植民地 體驗과 二重言語 文學』, 아세아문화사, 2000, 23면.

2) 조선어 과목의 소멸—제도권으로부터 밀려난 조선어

이태준의 「패강랭」(『삼천리문학』, 1938.1)에는 1938년을 전후한 조선어의 운명이 잘 나타나 있다. 작중에는 소설을 창작하는 현과 더불어 평양에서 '조선어를 가르치는 교사' 박, 부회의원이요 실업가 김이 등장한다. 현이 서울에 살고 있는 반면, 현의 학창 시절 벗인 박과 김은 평양에 살고 있다. 작중 배경으로서 평양은 4300여 년 전 단군왕검이 우리나라를 처음 세운 곳이라는 민족의 기원을 반영하고 있는 역사적 공간이다. 그들이 가끔 평양으로 놀러 오라는 편지를 보내지만, 현은 평양으로 가지 않았다. 어느날 현은 박으로부터 마음을 끄는 편지를 받는다. 작품의 서두에서 작중 화자인 현이 박의 절박한 사연을 담은 '편지'를 소개하는 것은 무엇보다도 박이 고등보통학교에서 조선어와 한문을 가르치고 있기 때문이다. 부연하자면, 고등보통학교에서 조선어와 한문을 가르치는 박의 입장이 결코 조선어로 소설을 쓰는 현의 입장과 다를 바 없기 때문이다.

> 내 시간 반이 없어진 것은 자네도 짐작할 걸세. 편안하긴 허이. 그러나 전임으론 나가 주고 시간으로나 다녀 주기를 바라는 눈칠세. 나머지 시간이라야 그리 오래 지탱돼나갈 학과 같지는 않네. 그것마저 없어지는 날 나도 그때 아주 손을 씻어 버리려 아직은 찌싯찌싯 붙어 있네.[24)]

박의 편지에 의하면 그는 조만간 학교의 '전임' 자리를 잃을 처지이며 '시

---

24) 이태준, 「패강랭」, 『돌다리』, 깊은샘, 1995, 104면. 이하 작품 인용은 인용문 말미에 작품명과 페이지 수만 명기.

간'을 나가야 한다. 학과(조선어)마저 그리 오래 갈 것 같지 않아 자조한다. 박은 1938년 조선어가 수의(隨意)과목으로 전락하기 앞서, '전임' 자리의 위기를 맞은 것이다. 학교에서는 조선어 교사에게 '시간'만 허락한 채, '전임'의 직위를 박탈하려 한다. 당시 일제의 어문정책을 구체적으로 살펴보면 다음과 같다. 1938년 3월 3일 칙령 103호로 제3차 조선교육령(개정신교육령)이 개정공포되고 4월부터 시행한다. 종래의 보통학교가 소학교로 개칭되면서 고등보통학교는 중학교로 개칭된다. 아울러 전학제에서 필수과목이던 조선어 과목이 수의(隨意)과목으로 전락한다. 이 작품의 창작 시기가 1937년 11월이고 발표시기가 1938년 1월임에 미루어, 이태준은 조선어의 운명을 미리 직감한 것이다. 작중에서 "서리를 밟거든 그의 뒤에 얼음이 올 것을 각오하(履霜堅氷至)"(「패강랭」, 115면)라는 현의 독백처럼, 이태준은 곧 수의과목으로 전락하여 제도권에서 사멸할 조선어의 운명과 조선어 교과가 정규과목에서 사라질 것(제4차 조선교육령, 1943.3.8)을 예감한 것이다.

1911년 8월 제1차 조선교육령에서 '한국어'는 '국어'가 아니라 '조선어'로 전락하면서 '한문'과 동일하게 취급되었다. 1911년 10월에 발표한 보통학교규칙(府令 第110號 規程)에 의하면, '국어'는 '조선어'로 전락하고 교과명칭은 '朝鮮語及漢文'으로 통합 합과(合科) 명칭을 쓴다. 반면 일어는 국어가 되고, 국어의 위상을 박탈당한 국문은 언문으로 개칭된다.[25] 1938년 제3차 조선교육령을 전후한 시기에 이르면, 공교육에서 '조선어'를 비롯한 한자 교육을 필수과목에서 제외시킴으로써 조선어 교사는 일자리를 잃는다. 현이 평양의 정거장에서 만난 박은 "그 다니는 학교에서만 찌싯찌싯 붙어 있는 것이 아니라 이 시대 전체에서 긴치 않게 여기는, 찌싯찌싯 붙어 있는 존재같

---

25) 조태린, 앞의 글, 34~35면.

았다.” 아울러 “현은 박의 그런 찌싯찌싯함에서 선뜻 자기를 느끼고 또 자기의 작품들을 느끼고 그만 더 울고 싶게 괴로워졌다.”(「패강랭」, 104면) 이 작품은 조선을 대표하는 언어로서 ‘조선어’의 위상 상실을 비롯하여, 식민치하 ‘조선어’의 운명을 둘러싼 다양한 문제를 제기한다. 무엇보다도 중요한 사실은 조선어가 공교육에서 배제되었다는 점이다. 식민지 언어정책과정에서 제1차 조선교육령(1911)과 제2차 조선교육령(1922) 시행의 초반까지, “일제는 한글을 탄압한 것이 아니라 그 기능적 측면만을 살림으로써 자신의 언어에 대해 하위파트너로 만들었”[26]지만, 제3차 조선교육령(1938)을 전후하여, 일제는 조선어를 이 땅에서 제거하려 한다. 1940년 창씨개명의 강요, 동년(同年) 8월 『동아일보』와 『조선일보』의 폐간, 1942년 조선어학회 탄압[27] 등을 떠올려볼 때, 1938년을 전후하여 학교정규교과에서 수의(隨意)과목으로 전락한 ‘조선어’ 교과는 당대 조선의 운명을 보여주는 청사진이다.

제3차 조선교육령(1938)을 기점으로 일제는 조선어를 수의 과목으로 전락시킴과 동시에 조선어의 교육적 가치를 거세하고, 적극적인 황국신민화 교육을 실시한다. 일어교육은 1895년 소학교령이 공포되면서 초등학교 교육과정에 처음 등장한다. 일제의 식민지 언어정책의 초기라 할 수 있는 통감부 시기(1905~1910)만 하더라도 일어 교육은 필수과목이 아니고 수의(隨意)과목에 불과했으며, 교과목은 ‘일어’가 아니라 ‘외국어’였다. 통감부 시기는 비록 보통학교령에 의해 ‘일어’가 필수과목이 되어 학교의 정규과목으로 편성되었으나 국어의 위치를 점하지는 않았던데 비해,[28] 불과 30년 남

26) 박정우, 앞의 글, 77면.

27) 1942년 10월 1일 비밀독립운동단체라는 누명 아래 조선어학회 11명 회원(이종화 · 장지영 · 이극로 · 최현배 · 권승욱 · 이윤재 · 한징 · 이희승 · 정인승 · 김윤경 · 이석린)이 구속되고, 1943년 3월 3일까지 모두 29명이 구속되었다.

짓한 세월이 지나자 조선어는 일어에 밀려 국어의 지위는 물론 정규교과목에서 사라지게 된 것이다. 이 작품에서 이태준이 '조선어'와 동일한 운명체로 파악하고 있는 것이 '평양 여자들의 머릿수건', '평양 기생의 풍모'이다. 현은 평양에서 평양 여인의 전통이던 '머릿수건'이 사라진 것, '평양 기생의 외양과 가사하는 모습'이 사라지는 것을 목도한다. 조선어를 비롯하여 평양의 다양한 전통은 모두 '조선적인 것'을 대변한다. 특히 이태준이 조선어 교과의 소멸을 작품의 화두로 내세운 것은 그가 '조선어'를 조선적인 것을 대표하는 '민족어'로 인식하고 있기 때문이다.

학교에서 일본어 교수의 강제, 수의과목으로 전락한 조선어의 운명은 다양한 문제를 파생시킨다. 신문명과 신지식의 보급 과정에서 빚어지는 식민지화 문제 외, 기존의 전통을 처리하고 수용하는 방법으로서 민족어의 운용이 문제시 된다. 조선어가 '민족어'로서 조선적인 것을 어떻게 정의내리고 전수해야 할 것인지에 대한 문제이다. 이태준의 경우, 조선적인 전통은 '고향'에 대한 기억을 현실로 소환해 내기, 역사적인 인물을 소환하기 위한 역사소설의 창작 등으로 나타난다. 산하(山河)·농토·농민 등 일련의 조선어(한글)는 그 자체로 민족어로서 민족의식의 형성 기제가 된다. 다음 장에서는 이태준 소설에 나타난 민족어를 모어(母語)로 규정하고, 작중에서 '조선적인 것'을 환유하는 조선어의 성격을 살펴보고자 한다.

28) 이성연, 앞의 글, 106~114면 참조.

3. 이태준 소설에 나타난 '민족어'의 성격 – '박제된 전통'으로서 '조선적인 것'

이태준의 「누이」(『문예공론』, 1929.6), 「달밤」(『중앙』, 1933.1), 「실낙원 이야기」(『신동아』, 1932.7), 「패강랭」(『삼천리문학』, 1938.1) 등의 작품에는 일본어 화자가 등장한다. 「실낙원 이야기」와 「누이」에서 이태준은 일본어 화자의 대화를 한글로 번역해 놓았다. 예컨대 「실낙원 이야기」에서 주재소 소장과 주인공 간의 대화는 일본어로 이루어졌지만, 소설에서는 번역되어 한글로 표기된다. 「누이」에서 정욕에 들뜬 주인공과 일본인 여자의 대화도 한글로 번역되어 나타난다. 다만 「누이」의 말미에서 일본인 여자가 주인공에게 '누이의 감정', 동질감을 자아내는 말은 일본어를 그대로 표기하고 있다. "妾もこれから淋しい人人の味方になりますね[저도 이제부터 외로운 사람들의 편이 되겠어요]"29)

이 작품에서 이태준은 일본인 여자가 구사하는 일본어를 조선어로 번역하지 않은 채 온전히 일본어로 표기하고 있다. 적어도 이 대목에서 이태준은 외국어로서 일어를 조선어와 동급으로 다루고 있다. 그것은 이태준이 그녀를 적대적인 일본인으로 보지 않고 '누이', 동포로 동일시하고 있다는 것이다. 그것은 작중에서 그녀가 고독한 사람의 내면을 이해하며 고독한 조선 사람과 동병상련의 감정을 나누고 있기 때문이다. 「누이」와 「실낙원 이야기」에 등장하는 일본어 발화자는 모두 일본인이라는 점에서 그다지 문제적이지 않은 반면, 「달밤」과 「패강랭」에 등장하는 일본어 발화자는 조선 사람이라는 점에서 유심히 살펴보아야 한다. 이 장에서는 「달밤」과

29) 이태준, 「누이」, 『달밤』, 깊은샘, 1995, 77면.

「패강랭」에 등장하는 일본어 발화자를 중심으로, 그들이 조선인이라는 사실을 감안하여 그들이 구사하는 일본어를 모어(母語)와의 비교를 통해 함께 살펴보도록 하겠다.

우선 「달밤」에 등장하는 일본어 발화자부터 살펴보도록 하겠다. 이태준의 「달밤」(『중앙』, 1933.1)에서 황수건은 일본어와 조선어를 구사한다. 그는 조선어를 모어(母語)로 하는 기층민이다. 작중에서 그는 모자라는 반편으로 등장한다. 그는 이선생에게 조선어 '합쇼체'를 쓴다. 그는 식민지 하위주체인 동시에, 식민지사회내부에서도 하위주체이다. 이러한 인물이 작중에서 일본어를 구사하는 장면은 두 군데 나타난다. 그가 학교에서 소사 일을 볼 무렵, 도 학무국에서 시학관이 학교에 방문한다. 황수건은 그와 마주 앉아서 자꾸 일본말을 연습해 본다.

> "센세이 히, 오하요 고사이마쓰까 —— 히히 아메가 후리마쓰. 유끼가 후리마쓰까 히히— "
>
> 시학관도 인정이라 처음엔 웃었다. 그러나 열 번 스무 번을 되풀이하는 데는 성이 나고 말았다. 선생들이 아무리 기다려도 종소리가 나지 않으니까, 한 선생이 나와 보니 종 칠 것도 잊어버리고 손님과 마주 앉아서 "오하요 유끼가 후리마쓰까 — "하는 판이었다.[30)]

이 사건 후 그는 사람들의 웃음거리가 되었을 뿐 아니라, 학교에서 일자리를 잃는다. 이후 그는 신문배달을 하게 되었지만, 원배달이 아니라 보조

---

30) 이태준, 「달밤」, 『달밤』, 깊은샘, 1995, 261면. 이하 작품 인용은 인용문 말미에 작품명과 페이지 수만 명기.

배달이었다. 그가 보조배달의 일마저 잃게 되자, 이선생은 그에서 장사를 할 수 있도록 장사밑천을 준다. 그는 참외장사를 했지만 밑천만 까먹었으며, 게다가 아내 마저 달아났다. 작품 말미에서 그는 불빛 없는 성북동 길 위에서 담배를 퍽퍽 빨면서 다음과 같이 노래한다. "사 ── 게 ── 와 나 ── 미다까 다메이 ── 끼── 까 ──."("술은 눈물이냐 한숨이냐"－인용자. 「달밤」, 265면) 그는 이 이상 외우지 못한 듯, 첫줄 한줄만 되풀이해서 부른다.

작중에서 일본어 발화자 황수건이 모자란 반편이라는 점은 시사하는 바가 크다. 앞서 언급했듯이 그는 식민지 하위주체인 동시에, 식민지 사회내부에서는 중산층 인텔리와 구분되는 하층민 무식자라는 점에서 조선 사회의 하위주체이다. 이러한 그가 어눌할망정 자주 일본어를 구사하려 한다는 점은 눈여겨보아야 할 대목이다. 그가 구사하는 일본어는 그의 욕망을 대변한다. 일본어는 그에게 부재해 있는 지식과 풍요를 대변한다. 황수건은 식민지의 하위주체이자 조선사회의 하위주체로서 결핍과 고독을 채우기 위해 어눌한 일본어를 반복적으로 구사해 보지만, '신분상승'이나 '처세의 도구'가 되지 못한 채 그저 '반편'이라는 모자란 인물됨을 부각시키는데 그치고 만다.

「달밤」에서 황수건이 구사하는 일본어를 좀 더 구체적으로 살펴보기 위해 작중 화자인 이선생의 언어와 비교할 필요가 있다. 그는 인텔리 지식인으로서 '선생'의 칭호를 받고 있으며 당시의 어법에 맞는 표준어를 구사한다는 점에서, 그의 언어는 황수건의 언어와 대조적이다. 표준어는 민족공동체의 존속과 그에 대한 신념을 공통 언어로 표현한 상징체계이다. 한 민족이 규정한 표준어는 "여러 변종 및 불완전한 방언들을 초월해 존재하는 언어라는 일종의 형이상학적(platonic) 관념을 민족과 신비롭게 동일시"하고 있지만, 그것은 "방언을 실제로 사용하는 기층 민중이 아닌 민족주의적 지식인의 이데올로기적 건축물"31)이라는 점에서, 맞춤법과 표준어는 그 자체로 비(非)민중적이다. 이러한 사실을 감안할 때, 어법에 맞는 표준어를 구사하는 이선생에 비해 방언과 속어를 구사하는 황수건의 언어가 오히려 민중의 언어에 근사해 있다. 상층 지식인에 의해 만들어진 표준어가 의식적으로 만들어진 민족어라면, 기층민에 의해 자유분방하게 구사되는 방언은 과거부터 자연스럽게 존속해 온 민족어이다.

이태준의 소설에서 '표준어'가 지식인과 지사의 언어로 등장한 반면, '방언'은 토속적이고 전통적인 인물의 언어로 등장한다. 지식인의 언어가 계몽적인 지도자의 언설을 보여주면서 '기획된 민족어'라면, 토속적 인물의 방언은 무방비 상태로 노출되어 있는 조선의 실체를 대변하는 '자생적 민족어'이다. 이태준 소설에서 이들이 주목받는 것은 그들이 선량하고 무지하며 계산속 없으며 합리적이지 못한 이유 때문만이 아니라 그들이 유구한 조선의 과거를 대변하고 있기 때문이다. 이러한 사실은 이태준 소설에서 토속적인 것, 전통적인 것의 성격이 어떻게 나타나는지 잘 보여줄 뿐만 아니라, '전통'이 어떻게 만들어지는 시시해 준다. '맞춤법'을 비롯한 '표준어'가 민족어로서 조선어의 대표가 됨에 따라, 여러 시골에 산재해 있는 방언은 토속적인 것 전통적인 것으로 성격화된다. 전자가 엘리트적이며 문화적이라면, 후자는 순박하면서도 시대에 뒤떨어진 것이다.

작품 서두에서 화자인 이선생은 황수건을 다음과 같이 소개한다. 황수건은 "태고 때 사람처럼 그 우둔하면서도 천진스런 눈을 가지고, 자기 동리에 처음 들어서는 손에게 가장 순박한 시골의 정취를 돋워 주는"(「달밤」, 255

31) E. J. 홉스봄, 강명세 역, 앞의 책, 83면.

면) 인물, '못난이'로 명명된다. "이 못난이는 성북동의 산들보다, 물들보다, 조고만 지름길보다 더 나에게 성북동이 시골이란 느낌을 풍"(「달밤」, 139면)겨 준다. 시골이란 느낌을 자아내는 황수건은 그 자체로 조선이라는 시골을 표상한다. 「달밤」의 '황수건'을 비롯하여 「손거부」(『신동아』, 1935.11)에 등장하는 '손거부' 등은 도시와 거리가 먼 시골(성북동)의 모습을 보여준다는 점에서 양자 모두 동종의 인물이다. 그들은 순박하지만 남의 일에 나서기 좋아하고 실속을 못 차리는 어리석은 인물로서 근대와 역행하는 인물들이다. 작중에서 그들은 감정적 차원에서 다루어지면서 향수를 불어 일으키는 존재이지만, 정작 현실에서는 입지의 기반을 상실한 존재들이다. 이태준은 그의 소설에서 방언을 사용하는 토속적인 인물을 박제된 전통으로만 생각했을 뿐 적극적인 언어사용의 주체로 생각하지 않았다.[32] 그래서 인지 이태준은 최상위 언어 일본어를 필두로 언어구도가 '일본어 〉 표준어 〉 방언'의 순으로 계층화됨에 따라, 방언을 구사하는 인물은 민족과 계급으로부터 두 차례에 걸쳐 열등감을 감내해야 하는 존재임을 간과한다. 자민족 중심의 민족주의는 저항의 논리에 앞서 양가성을 지닌다. 이태준은 "자민족 중심주의적인 내셔널 공동체는 외부에 대해서만이 아니라, 내부에 있어서도 이질적인 요소에 대하여 배타적이 된다"[33]는 것을 간과한다.

---

32) 이태준은 1934년 첫 창작집 『달밤』(한성도서)을 발간하고 1930년대 대다수의 작품을 발표했다는 점에서, 동시대 어느 작가보다도 1933년 한글맞춤법제정을 적극 준수하고 있다(『한글』지의 광고 참조). 이태준 소설에서 맞춤법에 맞는 표준어 사용의 유무에 따라 작중 언어 구사자간의 성격을 분류하면 다음과 같다.

┌ 선각자의 언어(계몽주체의 언어) : 기자의 언어. 교사의 언어.
└ 기층민의 언어(계몽대상의 언어) : 실향민 · 농민 · 여성의 언어.

33) 민족 = 국민공동체로의 귀속은 개인이 맺는 다양한 차이를 모두 국경 쪽으로 밀어 버리고 다양한 차원에서 존재하는 비공약성(非共約性)을 '안'과 '밖'의 경계선에 집중시킨다. 이것은 민족의 저항 논리도 되지만, 민족내부의 배제원리로 적용된다. 미우라 노부타카, 「식민지 시대와 포스트 식민지 시대의 언어 지배—언어 제국주의의 발견 원리」, 앞의 책, 28면.

「달밤」에서 황수건의 언어는 신문명과 신지식을 번역해 내지 못하는 조선어의 운명을 떠올리게 한다. 민족어가 모어(母語)로서 "가정의 영역에 국한될 것이며 여기서조차 유산으로 물려받은 고가구처럼 취급될 것이다. 고가구는 실제 사용되지는 않지만 소중히 간직될 것"이라는 지적처럼,[34] 이태준에게 있어서 전통과 습속을 대변하는 조선적인 것은 쓰임새는 없지만 소장 가치가 있는 '고가구'와 같이 취급되고 있다. 이태준이 그의 소설에서 소환해내는 '황수건'과 '손거부' 같은 인물은 슬픈 조선의 운명을 대표하고 있으며, 작중 화자인 이선생은 고완품(古翫品)을 완상(翫賞)하듯, 그들을 바라본다. 비록 아내가 "그까짓 반편과 무얼 대꾸를 해 가지고 그러느냐"지만 이선생은 "그와 지껄이기가 좋았다."(「달밤」, 258면) 심지어 이선생은 황수건이 훔쳐온 포도를 "은근한 순정의 열매를 먹듯 한 알을 가지고도 오래 입안에 굴려 보며 먹"(「달밤」, 265면)는다. 당시 거친 문명의 물살을 돌이켜 본다면, 이태준이 호명하는 조선적인 것은 구(舊)문명에 불과할 뿐 현실내 효용가치를 상실한 존재, 시대감각을 잃은 무딘 존재에 불과하다.

이태준이 그의 소설에서 호명해 내는 조선적인 것은 현실의 발빠른 변화에 적응하지 못하는 사람들이다. 이태준과 같이 완상의 취미를 가진 이들에게는 고완품으로 평가될 수 있지만, 동시대인의 시각으로 본다면 그들은 이선생의 아내가 황수건을 반편으로 보듯, 헐거나 낡은 고물(古物)과 같은 존재이다. 설령 이태준의 시각으로 그들을 높이 평가한다손 치더라도, 그것은 현실의 생활이 아니라 개인의 취미 차원에서 운위될 수 있을 뿐이다. 요컨대 이태준이 소중하게 소환해 낸 조선적인 것은 단지 개인의 취미 차원에서만 높이 평가될 수 있을 뿐, 당대 현실에서는 존재의 여지를 잃는

34) E. J. 홉스봄, 강명세 역, 「새로운 것으로서의 민족」, 앞의 책, 56면.

다. 그들은 '성북동'이라는 당시 서울과 동떨어진 곳에 존재하는데, 실상 「손거부」는 성북동에 살지만 문패도 걸 수 없는 개천둑(국유지)에 살고 있다. 이태준 소설에서 조선적인 것이 슬프고 안타까운 정조를 자아내는 것은 근대화의 노정에서 고완품과 같이 그들이 설 자리를 잃고 있기 때문이다. 이들은 이태준의 소설에서 민족어의 이미지를 만드는데 일정 부분 기여한다. 기층민이 사용하는 방언은 모어(母語)로서 조선어를 비롯하여 조선적인 것에 '답보'와 '퇴행'이라는 이미지를 부여한다.

다음으로 이태준의 「패강랭」(『삼천리문학』, 1938.1)에 등장하는 일본어 발화자를 살펴보도록 하겠다. 평양을 배경으로 하는 요릿집에서 소설가 현, 조선어를 가르치는 박, 실업가 박 세 사람이 한 자리에 모여 평양 기생과 더불어 이야기를 나누다가 언쟁이 벌어진다. 작중에서 일본어를 구사하는 일본어 화자는 평양 부회 의원이면서 실업가이기도 한 김이다. 실업가 김은 소설가 현과 '평양 여인의 머릿수건' 풍습이 사라진 것을 두고 말다툼을 벌인다. 김은 머릿수건을 돈의 남용으로 보는 반면, 현은 머릿수건을 없앤 것을 문화의 사멸과 동일시한다.

"흥 그래 집안에서 죽두룩 일해, 새끼 길러, 사내 뒤치개질해 — 그리구 일 년에 댕기 한 감 사 매는 게 과하다? 아서라, 사내들 술값, 담뱃값은 얼만지 아나? 생활 개선, 그래 예펜네들 수건값이나 댕기값이나 졸여 먹구? 요 푼푼치 못한 경세가들아? 저인 남용할 것 다 허구 — "

"망할 자식, 말버릇 좀 고쳐라 —— 이 자식아, 술이란 실사회선 얼마나 필요한 건지 아니?"

"안다. 술만 필요허냐? 고유한 문환 필요치 않구? 돼지 같은 자식들 — 너이가 진줄 알 수 있니 —허— ."

"히도오 바가니 수르나 고노야로 — "

"너이 따윈 좀 바까시데모 이이나 — "

"나니"

"나닌 다 뭐 말라 빠진 거냐? 네 술 좀 먹기루 이 자식, 내 헐말 못헐 놈 아니다. 허긴 너헌테나 분풀이다만 — "35)

갈등의 정점에서 실업가 김은 격분하여 "히도오 바가니 수르나 고노야로— "("사람 바보로 보지 마라. 이 자식"—인용자) 일본어를 구사한다. 이 외에도 실업가 김은 현에게 댄스를 권할 때 "기미모 오도래"("너도 춤춰라"—인용자)라고 일본어를 구사한다. 실업가 김의 일본어는 두 가지 점에서 유심히 살펴보아야 한다. 첫째, 작품 외적으로 다른 작품에서 일본어 발화자가 구사한 일본어 표기법과 비교해 보아야 할 것이다. 둘째, 작품 내적으로 조선어 교과의 소멸과 조선어의 운명을 되묻는 이 작품에서 조선인 일본어 발화자가 구사하는 일본어가 지닌 의미를 살펴보아야 할 것이다. 우선, 다른 작품에서 일본어 발화자가 구사한 일본어가 어떻게 표기되어 있는지 살펴보면 다음과 같다.

이태준은 「실낙원 이야기」에서 주재소 소장의 일본어는 조선어로 번역 표기했으며, 「누이」에서 고독한 조선인을 동정하는 일본 여자의 일본어는 일본어 원문 그대로 옮겨놓은 바 있다. 이러한 사실에 비추어 볼 때, 「패강랭」의 조선인이 일본어 화자가 되어 구사한 일본어는 한글로 음독해 놓았다는 점에서 이채를 띤다. 「누이」의 일본여성이 구사하는 일본어는 외래

35) 이태준, 「패강랭」, 『돌다리』, 깊은샘, 1995, 109~111면.

어로서 일본어의 전모를 작중에 그대로 밝혀놓은 반면(“妾もこれから淋しい人人の味方になりますね”), 「패강랭」에서 조선인이 구사한 일본어는 말(음성)은 일본어이되 표기(문자)는 조선어로 되어 있어, 일본어도 아니고 조선어도 아닌 형상을 하고 있다. 그것은 온전한 일본어가 아닐 뿐 아니라, 더군다나 조선어로 음독해 놓은 일본어는 조선어라고도 볼 수 없다. 이태준은 평양의 부회의원이면서 실업가이기도 한 김의 발언을 조롱하고 있다. 그것은 “너이 따윈 좀 바까시데모 이이나 ― ”라는 소설가 현의 말과 더불어 조소와 비아냥거림으로 나타난다. 그가 일본인도 아니면서 조선인의 정체성마저 상실했듯이, 그가 사용하는 언어 역시 일본어와 조선어에 반반씩 걸쳐 있을 뿐 정체성을 상실해 있다. 이러한 사실은 「달밤」의 황수건이 구사하는 일본어에도 마찬가지로 적용된다.

다음으로 작품 내적 측면에서 김이 구사한 일본어의 의미를 살펴보도록 하자. 인용문에서 실업가 김과 소설가 현은 ‘평양의 머릿수건’을 두고 말다툼을 벌이지만, 그 옆자리에는 조선어 교사 박도 함께 있음을 상기할 필요가 있다. 기생도 돈이 최고라고 하는 마당에, 박은 “난 한푼도 없는 놈이다, 직업두 인젠 벤벤치 못하다”고 자조한다. 소설가 현이 평양에 간 것도 박의 직업문제 때문인데, 그것은 구체적으로 조선어 교과의 소멸을 의미한다. 요리집에서 김이 구사하는 일본어는 조선어의 효용가치가 공교육 현장에서 사라지는 시점에서 ‘평양의 머릿수건’이 없어지고 ‘평양 기생의 풍습’이 없어지는 것과 어우러져 자조적인 의미를 자아낸다. 작중 내내 일제에 대한 언급은 없지만, 일제에 기생하여 일제의 논리를 내면화하는 실업가 김은 당대 조선적인 것의 사멸을 환유하고 있다. 김(金)이라는 보편적인 그의 성씨에서 짐작할 수 있듯, 그것은 단지 실업가 김의 문제에 국한된 것이 아니다. 소설가 현과 조선어 교사 박과 같은 소수 인물을 제외한 다수 조선인을 실업가 김이 대변한다고 할 때, 김이 구사하는 일본어는 조선적인 것의 퇴행을 보여줌과 동시에 자신을 자조하는 조선인의 내적 독백이기도 하다. "히도오 바가니 수르나 고노야로—."(사람 바보로 보지 마라 이자식—인용자)

그렇다면 「패강랭」에서 민족어는 모어(母語)로서 어떤 위치를 점하는가. 저항인가. 동화인가. 공존인가. 이태준 소설에 나타난 일본어 발화자는 조선어의 위상을 보여주는 준거가 된다. 「달밤」에서 황수건의 어눌한 일본어와 「패강랭」에서 실업가 김의 격분이 담긴 일본어는 조선어로 음독 표기되어 있다. 이것은 단순히 인물의 성격묘사에 그치지 않으며, 당대 일본어에 대한 모어(母語)의 실상을 반영한다. 「달밤」에서 황수건, 「패강랭」의 김은 그들이 구사하는 일본어와 모어를 통해 조선의 운명을 보여준다. 전자의 인물은 동화되기에 앞서 이미 서열화로 인해 밀려난 조선인과 그들의 전통을 대변한다면, 후자의 인물은 비록 동화했으나 양층어사용(diglossia) 관계에 불과한 조선인의 자의식을 대변한다. 이태준의 소설에서 '조선적인 것'은 박제된 전통으로 자리 잡던가 그렇지 않으면 자의든 타의든 간에 일제의 식민지 정책을 내면화해야 한다. 식민지 조선의 풍경을 '작중 인물의 언어'를 통해 형상화해 냈다는 점에서, 이태준 소설에서 민족어는 작중 인물이 구사하는 어휘와 대화에 국한되어서는 안 된다. 이태준의 근대소설에서는 완결된 텍스트 자체가 일제의 식민지에 대응하여 민족을 소환해내는 민족어의 위상을 점하고 있다는 점에서, 그가 구현해 낸 민족어는 저항의 범주에 속해 있다.

4. 결론

개항기 바다건너 근대 민족국가들의 세력을 감지하면서 우리는 대한제국의 이름으로 근대적인 국가 만들기를 지향한다. 근대 국가의 탄생에는 국민과 더불어 국가(國家)를 절대적인 관념으로 인식도록 하는 국어(國語)가 존재한다. 그러나 한일합방과 더불어 국권을 재건하기에도 벅찬 나머지, 근대적인 국가를 만들려는 염원은 무산된다. 한일합방과 더불어 한글은 국가어로서 국어의 지위 대신 '조선어'로 명명되었으며, 문학 작품에서 조선어는 모어(母語)의 형태로 민족어의 위상을 만들어 나간다. 식민지 종주국 일본이 언어를 통해 궁극적으로 조선인의 황민화를 지향했다면, 근대 한국의 문인은 부재한 국가를 대리하여 전통적인 공동체를 유지 존속시킬 수 있는 도구로서 조선어에 '민족어'의 성격을 부여한다.

이 글에서는 이태준 소설에 나타난 근대 식민지 어문정책과 그의 소설에 나타난 민족어의 성격을 살펴보았다. 식민지 언어정책은 학교령, 제1차 조선교육령(1911.8.23), 제2차 조선교육령(1922.2.15), 제3차 조선교육령(1938.3.3)과 제4차 조선교육령(1943.3.8)의 4시기로 나눌 수 있다. 학교령이 공포되던 통감부 시기 한글은 국어의 권위를 지니고 있었으며 일본어가 외래어의 차원에서 정규교과가 되었음에 비해, 제1차 조선교육령이 공포되면서 일본어는 국어의 자리를 점하고 조선어는 한자와 더불어 외래어의 지위에 그친다. 이때부터 학교교육의 교수용어로서 일본어가 강제되기 시작한다. 제3차 조선교육령이 공포되면서 조선어는 수의(隨意)과목으로 전락하고, 제4차 조선교육령과 더불어 조선어는 학교의 정규교과에서 없어진다. 1930년대 이태준의 소설에는 식민지 어문정책에 대한 지식인의 자괴감과 민족어로서 조선어의 성격이 나타나 있다.

근대 식민지 어문정책이 반영된 이태준의 소설로 「실낙원 이야기」와 「패강랭」을 들 수 있다. 이태준은 「실낙원 이야기」에서 교수어(教授語)로 강제된 일본어의 위상을 보여주는 반면, 「패강랭」에서는 제도적인 교육의 장에서 소멸의 길을 걷는 조선어 교과의 운명을 보여준다. 교수어로 강제되는 일본어는 단순히 일본어 습득 문제에 그치는 것이 아니라 조선어로 하여금 신문명과 신지식을 번역해 내지 못하는 '열등한(미개한) 조선어 만들기' 프로젝트를 수행한다. 아울러 공교육 현장에서 사라지는 조선어의 운명은 단순히 조선의 운명을 암시하는데 그치지 않고 황국식민화의 시기에 조선적인 것, 문화가 어떻게 전수되어야 할 것인지에 대한 문제를 제기한다. 어문운동을 적극 수행한 작가로서 이태준의 어문운동이 가장 적극적으로 실현된 예는 일제의 식민지 언어정책을 비판하는 위와 같은 일련의 작품에서 찾아볼 수 있다. 그런 의미에서 그의 소설에 구현된 한글(조선어)는 그 자체로 민족어의 성격을 지닌다.

식민지라는 특수성으로 말미암아, 민족주의가 만들어졌듯이 '민족어' 역시 식민지 상황에서 민족의 전통(유구함)을 표상하면서 만들어진다. 19세기 말 서구에서 '전통'이 사회의 안정을 위해 요구되었다면, 식민지 조선에서 '전통'은 민족을 복원하고 존속시키기 위해 요구되었다. 이태준이 그의 소설에서 소환해낸 민족어는 민족의 전통을 대변하고 있지만, 일정한 한계도 노정하고 있다. 이태준 소설에서 '민족어'는 모어(母語)로서 조선적인 것을 환유해 내는데, 그것은 문명과 진보의 궤도에서 이탈한 정체와 퇴행의 의미자질을 지닌다. 이러한 사실은 이태준이 조선적인 것의 성격을 폄하한 것이 아니라, 당대 조선적인 것이 직면한 운명의 실체이다. 다만, 이태준은 일본어와 조선어라는 양층언어(diglossia)의 관계 외, '일본어 〉 표준어 〉 방언'의 복합적인 양층언어(diglossia)의 관계에 주목하지 않았다. 이태준은 식민자와 피식민자의 언어에 주목한 나머지, 피식민자 내부에서 이루어지는 언어의 계층화는 간과하고 있다. 그 결과 기층민의 방언[모어(母語)]는 그가 사용하는 어눌한 일본어와 대비되어 '조선적인 것'에 퇴행과 답보의 의미를 부가한다.

이태준의 해방후 소설에 나타난 국어의식

1. 서론

이태준은 근대를 비롯하여 해방기에 걸쳐 언어에 대해 민감한 관심을 기울여 왔다. 그는 1930년대 조선어학회의 한글 운동에 관여했고, 1934년에는 조선어표준어 사정위원으로 일했으며, 1945년 해방이후에는 조선어학회 산하 국어교과서편찬위원이 된다. 국어교과서편찬위원회는 각종 어학회와 학교 대표가 위원으로 위촉되었는데, 이태준은 '조선문화건설중앙협의회'를 대표하여 국어교과서편찬위원이 된다. 그는 이희승(책임), 이숭녕과 더불어 『중등국어교본』의 기초위원이 된다.[1] 이태준은 국문(國文)으로서 한글에 대한 가치를 역설한 만큼,[2] 우리말과 글에 대한 애착을 가지

1) 박붕배, 『한국국어교육전사』 상, 대한교과서주식회사, 1987, 579면.
2) 이태준, 「한글문학만이 조선문학」, 『삼천리』, 1936.8.

고 있었지만 해방전과 해방후 이태준의 언어의식은 일정한 차이를 보인다. 해방전 이태준이 '조선어'에 대해 관심을 기울였다면,[3] 해방후 이태준은 '국어'에 대한 관심을 기울인다. 해방전 이태준의 언어의식이 소설의 '수사학'에 집중되었다면, 해방후 이태준의 언어의식은 '국어의식'에 집중되었으며 그것은 민족과 건국의 담론으로 귀결되었다. 식민치하에서부터 해방기, 그리고 전쟁기에 이르기까지 일련의 언어 의식은 이태준의 작가적 행보는 물론 소설의 추이와 밀접한 대응을 보인다.

그러므로 이 글에서는 국어의식을 준거로 삼아 해방후 이태준 소설을 살펴보고자 한다. 한국문학사에서 해방공간은 문학에 앞서 정치가 선행한 시기이다. 해방기 작가들은 건국에 대한 소명으로 가득 차 있었으며, 당시 그들은 국어학자들과 건국을 위한 정치적 행보와 더불어 국어의 정초를 다지는 일에 매진한다. 이에 해방기 이태준 소설을 탐색하는데 국어의식은 적절한 준거가 되리라 본다. 이태준의 해방후 소설에 관한 선행연구를 살펴보면 다음과 같다. 1988년 월북작가의 해금으로 말미암아 근대문학의 기수로서 이태준 소설에 관한 논의는 봇물처럼 불어났으나, 해방이후 발표된 작품은 전대에 비해 논의가 소략하다. 해방이후 이태준의 작품을 발굴한 김재용에 의해 이태준의 해방기와 전후기(戰後期) 의식추이에 관한 논의가 폭넓게 이루어졌으며[4] 이 밖에 여러 논자들에 의해 해방후 이태준의 의식에 대한 논의가 있어 왔다.[5] 해방이후 이태준의 궤적은 크게 민주기지

---

3) 박진숙, 「이태준의 언어의식」, 『이태준과 현대소설사』, 깊은샘, 2004, 71~90면 참조.

4) 김재용, 「북한의 토지개혁과 그 소설적 형상화—이태준의 『농토』와 이기영의 『땅』비교」, 『민족문학운동의 역사와 이론』, 한길사, 1990; 김재용, 「월북 이후 이태준의 문학활동과 「먼지」의 문제성」, 『민족문학사연구』 10, 1997, 324~344면; 김재용, 「동양주의에서 국제주의로—근대 극복의 한 도정」, 『이태준문학의 재인식』, 소명출판, 2004, 148~166면; 김재용, 「한국전쟁기의 이태준」, 『이태준과 현대소설사』, 깊은샘, 2004, 381~398면.

론에 입각하여 작가의 사회주의 경도과정을 밝힌 김재용의 논의, 사회주의 이데올로기를 습득한 것이 아니라 이상적 공동체에 대한 모색으로서 작가의 전향과정을 밝힌 장성규의 논의 두 가지로 구분할 수 있다.

김재용에 의하면, 이태준의 소설은 1938년과 1949년을 계기로 변모한다. 1938년 이전까지 상고적 동양주의를 지향했다면, 1938년 이후부터는 국제주의로의 성향을 띠기 시작한다.[6] 해방이후 이태준은 사회주의에 대한 신념을 보이며, 월북과 더불어 소련과 중국을 기행하면서 자신의 신념을 굳힌다. 김재용은 1949년 중국의 공산화를 계기로 이태준이 당대 헤게모니의 추이와 변동에 민감하게 대처한 것으로 본다.[7] 반면 장성규는 이태준의 초기 단편을 비롯하여 장편소설의 통속적 플롯을 분석하는 과정에서, 이태준 문학은 이상촌으로 상징되는 '유토피아를 향한 여정의 기록'이라 평가한다. 이태준은 오스기 사카에의 이상적 무정부주의, 우치무라 간조와 『성서조선』 그룹의 무교회주의와 초기 기독교 공동체로의 회귀, 헨

---

5) 이병렬, 「광복기 작가의 한 유형－이태준」, 『숭실어문』, 1989, 89～133면; 신순철, 「해방이후 이태준의 삶과 문학」, 『국문학연구』 13, 효성여대 국어국문학연구실, 1990, 49～73면; 강진호, 「해방후 이태준 소설의 변모 양상」, 『어문논집』 30, 안암어문학회, 1991, 28～312면; 장영우, 「해방후 이태준의 소설연구」, 『한국문학연구』 16, 동국대 한국문학연구소, 1993, 181～209면; 이병렬, 「이태준의 후기 소설 연구」, 『현대소설연구』 5, 1996, 131～163면; 권성우, 「이태준 기행문 연구」, 『상허학보』 14, 상허학회, 2002.12, 187～220면; 강헌국, 「월북의 의미－이태준의 경우」, 『비평문학』 18, 한국비평문학회, 2004.6, 7～30면; 박은태, 「이태준 소설에 나타난 세계관의 변모 양상」, 『현대소설연구』 21, 2004, 117～136면; 이재봉, 「월북후 이태준 소설과 정치적 숨바꼭질－『첫 전투』 및 『고향길』을 중심으로」, 『한국민족문화』 25, 2005, 65～100면; 구재진, 「「해방전후」의 기억과 망각－탈식민적 상황에서의 서사전략」, 『한중인문학』 17, 한중인문학회, 2006, 63～86면.

6) 김재용, 「동양주의에서 국제주의로－근대 극복의 한 도정」, 『이태준문학의 재인식』, 소명출판, 2004, 148～166면. 김재용은 1949년 중반을 기준으로 이태준의 문학적 경향을 다음과 같이 지적한다. "한편으로는 삼팔선 이남에서의 민중투쟁을 그리는 것이고 다른 한편에서는 삼팔선 이남에서의 민중투쟁을 그리는 것인데 이 두 흐름을 전체적으로 떠받쳐주고 있는 것이 민주기지론이다." (김재용, 「월북 이후 이태준의 문학활동과 「먼지」의 문제성」, 『민족문학사연구』 10, 1997, 338면)

7) 김재용, 「한국전쟁기의 이태준」, 『이태준과 현대소설사』, 깊은샘, 2004, 381～398면.

린 데이빗 소로우의 원시공동체로의 회귀 등에 영향을 받았을 뿐, 해방이후 그의 궤적은 과학적 사회주의에 대한 인식에서 출발한 것이 아니라 단지 도덕적 사명감에 기인한다고 본다.[8)] 두 가지 논의 모두 해방후 이태준 소설의 이해를 위해 유효하다.

이러한 논의를 바탕으로, 이 글에서는 해방이후 이태준의 궤적을 구체적으로 살펴보기 위해 국어의식에 논의의 초점을 맞추려 한다. 해방후 이태준은 「시대성과 예술성」(『서울신문』, 1946.1.25), 「국어에 대하여」(『대조』, 1946.3), 「국어재건과 문학가의 사명」(『건설기의 한국문학』, 조선문학가동맹중앙집행위원회 서기국, 1946) 등을 통해 민족 재건의 중추로서 '국어 재건'의 의의를 역설한다. 해방이후 이태준은 전대와 비교하여 매우 적극적으로 한글에 대한 가치와 의의를 강조하고 있는데, 이때 한글은 국어로서 건국(建國) 이데올로기를 내포하고 있다. 국어의식은 민족과 국가 이데올로기를 내포하고 있으며 해방이후 국어의식은 건국 의식을 표상한다는 점에서, 가치중립적인 '언어 의식'과는 구분된다. 해방이후 이태준 소설에 나타난 국어의식에 대한 이해는 암흑기로 명명되는 해방기의 사회분위기와 해방이후 이태준의 의식추이를 알 수 있는 작은 계기가 되리라 본다.

---

8) 장성규, 「이태준 문학에 나타난 이상적 공동체주의」, 『한국문화』 38, 서울대 규장각한국학연구원, 2006, 137~167면. 이와 유사한 맥락에서 신순철은 「농토」의 분석을 통해 이태준의 "추상적 이상주의가 사회주의라고 하는 구체적인 이념의 장에 놓이면서 구체화되어 간 것"이라 평가한다(신순철, 앞의 글, 72면). 이재봉은 『첫전투』와 『고향길』을 분석하면서 이태준이 "북한의 정치적 흐름과는 배치되는 자신의 정치적 입장을 숨겨놓고 있"으며, "전쟁시기의 북한이라는 제약된 환경 속에서 자신의 문학과 정치성을 고민했던" 것으로 평가한다(이재봉, 앞의 글, 96면).

2. 해방공간 남북한 '국어 정립'의 대두

해방후 '문맹퇴치 운동'에서 '문맹'은 복합적인 의미를 지닌다. 단순히 글을 읽거나 쓸 줄 모르는 문제에 그치는 것이 아니라, 민족어 습득과 민족의식 고양의 초석이 되었다. 해방후부터 적극 일기 시작한 문맹퇴치 운동은 문자의 습득만이 아니라 '국어'의 습득을 의미했으며, 그것은 '애국심 고양'의 첨병이 되었다. '국민국가' 건설과 그 과제로서 '국어'의 습득이 긴요해진 만큼, 상상의 공동체로서 국민국가가 아니라 당장 현존해야 하는 테제로서 국민(國民)과 건국(建國)의 프로젝트를 '국어'가 수행해야 했다. 해방기 한글은 해방된 민족의 통합이라는 건국 프로젝트를 수행하면서, 그 어느 때보다 몸살을 앓아야 했다. 해방후 정치구도가 이원화의 길을 걷는데 비해, '국어의 복권'은 해방 담론의 초석이 되었다.

우선, 해방후 남북한의 분단과정을 통해 북한의 어문정책을 살펴보면 다음과 같다. 연합국 미 · 영 · 중 3국은 제2차 대전중 1943년 11월 27일 카이로 선언으로 한국이 자주독립국이 될 것을 미리 결의했고, 1945년 7월 26일 포츠담 선언에서도 재확인했다. 소련도 1945년 8월 8일 대일선전(對日宣戰)과 동시에 이 선언에 동의했다. 1945년 해방과 더불어 1948년 8월 15일 남한에서는 대한민국정부가 수립되고, 9월 9일 북한에서는 조선민주주의인민공화국이 수립된다. 1945년 9월 12일 미군정청이 발족하자 동년 9월 18일 미군정청 학무국은 교수용어로 한국어로 할 것, 한국인 교원 등록제, '초등학교'의 명칭을 '국민학교'로 변경하고 9월 24일부터 국민학교 개교를 명령한다.[9)]

조선어는 '국어'로서 모국어로 복권되었을 뿐만 아니라, 국어과목은 정규

교과로서 많은 시간이 배당된다. 국민학교는 주당 9시간, 현행 중학교에 해당하는 초급에서는 주당 5시간, 현행 고등학교에 해당하는 고급에서는 3시간으로 교과목 중에서 가장 큰 비중을 차지한다. 당시 국어과목의 항목은 '읽기', '말하기 · 듣기', '짓기(문법)', '쓰기(국문학사)'로 구분되며, 국민학교가 '읽기' 위주이되 4항목을 골고루 가르치는 데 비해, 중등에서는 '말하기' '쓰기'를 하지 않는 대신 '문법'과 '국문학사'를 배운다.[10] 이러한 사실을 통해 해방기 국어는 읽기 위주의 한글 습득과 기본적인 활용법을 배우는 수준에 그쳤음을 알 수 있다. 해방 직후 각급 학교의 국어교과서편찬은 미군정청 학무국의 위촉을 받은 조선어학회가 맡았다. 교과서 편찬을 조선어학회가 맡았다는 것은 민간단체인 조선어학회가 국가적 차원의 언어정책을 실행하는 기구의 역할을 했음을 시사한다. 1945년 9월 초 조선어학회 산하 국어교과서편찬위원회를 설치했을 때, 이태준은 '조선문화건설중앙협의회'를 대표하여 『중등국어교본』의 기초위원(起草委員)으로 교과서편찬에 기여한다.[11]

북한에서는 1945년 8월 26일 평남인민정치위원회(平南人民政治委員會)가 행정권을 이양 받았고, 12월 6일 그 사이에 발족한 북조선오도행정국(北朝鮮五道行政局) 학교교육임시조치요강(學校教育臨時措置要綱)을 발표했다. 이어서 1946년 3월 23일 김일성의 20개 정강 제1개조에 일제잔재의 철저숙청을 내세운다. 김일성의 20개 정강은 정치 · 경제뿐만 아니라 문화 전반에 걸친 기본정책을 천명한 것이다. 여기서 규정된 교육정책은 일제잔재의 청

9) 박붕배, 『국어교육전사』 상, 대한교과서주식회사, 1987, 512면.

10) 위의 책, 521면.

11) 이혜령은 「이태준 『문장강화』 해방전후」(『이태준과 현대소설사』, 2004, 347~379면)에서 『중등국어교본』에 실린 문인들의 명단을 통해 해방직후 조선어학회와 조선문화건설중앙협의회 양자간의 긴밀한 정황을 읽어내고 있다.

산과 계급의식의 확립이었으니, 해방 직후에 있었던 민족운동의 일환으로 국어교육에 역점을 주었다. 1947년 10월 김일성대학을 비롯 4개 대학이 설립되고 인민학교가 증설되지만, 교육의 토대가 잡히지는 않았다. 1948년 9월 9일 조선민주주의인민공화국이 수립된 후 본격적인 교육개혁이 시작된다. 이때 5 · 3 · 3 · 4의 학제를 확정했고, 교과과정과 교과서 등은 소련의 예를 따른 것이 많았다. 국어가 중심적 교과목으로 되었는데, 이는 체계적인 언어와 문법의 학습이 아이의 사고발달에 거대한 역할을 한다고 보는 소련의 입장을 따른 것이다. 52~31%에 해당하는 시간을 국어과에 충당하고, 중학교에서는 주당 국어 8~5시간에 노어 3시간을 차지했다.[12)]

언어정책은 1949년 9월 8일 초등의무교육제 실시와 동시에 전반적인 한글전용을 공적으로 채택한다. 일찍이 조선어학회가 제정한 '한글맞춤법통일안'은 1946년 9월 8일에 일부를 개정했으나, 이후에도 북한 역시 남한과 마찬가지로 이를 준수했다. 1947년 2월 3일 북조선임시인민위원회결정(北朝鮮臨時人民委員會決定) 제175호에 의해 조선어문연구회를 설립했으나, '한글맞춤법통일안' 지지나 시행에는 변동이 없었다. 1948년 9월 북한정권이 수립되기까지는 38선을 통한 왕래가 쉬워서 출판물의 유통도 순조로웠다. 김민수는 1945년부터 1954년까지 약 10년간을 '통일안'시대라 명명하고 언어문자의 방면에 남북한의 차이가 없었음을 지적한다.[13)] 일련의 사실에서 알 수 있듯이, 해방이후 남북한은 공통적으로 국어의 정립에 심혈을 기우려 왔다. 이 글의 논의 대상인 이태준은 등단한 이래 언어에 대한 각별한 주의를 기울여 왔으며, 해방후 그의 행보는 무엇보다도 국어의식에서 촉발된다.

---

12) 김민수, 『증보판 북한의 국어연구』, 일조각, 1997, 72~82면 참조.
13) 위의 책, 78면.

3. 해방이후 이태준 소설에 나타난 '조선어'의 양가성과 '국어'의 정립

이태준은 해방이전 조선을 둘러싼 제국들의 정치적 행보에는 눈이 어두웠다. 그래서 인지, 그는 해방이후 발 빠른 행보를 보인다. 그는 민족문학건설위원회의 회장으로 피선되고, 1946년에는 문학동맹의 기관지인 『문학』의 편집 겸 발행인으로 『현대일보』의 주간으로 활동한다. 이러한 이태준의 행보에서 가장 두드러진 사실은 '국어의 정립'에 대한 투철한 소명의식이다. 그것은 유철상이 이태준의 「해방전후」를 분석하면서 지적한 대로 "비록 친일적인 행위를 했더라도 그의 내면에 강하게 자리 잡고 있었던 조선어 보존이라는 사명의식이 해방후에도 죄의식에 대한 부담에서 다소나마 자유롭게 만들어 주었"[14]을 뿐 아니라, 해방이후 문학가로서 그의 활동은 식민지시대부터 그가 심혈을 기울여왔던 '조선어'를 이제 '국어'로 정립시켜야 한다는 명분에서 시작된다.

주지하다시피 식민지하 이태준의 '조선어'에 대한 소명의식은 언어 민족주의에 기반하고 있다. 박광현의 지적처럼, 식민지하 '국어'가 '조선어'로 변한 데는 조선어가 국가라는 배경을 상실하면서 겪는 정치적 의미를 함의한다. 조선이 민족국가가 아니라 지리(지방)적 의미로 전락하는 정치적 과정에서 '조선어'도 '지역어'의 지위로 하향된다. 이에, 이후 조선어는 식민지주의에 대항하기 위한 사상을 표상하는 언어로 전이된다.[15]

---

14) 유철상, 「해방기 민족적 죄의식의 두 가지 유형」, 『우리말글』 36, 2006.4, 359면.

15) 박광현, 「언어적 민족주의 형성에 관한 재고」, 『한국문학연구』 23, 2000.12, 256면 참조. 조성윤에 의하면, "언어 민족주의 사상은 민족의 결속을 높이기 위해, 아니면 이미 존재하는 결속을 다지기 위해 민족어를 보존하고 갈고 닦는 일과 민족 구성원에게 보급하는 활동이 근대 민족 국가 형성과정에서 중요하다는 생각을 가리킨다." 조성윤, 「외솔과 언어 민족주의－한문의 세계에서 한글의 세계로」, 『현상과인식』 62, 1994, 37면.

이태준은 「해방전후」(『문학』, 1946.8)의 초반부에서 자신이 일제에 협력하지 않은 근거로 '창씨개명을 하지 않은 것', '조선말에 대한 애착을 놓지 않은 것'을 피력한다. 아울러 그는 문인 시국강연회 때 혼자 '조선말'을 했을 뿐 아니라, 문인보국회의 문인궐기대회에서 조선 문인들의 유창한 일본말을 비판하며 자신은 발표를 피해 변소로 갔었다는 사실을 고백한다. 해방이후 이태준은 「문학자의 자기비판」(『중성』, 1946.2)에서 친일행위의 잣대를 "조선어와 운명을 같이 하려 하지 않고 그러케 쉽사리 일본말에 붓을 적시는"[16] 데 둔다.

그러므로 이태준에게 있어서 '조선어 보존'은 해방이후 자신의 민족적 죄의식을 경감시켜 주었으며,[17] 나아가 해방이전과 해방이후 문학 활동 간의 접점을 제공한다. 해방되자, 그는 각종 집회와 강연회에 적극 참여하여, 조선어의 위상 정립을 제안한다. 1945년 9월 29일 서울시 종로 기독청년회관에서는 "國語와 文學"이라는 제목으로, 1946년 2월 26일에는 개성시 고려청년회관에서 "조선어 문제"라는 제목으로 각각 발표한다.[18] 이태준은 1946년 3월 26일부터 연재한 「불사조」(『현대일보』 1946.3.26~7.19 연재중단)의 연재에 앞서 신문연재의 목표를 "민족의 문제", "계몽의 문제" 두 가

16) "나는 8·15 이전에 가장 위협을 느낀 것은 문학보다 문화요 문화보다 다시 언어였습니다. 작품이니 내용이니 제2 제3이요 말이 없어지는 위기가 아니였습니까? (…중략…) 그런데 이 시점엔 소극적으로나마 관심을 갖지 않고 도리혀 조선어 말살정책에 협력해서 일본말로 작품활동을 전향한다는 것은 민족적으로 여간 중대한 반동이 아니었다고 봅니다. 그러므로 나는 같은 조선작가로 최후까지 조선어와 운명을 같이 하려 하지 않고 그러케 쉽사리 일본말에 붓을 적시는 사람을 은근히 가장 원망했습니다." 이태준의 발언, 「문학자의 자기비판」, 『중성』, 1946.2. (장영우, 앞의 글, 186면 재인용)

17) 이태준은 식민지 말기에 접어들 무렵 「지원병 훈련소의 일일」(『문장』, 1940.11), 『대동아전기』(이무영과 공역, 인문사, 1943), 「제1호 선박의 삽화」(『문학사상』, 1996.4)와 같은 창작물을 비롯 문인보국회에 참여했으며, 일제에 옹호하는 목포기행 일문 등을 비롯한 일제 강점기 대일 협력의 오점을 남긴 바 있다.

18) 조선문학가동맹, 「조선문학가동맹운동사업개황보고」, 『문학』 창간호, 148~149면 참조.

지로 피력한다. 그는 '계몽'을 다시 두 가지로 나누어 "사상"과 "국문보급"으로 구분한다.[19] 이태준은 「불사조」의 연재를 통해 식민지 지식인의 얼을 소환해 내는 동시에 "국문보급"이라는 국어 확산을 도모했다. 이태준의 월북과 더불어 이 작품은 중단되는데, 월북 시기는 1946년 7월 상순으로 추측된다. 이후 그는 소련을 방문하여 1946년 8월 10일부터 10월 17일에 걸친 장문의 기행문 「소련기행」을 쓴다. 이 기행문에서도 민족어에 대한 이태준의 관심은 매우 지대하다. 기행문의 서문에서 그는 "소련이란, 사회주의 16개 국가의 연방, 표준시간이 수십 처(數十處)나 다르고, 70여 이민족어(異民族語)의 출판이 쏟아지는 곳"[20]이라고 소개하여, 소련이 각개 소수민족의 '민족어'를 보전시키는 나라라는 점을 강조한다.

소련에서 첫 아침을 맞으며, 이태준은 "노어 신문잡지들 틈에 조선말 서적이 여러 권 놓여있는 것"(「소련기행」, 20면)을 발견하고 감탄한다. 더군다나 그 책들이 "조선에서 간행된 것이 아니요 모다 초면인 이곳 출판인 것"(「소련기행」, 20면), "1933년 이후 외국노동자출판부를 중심으로 출판된 조선어의 사상, 문예서적은 6,70종에 달하리라"(「소련기행」, 21면)라는 사실을 전해 듣고 감격한다. "조선과 같이 국내에서 노예생활을 하고 있는 동포들을 위해 이미 입에 서툴러진 모어(母語)로 한 마디 한 줄씩 뇌이고 다듬고 있을 이 이역에서 고국을 향한 진실했던 침묵의 노력을 생각"하며 "가슴이 뜨거

19) 이태준, 「시대성과 예술성」, 『서울신문』, 1946.1.25, 2면. 이태준은 「해방전후」에서 강점기 암울했던 시기를 회고하면서, 당시 자신의 고뇌를 다음과 같이 피력한다. "만일 일본이 망하지 않는다면? 조선은 문학이니 문화니가 문제가 아니다. 조선말은 그예 우리 민족에게서 떠나고 말 것이니 그때는 말만이 아니라 민족 자체가 성격적으로 완전히 파산되고 마는 최후인 것이다. 이런 끔찍한 일본 군국주의의 음모를 역사는 과연 일본에게 허락할 것인가?" (이태준, 『해방전후 · 고향길』, 깊은샘, 1996, 27면)

20) 이태준, 「소련기행」, 『소련기행 · 농토 · 먼지』, 깊은샘, 2001, 12면. 이하 작품 인용은 인용문 말미에 작품명과 페이지 수만 명기.

워졌다."(「소련기행」, 21면)

기행 과정에서 이태준은 조선과 유사점이 많은 민족공화국에 대해 다음과 같은 질문을 던진다. "자기 민족어로 발전하는 민족 중에 가장 적은 민족이 어떤 민족입니까" "전 소연방 내에서 몇 가지 말의 서적이 출판되고 있습니까?"(「소련기행」, 61면) 이태준이 소련이라는 국가의 우수성을 평가하는 잣대는 소수 민족들에 대한 민족어의 존중에 있다. 이태준의 국어의식은 문학 입문기부터 해방이후에 이르기까지 지속되고 있으며, 해방이후에는 민족의 자립과 계몽의 수단으로 국어의 정립을 강조한다. 해방이후 이태준은 국어로서 한글의 세련미를 계발하는 것이 아니라, 민족의 공용어로서 국어를 널리 보급하고 확산시키려는 정치성에 경도되었다.

이태준은 북한에 머물면서 북한의 토지개혁을 소재로 한 『농토』(삼성문화사, 1948.8.10)를 발표한다.[21] 이 작품은 억쇠라는 농민의 성격 형상화를 통해 북한의 토지개혁이 지닌 가치와 의미를 보여주고 있다. 1947년 9월 북한에서는 사회주의적 사실주의를 유일 창작 방법으로 내세운다. 작가는 "'인간 의지를 개조하는 기사'로 되어야 할 것", "과거 사회제도의 부패성에 대한 증오심과 민주개혁에서의 애국심, 원쑤들의 시도의 폭로를 묘사할 것", "당이 우리 문학의 기본적 내용 기본적 주인공들을 명시", "현실에 기초하여 현실을 예술화하며 미래를 향하야 대중을 승리에로 부르는 교양자가 될 것"을[22] 요구하였다. 이에 따르면, 문학은 정치에 대한 수단적 가치를 인지하고 당에서 결정해준 내용과 주인공을 구현해 냄으로써 사회주의

21) 중편 「농토」에 대해 안함광은 「중편 『농토』의 형상—상허 이태준씨를 말함」(『문학과 현실』, 문화전선사, 1950)을 통해 극찬을 아끼지 않았다.

22) 윤재근 · 박상천, 「북한 문학의 시기별 양상」, 『북한의 현대문학』 II, 고려원, 1990, 155~156면.

의 목적을 위해 복무해야 한다. 1947년 이후, 이태준은 사회주의적 사실주의에 입각한 일련의 작품 『첫전투』과 『고향길』을 창작한다.

월북 후 첫 창작집 『첫전투』가 1948년 11월 평양의 문화전선사에서 간행된다. 이 작품집에는 해방된 북한을 배경으로 한 「첫전투」, 「아버지의 모시옷」, 「호랑이 할머니」, 「38선 어느 지구에서」 4편과 「해방전후」, 「밤길」이 수록되어 있다. 이 작품집에서 두드러진 언어 표현은 격음화(거센소리 내기), 두음법칙 미사용, 북한인민군의 전투용어를 들 수 있다. 거센소리의 용례는 '원쑤' '쏘련'과 같이 'ㅅ'이 들어간 아군과 적군에 대한 용어에 두루 나타난다. 두음법칙 미사용의 예는 '리승만'과 같은 단어에 나타나며, 한국전쟁이후 두 번째 작품집 『고향길』에는 두음법칙이 빈번히 나타지 않는다. 그것은 1948년 북한에서 공포한 「조선어신철자법」의 "한자어 표기에서 어두에 'ㄴ, ㄹ'을 쓴다"는 조항을 준수한 것이다.[23] 일련의 언어 표현에서도 드러나듯, 그는 당의 지시와 목적에 복무하고 있다. 한국전쟁 직전, 소련을 두 번째 방문한 이태준은 기행문 「혁명절의 모스크바」[24](1950.1.26)에서도 언어 문제에 관심을 보인다. 그는 기행문 말미에서 사회주의 10월 혁명후 "여러 민족들은 자기들의 언어와 문자를 사용할 자유를 받아가지고 오래된 자기인민들의 창작을 채집출판"할[25] 수 있었음을 찬탄한다.

한국전쟁 이후 발표된 두 번째 창작집 『고향길』은 1952년 12월 일본의

---

23) 이 밖에 "합성어 표기에서 사이표를 사용한다", "형태론적 어음교체에 사용되는 새 여섯 자모를 설정한다"라는 특징이 있다. 형태 음소적 원칙을 따르고 있다는 점에서 북한의 국어체계는 조선어학회맞춤법통일안과 차이가 없다. 이 원칙은 1954년까지 존속된다. 최용기, 「북한 국어정책 변천사」, 『남북한 국어정책 변천사 연구』, 박이정, 2003, 182면.

24) 『한국근대문학연구』에서 이 기행문이 두 차례 분재 형식으로 연재되었다. 전편에 해당하는 것을 (상)이라고 하고, 후편에 해당하는 것을 (하)라고 명기한다.

25) 이태준, 「혁명절의 모스크바(하)」, 『한국근대문학연구』 제3권 제1호, 2002, 364면.

동경에서 간행되었다. 이 작품집은 한국전쟁기에 창작한 것으로 「고향길」, 「백배 천배로」, 「누가 굴복하는가 보자」, 「미국대사관」, 「고귀한 사람들」, 「네거리에 선 전신주」 등 단편과 콩트 여섯 편이 실려 있다. 한국전쟁 당시 이태준은 전쟁을 위한 선동 · 선전물을 창작한다. 이 시기의 작품을 장편(掌篇)으로 구분하지만 구체적인 사건이나 인물의 성격이 형상화되지 못했다는 점에서, 소설이라기보다 선전물에 가깝다. 일련의 작품들은 전쟁의 필연성을 강조하는 격한 분노, 수단과 방법을 가리지 않는 죽음과 죽임, 미국에 대한 무한한 적개심을 표출한다. 이재봉은 『첫전투』와 『고향길』의 작품을 평가하면서 이태준의 서정성 짙은 작품과 비교한다면 문학적 가치를 찾아보기 힘들지만, 동시대 발표된 북한 문학과 비교해 볼 때 감각적 묘사 문장이 돋보인다고 지적한다.[26)]

예컨대 「고향길」에서 칠복이라는 인물의 형상화에 주목해 보자. 그는 고향으로 정찰을 나갔다가 자신의 처와 딸이 처참하게 죽는 모습을 목도한다. 처자식의 죽음을 목도하며, 칠복은 다음과 같이 투쟁 의욕을 불태운다. '나는 내 처자를 사랑합니다! 나는 내 고향을 사랑합니다! 그렇기 때문에 이 조국에 목숨을 바쳐 나선 겁니다!'(「고향길」, 196면) "우리가 가진 모든 애정, 우리가 가진 모든 원한은 원쑤들과 싸우는 것만으로 해결되는 거다 ── "(「고향길」, 198면) '오냐! 오늘은 묵묵히 떠나마! 오늘은 떠나는 이 길만이 오직 다음날 우리들이 소리쳐 돌아올 고향길인 때문이다!'(「고향길」, 201면) 이태준은 '담화'의 형태로 칠복의 '내면추이'를 보여준다.

작중에서 조직의 임무를 완수하려는 인민군의 소명의식과 적대감은 사

---

26) 이재봉, 「월북후 이태준 소설과 정치적 숨바꼭질—『첫 전투』 및 『고향길』을 중심으로」, 『한국민족문화』 25, 2005, 80~86면 참조.

건은 물론 인물의 '담화'를 통해 형상화되어 있다. 그것은 일찍이 『문장강화』에서 강조한 바와 같이, 작중에서 인물 형상화를 위해 '담화'의 효과를 십분 살리고 있기 때문이다.[27] 그는 "담화와 문장을 구별할 것"(42면)을 주장하면서, "담화는 인물의 성격과 심리를 독자에게 단정시키는 귀중한 증거품이다"고 강조한다. 이태준은 "인물의 어떤 정상이나, 심리나, 환경을 보여 줄 필요가 있다면 그런 때, 그 인물의 단적인 말을 그대로 옮겨 놓음이 천언만어(千言萬語)의 구구한 설명보다 오히려 선명한 인상을 줄 수 있다"(45면)는 것을 인지하고 있었기 때문이다. 이태준은 1951년 10월 중화인민공화국 건국 두 돌 행사의 초청을 받아 중국의 주요 지역을 방문하고 귀국후 1952년 4월 기행문 『위대한 새중국』을 발간한다. 그러나 얼마 지나지 않아 1952년 10월, 이태준은 남로당계 작가 숙청에 말려들어 더 이상 작품을 쓸 수 없게 된다.

이태준은 '전장'과 '북한'을 배경으로 한 작품에 비해 '서울'을 배경으로 한 작품에서 비교적 자유롭게 자신의 심경을 술회하고 있다. 「해방전후」(1946.3)에서 자기반성과 해방후 진로를 모색하고 있다면, 「아버지의 모시옷」(1948)에서는 부정부패가 난립하는 서울과 사회주의자의 진로를 보여주고 있으며, 「먼지」(『문학예술』, 1950.3)에는 한국전쟁직전 남북한에 대한 적대적인 모습을 보여준다. 특히 「먼지」에 1938년 이후로 이태준이 멀리했던 '고완 취미'가 작품 전면에 부각된다. 주인공 한뫼 선생은 장서가로서 식민치하에서는 "내 장서가 오늘 일본제국이 조선 문화나 역사를 왜곡, 날

27) 이태준, 「제2강 문장과 언어의 제문제-담화와 문장」, 『문장강화』, 깊은샘, 1997, 38~67면(초간본 : 문장사, 1940; 증정본 : 박문서관, 1948). 이하 이 책의 인용은 인용문 말미에 작품명과 페이지 수만 명기.

조하는 데 이바지할 바엔 차라리 불을 질러 없애고 말겠다!"고 마음먹으며 "뒷날 우리 민족이 다시 우리말과 글을 찾아, 우리 문화와 역사를 자유롭게 연구, 섭취할 날이 오고야 말 것이다"(「먼지」, 339면)라는 신념으로 오래된 책을 모아왔으나, 정작 그 책들은 빛을 보지 못한다. 이태준의 국어의식이 드러나 있지 않지만, 해방이후, 1948년, 1950년을 기점으로 한 작가의 의식추이가 잘 나타나 있다.

해방이후 이태준 소설에 나타난 국어의식은 다음과 같이 요약할 수 있다. 해방직후 이태준은 급박한 정세 변화에 예리한 촉각을 드리우고 있었으며, 그는 해방이전과 해방이후의 구심점으로서 국어 재건을 위해 노력한다. 식민지하 조선어의 보존이 해방후 이태준의 면죄부가 되었다면, 해방후 국어에 대한 관심은 해방기 문학가의 새로운 행보가 되었다. 해방이후 국어의 정립은 사회주의 사실주의의 목적문학을 쓰기이전 까지 이태준의 일관된 관심사였다.

4. 해방직후 이태준의 언어 민족주의와 국어의식

1) 해방직후 평문에 나타난 민족의 '완전한 해방'과 국어의 재건

해방직후 이태준에게 긴요한 문제는 민족의 '완전한 해방'이었다. 이태준은 「여성에게 보내는 말－선후의 분별」(『여성문화』, 1945.12)에서 여성의 해방을 말하기 앞서 계급의 해방, 민족의 해방을 역설한다. "우리는 완전한 해방이 아직 아니다. 먼저 민족으로서 완전해방 완전독립에 매진해야겠다.

민족 자체의 해방이 없이 계급해방도, 여성해방도 존재할 수 없을 뿐 더러 의미부터 없다"고 보고 "인류의 질서단위로 '민족'만이 가장 자연이요 가장 합리적인 것"으로 본다. 그는 "민족으로 해방되고도 민족 속에 권리 독점하는 계급이 남는다면 그때는 계급타파가 있어야 할 것"이며, "계급의 차별마저 없어진 연후에 당연 등장할 것은 여성문제"[28]라는 것이다. 이태준이 여성들에게 강조하는 것은 여성의 해방이 아니다. '선후의 분별'이라는 부제가 설명해주듯, 이태준은 여성에게 '민족의 해방 → 계급의 해방 → 여성의 해방'이라는 순차적인 당면과제를 설명하고, 민족해방을 위해 동참할 것을 역설한다. 민족해방은 "소군과 미군이 거둬 가고 우리 정부가 선다고 일이 끝나는 것"이 아니었다. "경제적으로 독립되지 않고는 사상누각인 것이다."(「여성에게 보내는 말」, 302면) 이태준은 제국주의의 그늘에서 벗어날 것을 주장함과 동시에 "공산주의라고 해서 전날 일본제국주의가 속여 인식시킨 대로 공연히 꺼릴 것은 없다"(「여성에게 보내는 말」, 302~303면)고 말하면서, 민족의 총역량을 결집할 것을 제안한다.

이와 연장선상에서 이태준의 「소련기행」(1947.5)을 눈여겨 볼 필요가 있다. 소련기행 중 이태준은 아르메니야와 구루지아 공화국을 조선의 타산지석으로 삼는다. 이태준은 '아르메니야'와 '꾸루지아'로 이동하면서 다음과 같이 생각한다. "불행한 민족에게 있어 민족주의는 가장 자연스러운 정의정신"이며, "조선에 있어서도 해방전에는 직업적 혁명가는 말할 것도 없이, 일제에 불협력하던 인사들은 막연하나마 모두 이러한 민족애의 정의정신을 지켜온 것이다." "그러나 협박에서 풀려나 민족자체의 노선이 세계와

28) 이태준, 「여성에게 보내는 말」, 『무서록』, 깊은샘, 1994, 302면. 이하 이 글의 인용은 인용문 말미에 제목과 페이지 수만 명기.

역사에 통하는 새 현실 속에서는, 이 거룩하기만 하던 민족의 자기옹호 정신도 감상적인 모든 것은 준열한 비판의 대상이 될 수" 있으며, "그만치 민족이나 국가는 소박한 자연발생적 감정이나 의분만으로는 그의 자유와 발전이 보장될 수 없을 만치 오늘의 민족들의 진로"가 단순하지 않다고 본다. 이러한 상황인식에서 이태준은 쏘비에트를 다음과 같이 평가한다. "쏘비에트의 민족정책은 곧 그의 국제정책의 바탕일 것이며 이 바탕이 민족들의 절대평등과 인류의 상호협조로써 보다 나은 세계의 건설이 목표이기 때문에 가맹국 아닌 우리도 쏘비에트의 민족정책과 국제정책을 지지하는 것이며 어느 지역에서나 소수의 권력 독점자들을 제외하고는, 전 인민, 전 민족들이 이를 신뢰하는 것이다."29)

민족의 '완전한 해방'을 위해 공산주의가 요구되었다면, 이태준에게 있어서 민족의 평화를 약속하는 기준은 '언어'이다. 그 민족의 언어가 민족과 더불어 공생하고 발전할 수 있는 사회야 말로, 이태준이 지향하는 '완전한 해방'이다. 이태준은 「산업문화에서의 창씨개명문제」(『우리공론』, 1945.12)에서 외래어로 입간판을 쓰는 것이 단순히 민족어 훼손에 영향을 주는 것에 그치지 않고 민족의 운명에 영향을 미칠 수 있음을 격앙된 어조로 말한다. 그는 이 글에서 당시 점명(店名)으로 외어(外語)를 쓰는 것을 "문화면에서 주권이 없는 나라의 추태"라고 지탄한다. "한두 가지씩 외어를 즐기는 풍습은 우리에게 있어서도 그런, 나중에는 도저히 수습할 수 없는 산업문화의 창씨개명 시대가 오지 않으리라고 누가 단언할 것인가? 무슨 품명(品名)에나 무슨 간판에나 허턱 외어를 붙여 버릇하는 것은 민족문화에 지대한 악영향을 줄 가능성이 있다는 것을 충분히 고려하자."(「산업문화에서의 창씨개명

29) 이태준, 「소련기행」, 『소련기행 · 농토 · 먼지』, 깊은샘, 2001, 85면.

문제」, 304면) 외래어(外來語)를 외어(外語)로 폄하하면서 이태준이 강조하는 것은 언어생활에 있어서의 외세 근절이다.

이태준은 「國語에 對하야」(『대조』, 1946.6)에서 민족을 대표하는 언어로서 국어의 우수성을 피력한다. 한 민족의 언어는 "사람, 즉 그 民族이 그들의 表現意慾에 依해, 그들의 言語神經의 銳鈍을 따라 優秀하게, 或은 優劣하게 製作된, 民族 最初의 手工業的인 文化인 것이며, 그러나 工藝品과 같이 根本的改革은 되지 않는, 民族 最初이며 最後인 永遠의 文化인 것이다."(「國語에 對하야」, 150면) 이태준은 '표현의욕이 언어면에서 왕성했던 것', '감각어, 특히 의음어 의태어 등', '『토』의 완비한 것' 등을 들면서, 우리 민족이 어느 민족보다 언어신경이 예리하며 적정한 언어 표현에 노력했다는 것을 강조한다.

국어의 우수성과 더불어 이 글의 말미에서 이태준은 국어의 한계를 두 가지로 지적하고 있다. "文化의 交流를 따라 他國語의 影響을 받고 또 주고 하는 것은 不可避의 事實이나, 朝鮮語가 漢字때문에 文化語는 大體로 自律性을 喪失한 것은 痛嘆할 일이며, 教育의 普遍으로 標準語를 中心으로한 國語의 文法的整理가 全國的으로 施行되였을것이 日韓合邦때문에 다른 面面 우리文化보다도 뒤져있는 것이 또한 痛嘆할 일인 것이다. 于先 教科書로 보드라도 가장 重要한 國語讀本이 文章으로나 文法으로나 다른 科目보다 오히려 難産이 豫感되는것이다."(「國語에 對하야」, 156면) 이 글에서 지적한 '한자어의 영향으로 말미암아 문화어의 자율성 상실'이 한글의 자생적인 문제라면, '한일합방으로 말미암아 표준어 정리가 뒤쳐짐' 그 결과 '국어독본의 난산'은 일제의 식민정책에 의한 외압에서 기인한 것이다.

이태준은 민족을 규합하는 규범적 언어로서 국어의 재건을 제안한다.

그는 「國語再建과 文學家의 使命」(『건설기의 한국문학』, 1946.12)에서 "민족과 언어", "문학과 언어", "국어에의 우리 임무" 세 개의 장으로 나누어 국어 재건을 위한 구체적인 항목을 제시한다. 그는 조선어유사이래 중대한 시련기에 처해 있는 '자유조선어'를 '國語(국어)'의 이름으로 널리 재건해야 함을 역설한다. "不幸中 多幸으로 先覺者周時經先生以後 朝鮮語學會를 中心으로 몇몇學者들의 獻身的奮鬪로 語彙蒐集 標準語査定 辭典編纂等 얼마의 發展이 있었고 微力하나 우리文人들의 努力"(「國語再建과 文學家의 使命」, 174면)이 있으나, 식민지로 말미암아 일본적 잔재가 청산되지 않았음을 지적한다. 말의 창조자이며 말의 배양자이며 말의 가공자라는 점에서, 이태준은 문학자가 국어 재건의 제일선 책무를 자각해야 함을 촉구한다. 그가 지적하는 국어의 당면 과제는 '표준어문제', '외래어문제', '고어문제', '철자법문제', '횡서문제', '한자전폐 혹은 제한 문제' 등 이다. 특히 이 글의 본문 격에 해당하는 '국어에의 우리 임무'에서 이태준이 강조하는 바는 한자어 폐지와 관련된 사안이다.

"이런 思潮의 影響을 批判없이 받어 國語問題에 있어서도 漢字語나 外來語取扱에 科學的인 見解보다도 觀念的인 主觀으로 漢字와 交涉이 없는 말만을 純粹朝鮮語라하며 事實上 朝鮮語임에 不拘하고 漢字語는 모조리 强制的飜譯을해서 國語의飜案語를 國語라 하며 「홀소리」 「닿소리」式으로 學者個人의 專用語같은 不自然한 人造語가 實際로 國民敎本에 오르고 있는 것이다. 이것이 排他的인 國粹的인 觀念에서가 아니라 單純히 學問的意慾에서라고 好意로 解釋하드라도 이미 試驗을 一書齊에 局限하면 몰라도 全國民에게 强要하는 것은 國民全體가 試驗의 對象이 되는 것으로 그 弊端이 너무나 큰 것이다. 漢字 때문에 우리말이 獨自的發展을 못했고 漢字 때문에 우리말이 新語, 觀念語, 造作에 自律性을 잃어온 것이 事實이요 그것이 不滿인 것이 사실이나 그렇다고 해서 이미 살아온 民族의 數千年間의 文化歷史를 제외하는 태도로 漢字以前으로 물러가서까지 言語整理를 하려는 것은 不可能한 일이기도 하거니와 學問이기보다 觀念運動인 것이다."[30]

이태준은 한자폐지를 과학적이지 못한 관념운동의 소산으로 반대한다. 이태준과 함께 『중등국어교본』을 편수한 국어학자 이숭녕은 한자폐지론에 맞서 공세의 글을 쓰기도 했다. 이태준의 '한자전폐' 반대 의지는 두 가지 시사점을 제공한다. 첫째 조선어학회와 이태준의 관계가 대립되고 있다는 사실이다. 이태준은 조선어학회의 한글맞춤법통일안을 성실히 수행하는 작가로 널리 알려졌을 뿐 아니라, 표준어사정위원으로 수차례 참여하는 등 조선어학회가 시행하는 어문운동에도 적극 동참해 왔다. 해방이후 그는 최현배 이하 조선어학회의 한자전폐에[31] 대항한다. 그는 교과서편수위원으로 활동하지만, 조선어학회의 원고청탁을 거절하는가 하면 조선어학회

30) 이태준, 「國語再建과 文學家의 使命」, 『건설기의 한국문학』, 1946.12, 75면. 한자 폐지론은 1945년 말에 제기된다. 군정 문교부 편수국 수뇌부에서 총대장격인 최현배는 군정과 조선어학회라는 두 겹의 후광으로 한자폐지론을 제기한다. 김기림은 1945년 군정 문교부 국어 심사위원회에 참석하여 교과서의 한자 폐지 정책이 시행됨을 지켜본다. 그는 학교 문 밖에서 일어나는 언론 · 출판의 무통제한 현상을 그대로 둔 채 학교 교과서에서만 과감한 실험을 해 나가려는 것을 목도하고, 물러나왔다고 한다. 당시 한자 폐지론에 국어학자 이숭녕과 문학자 김동석의 반격이 있었다. 김기림, 「한자어(漢字語)의 실상」, 『학풍』, 1949.10(김기림, 『김기림전집』 4, 심설당, 1988, 213면 참조).

31) 1945년 9월 조선어학회 주최 첫 번째 국어 강습회에서 수강생들이 주동이 되어 장지영 외 30명을 위원으로 한 '한자폐지실행회발기준비회'가 조직되어 발기 취지서를 패로한 것이 최초의 공식적인 선언이었다. 한글 전용안은 대한 민국 정부가 수립되던 1948년 10월 9일에 다음과 같이 확대되어 법률 제6호로 공포되었다. '대한민국의 공문서는 한글로 쓴다. 다만, 얼마 동안 필요한 때에는 한자를 병용할 수 있다.'(최용기, 「남한 국어정책 변천사」, 『남북한 국어정책 변천사 연구』, 박이정, 2003, 105면)

를 비판하는 논설을 신문에 발표하기도 한다. 조선어학회가 미군정과 더불어 해방후 남한의 어문운동과 정책을 총괄했다고 볼 때, 이태준은 월북하기 전부터 남한의 어문정책과 뜻을 같이 하지 않았음을 알 수 있다. 아울러 조선어학회가 '미군정'의 휘하에 있는 만큼, 이태준의 반외세(反美) 감정도 적지 않게 작용하고 있다. 둘째 해방후 북한 역시 '한자전폐' 어문정책을 시행한다는 점에서, 애초부터 이태준의 언어 민족주의는 실상 양 체제 모두와 합치되지 않았음을 짐작할 수 있다.

상고적 취미를 통해 전통의 특수성을 그 누구보다 중시하는 이태준에게 있어서, 한자전폐는 일체의 전통을 부정하는 것으로 스스로 온당하게 여겼을 리 없다. 「먼지」(1950.2)에서 장서를 모으는 한뫼 선생은 남조선에 내려가 '고서적중개인'을 찾아 '완당집'을 사기 위해 필사의 노력을 기울인다. 이태준은 민족의 존립 근거를 전통에서 찾았던 것이며, 전통의 계승과 확립이라는 차원에서 그는 국어의 재건을 도모했던 것이다. 재미있는 사실은 이태준이 두 번째 소련을 방문하면서, '민족'의 해방을 '인민'의 해방으로 대체한다는 점이다. 「혁명절의 모스크바」(1950.1.26)에서 이태준은 당이 강조하는 '인민성'에 주목하여, 「해방전후」(1946)와 「농토」(1947)에서 '민족'과 '대중'을 명명하던 것과 달리, '인민'을 호명한다. 해방직후 이태준이 '민족'의 '완전한 해방'을 지향했던 것과 달리, 월북이후에는 '인민창작' '인민의 말' '인민정서'를 강조하고 '인민의 언어'에 주목함으로서 당의 목표를 구현해 낸다. 이러한 사실은 동일한 시기 발표된 「먼지」(1950.2)에서 이태준이 고완 취미를 지닌 한뫼 선생을 주인공을 내세웠던 것과 꽤 대조적인 균열을 보인다. 이러한 사실을 통해 이태준에게 있어서 '인민'은 애초부터 '민족'을 상정해 둔, 같은 의미의 다른 이름에 지나지 않음을 알 수 있다.

2) 월북직후 소설에 나타난 '한글보급'의 성격
—일제 잔재 청산과 후방의 문화전선 구축

이태준의 「호랑이 할머니」(1946.8.14)는 해방직후 북한의 한글보급 운동의 전모가 구체적으로 나타나 있다. 한글보급은 북한의 문맹퇴치 운동의 요체라는 점에서, 이태준의 「호랑이 할머니」는 북한의 언어정책을 적극 반영하고 있다. 시골의 투박하고 고집스러운 할머니가 스스로 글을 익힌 후, 인민군대에 있는 손자에게 안부를 전하는 편지를 쓸 수 있게 되었다는 것이 내용의 골자이지만, 이 작품은 문맹퇴치를 왜 해야 하며 어떻게 해야 하는지 보여준다. '스무담이' 동네에는 문맹자가 많았다. '소년단원'과 '민청원들'이 '한글 학교'를 열어 동네사람들의 문맹퇴치 운동에 노력을 기울인다. 스무담이 열두 소년단원과 여섯 민청원들은 한글 학교만을 운영하는 것이 아니라, 동네 주민들이 한글 학교에 나올 수 있는 여유를 만들어주는데 노력을 기울인다. 물 걸어주기, 소여물 주기, 설거지, 집 보기 등 주민들의 집안일을 도우면서 그들에게 한글공부를 할 수 있는 여가를 만들어 준다.

마을의 문맹자 79명 중 맹아인 노마 할아버지와 해수병자 서첨지 그리고 영돌이 할머니를 제외한, 76명이 한글 학교에 나오게 된다. 영돌이 할머니는 마을에서 '호랑이 할머니'로 알려져 있다. 민청원들은 "이 호랑이 할머니는 다른 부인네 열 명이나 스무 명 이상으로 이 스무담이 암흑과 낙후성을 완강히 보수해 나갈 힘을 쥐고 있"[32]다는 것을 알고 이것을 이용한다. 예순다섯의 호랑이 할머니는 삼십 전에 과부가 되어 외아들을 키우며,

32) 이태준, 「호랑이 할머니」, 『해방전후 · 고향길』, 깊은샘, 1995, 108면. 이하 작품 인용은 인용문 말미에 작품명과 페이지 수만 명시.

억척같이 살았다. 호랑이 할머니는 제집 일만 아니라 동네일에도 솔선하였으므로, 주민들의 두터운 신뢰를 받고 있다. 이러한 호랑이 할머니가 문맹자이니 만큼, 마을주민 모두의 문맹퇴치를 위해 호랑이 할머니부터 문맹에서 벗어나는 모습을 보여주어야 했다. 성실한 민청원인 상근이는 호랑이 할머니의 문맹퇴치 방책을 고민하던 중, 군당에 가서 군당 책임자로부터 문제의 실마리를 얻는다.

호랑이 할머니네 집 근처에 '성인 학교'가 만들어지자, 상근이를 비롯한 여러 선생들이 호랑이 할머니를 학교 낙성식에 모셨으며 '성인학교 후원회 회장'의 직책을 맡긴다. 학교를 돌봐주는 어른으로 지목됨에 따라, 호랑이 할머니는 학교에 매일 나오게 된다. '후원회 회장 할머니'가 된 호랑이 할머니는 "아니, 무슨 회장인가를 나울만 허나? 공부가 든 게 있어야 안해?"라는 '작은년이 할머니'의 말에, 어금니를 갈고 한 달간 국문을 공부해서 맏손자 영돌에게 편지를 쓴다. 이 마을에서 '호랑이 할머니'의 국문습득은 큰 의미를 지닌다. 문맹자이면서 미신숭배의 최선봉에 있던 호랑이 할머니는 전래의 농촌을 대변한다. 부지런하지만 문맹이어서 모든 것을 미신숭배에 의지해야만 하는 무지몽매한 농촌 사회에서, 국문의 습득은 합리적이고 진보적인 사회에 진입하기 위한 첩경이 되었다.

이 작품에서 한 마을의 백퍼센트 문맹퇴치에 전력을 다하는 민청원 상근이는 당시 북한의 언어정책이 얼마나 효과적으로 시행되고 있는지 보여준다. 군당 책임자는 민청원 상근에게 북한에서 이루어지는 문맹퇴치의 당대적 의의를 다음과 같이 구체적으로 제시해 준다.

"조선의 문맹자가 많은 것은 일제통치가 남긴 여독 중의 가장 큰 것의 하나니까

문맹퇴치 사업은 일제 여독을 청산하는 중대과업의 하나요, 문맹자 중에도 그 호랑이 할머니 같은 사람의 눈부터 띄우는 것은 보수성 강한 농촌에서 봉건유습의 응어리를 뽑아내는 것이 될 뿐 아니라, 근로하기 좋아하는 그 할머니의 높은 인민성을 옳게 살리는 사업도 되는 거요. 그 할머니의 근로를 사랑하는 생활은 높이 평가되야 하겠소. 긍정면이 많은 좋은 성격자요. 아모튼 그런 성격자는 자존심이 강할 것이니 그의 장점을 추켜 주어 과히 이탈해 나가지 않도록 하면서 적극적으로 유도해 보시오." (「호랑이 할머니」, 115~116면. 강조는 인용자)

인용문에서 강조된 부분은 일제의 잔재 청산이라는 점에서 유심히 볼 필요가 있다. 한글보급이 단순히 개개인의 문맹퇴치에 그치는 것이 아니라 정치적인 과업 수행임을 시사한다. 한글보급은 문맹퇴치의 의미 외, '일본 제국주의 압제'의 부산물인 조선어 문맹자를 일깨우는 행위이다. 일본어의 강제 아래 한글 성명(姓名)과 한글 동명(桐名)을 비롯한 일체의 국어를 상실한 민족에게 있어서, 해방후 민족의 언어를 찾고 널리 보급하는 일은 그 무엇보다도 급선무였다.

이태준은 「실낙원 이야기」(『동방평론』, 1932.7)를 통해 학교의 교수(教授) 언어로서 일본어가 강제되고 있는 식민지 언어 현실을 비판한 바 있을 뿐 아니라, 「패강랭」(『삼천리문학』, 1938.1)을 통해서는 학교의 정규교과에서 조선어 과목이 사라지는 것을 통탄해 한 바 있다. 이태준은 식민지하 일본어에 의한 조선어 상실을 뼈저리게 통감한 만큼, 해방후 그는 국어로서 조선어의 저변 확대와 위상 정립을 최대 과제로 삼았다. 그런 맥락에서 이태준 소설 「호랑이 할머니」에 나타난 '한글보급'은 단순히 언어를 보급하는 문맹퇴치 사업에 그치는 것이 아니라, 전대부터 고수해 온 이태준의 언어 민족주의 이데올로기가 잘 구현된 것이다. 그것은 정치적으로는 '일제 여독 청산'의 문제이며, 문화적으로는 '보수성 강한 농촌에서 봉건유습을 뽑아' 진보로 나아가는 길이고, 경제적으로는 '근로 인민의 생활을 향상시키는' 첩경이다. 궁극적으로 한글보급은 새로운 국가 만들기의 기반을 정초하는 일로서, 건국(建國) 의지를 반영하고 있다.

이태준의 「호랑이 할머니」는 해방이후 북한에서 문맹퇴치 작업이 어떤 방식으로 전개되었는지 잘 보여준다. 각 동네에는 한글 학교를 만들어 한글을 학습시키고 있으며, 특별히 성인을 대상으로 하는 성인 학교도 만들었음을 짐작할 수 있다. 한글 학교와 성인 학교는 민청원들과 소년단원을 중심으로 운영되고 있다. 민청소속의 상근이가 출입한 '군당'은 민청의 상위 단체로서 민청의 활동을 적극 후원하고 지시한다. 한글 학교의 운영을 비롯한 문맹퇴치 운동이 당의 정책차원에서 주도면밀하게 시행되고 있음을 알 수 있다. 문맹퇴치 백퍼센트 완수를 목표로, 스무담이 동네에서는 호랑이 할머니에게 국문을 깨침으로서 맹인과 해수병자 2사람을 제외하고 문맹퇴치 백 퍼센트를 완수한다.

해방이후 남한에서는 한글학회가 주관하는 '한글 강습회'가 4년간 지속된 반면,33) 북한에서는 당차원에서 한글 학교를 운영하여 문맹퇴치 운동에 적극 나서고 있음을 알 수 있다. 호랑이 할머니의 국문습득 과정에서 짐

---

33) 이응호, 「언어정책의 역사적 고찰―광복후 한글 전용 대책을 중심하여」, 서울대 석사논문, 1969, 7면. 남한 사회에서 이루어지는 '한글 강습회'의 한계를 시사하는 작품으로 다음과 같은 것이 있다. 김만선의 단편 「한글강습회」(『대조』, 1946.7)에는 만주를 배경으로 해방후 '한글강습회'를 하려는 소수의 선각자들과 먹고 사는 문제에 급급한 민중들의 모습이 대비되어 나타나고 있다. 이 작품에서 '한글강습회'는 위에서부터 아래로 체계적으로 시행되는 것이 아니라 그야말로 소수의 선각자들에 의해서만 이루어지고 있으며, 그런 만큼 선각자들이 자신과 자신의 가정을 헌신함에도 불구하고 한글은 전혀 민중 속으로 파급되지 못하고 있다.

작할 수 있듯이, 문맹퇴치 운동의 구체적인 접근은 적극적이되 자발성을 일깨우는 방식으로 전개되고 있다. 아울러 호랑이 할머니가 인민군대에 나가 있는 손자에게 편지를 보내고 그 손자와 더불어 편지 왕래를 할 수 있다는 점을 미루어, 북한의 소년들은 군대 가기 전부터 국문을 익혔으며 인민군 병사는 국문습득이 전제되어 있었음을 짐작할 수 있다. 나아가 국문습득을 통한 문맹퇴치는 병사와 인민간의 소통을 위한 것이기도 하지만, 후방의 인민들 역시 병사와 마찬가지로 전선(戰線)을 구축하기 위해 국문습득이 선행되어야 했음을 짐작할 수 있다.

작품에 나타난 한글보급은 일찍이 이태준이 견지하고 있던 언어 민족주의를 실현하고 있을 뿐 아니라 북한의 적극적인 언어정책을 반영하고 있다. 당시 북한의 김일성이 지시한 한글정책을 살펴보면 다음과 같다. 미·소공동위원회에 대비하여 1946년 평양에서 소집된 북한의 전국대표자회의는 최고정치집행기관으로서 북조선임시인민위원회를 조직했고, 위원장에 김일성을 뽑았다. 1946년 3월 23일 김일성은 20개의 정강을 발표했는데, 그 중 교육정책은 "일제잔재의 청산과 계급의식의 확립"이었으니 해방 직후 있었던 민족운동의 일환으로 국어교육에 역점을 둔 것이다.[34] 이태준의 「호랑이 할머니」에서 군당 책임자가 문맹퇴치 사업을 일제 여독 청산의 중대 과업이라고 한 데에는 김일성의 정강이 전제되어 있다. 이태준의 「호랑이 할머니」는 북한에서 1946년 8월 14일자로 발간된 작품이니 만큼, 당시 이태준은 김일성의 언어정책에 적극 부응하고 있음을 알 수 있다. 이태준이 1946년 7월경에 월북한 것으로 미루어, 북한에서 이태준은 김일성을 비롯한 당의 어문정책을 민감하게 수용했음을 짐작할 수 있다.

---

34) 김민수, 앞의 책, 81면.

김일성은 1946년 5월 24일 북조선 각도 인민위원회, 정당 · 사회단체 선전원, 문화인, 예술인 대회에서 "문화인들은 문화전선의 투사로 되어야 한다"[35]고 역설한다. 당은 작가들에게 획일적인 이데올로기를 강요하고 문화사업에 참여하기를 강요한다. 고영근이 제시하는 해방후 북한의 어문정책을 살펴보면, '문맹퇴치'가 주요 관건으로 전개되고 있음을 알 수 있다. 문맹퇴치 사업은 일제의 우매화정책의 독소를 씻어내는 역사적인 사업이며 지주, 자본가와 일제 침략자들의 착취와 압박에서 글자를 배우지 못하고 천대와 설움 속에서 살아온 노동자, 농민들의 숙망을 풀어 주는 하나의 사회적 변혁이었다고 한다.[36] 최용기에 의하면 "북한은 1948년에 230만 명의 문맹자를 퇴치했다고 보고하였다. 이는 전체 문맹자의 1/4에 이르는 숫자이다."[37] 북한은 사회주의 인민공화국의 건립을 위해 무엇보다도 노동자와 농민의 문맹퇴치를 통해 언어생활의 주체로서 농민과 노동자들을 각성시키려 했다.

고영근이 제시하는 북한 언어정책의 세부 사항을 살펴보면 다음과 같다. 김일성은 1946년 11월 북조선임시인민위원회에서 겨울 농한기(農閑期)를 이용하여 문맹을 퇴치하도록 이끌어 주었으며 같은 달에는 '동기농촌문맹퇴치운동에 관한 건'이 채택되었다고 한다. 만 12살 이상 50살 미만의 남녀 문맹자는 의무적으로 참가하여 수료자에게는 수료증을 준다고 규정하고 있다는 것이다. 이러한 정책의 실시로 북한은 불과 한 해 동안에 100만에 가까운 문맹을 퇴치하였다. 1947년에는 1949년까지 문맹자를 완전히

35) 박종원 · 류만, 『조선문학개관』 2, 인동, 1988, 101면.
36) 고영근, 「북한의 언어정책」, 『북한의 언어문화』, 서울대 출판부, 1999, 187면.
37) 최용기, 「북한 국어정책 변천사」, 『남북한 국어정책 변천사 연구』, 박이정, 2003, 183면.

없애기 위하여 1947년 12월에 또다시 '문맹퇴치운동 추동에 관한 결정서'를 채택하였다.

이어 김일성은 1948년 10월 북한정권 수립 후, 그 때까지 남아 있던 문맹자를 완전히 없애기 위하여 내각지시 38호 '동기문맹퇴치 및 성인 재교육 추동에 대하여'를 채택하였다. 그들은 김일성에 의하여 이룩된 문맹퇴치의 승리에 대하여 통일적 자주독립국가의 건설을 추진시키는 데 크게 이바지하였다는 것, '미제와 그 괴뢰도당'의 민족문화 및 민족어 말살정책에 반대하여 싸우는 남한 인민들을 고무(鼓舞)하여 정치적 영향을 미쳤다는 등의 역사적 의의도 부여하고 있다.[38] 그런 측면에서 볼 때 작품에 나타난 한글보급은 민족의 정체성회복을 통한 외세(反美)의 근절을 시사한다.

「호랑이 할머니」는 해방직후 북한의 어문정책과 이태준에게 내재해 있는 언어 민족주의가 상응하면서 문학적 형상화에 성공한 작품이다. 이 작품을 통해 우리는 이태준의 언어 민족주의가 해방직후 북한의 기민하고 역동적인 어문정책과 상응하는 가운데, 이태준의 '적극적이고 자발적인 동참'을 유도했음을 짐작할 수 있다. 1946년 창작된 「호랑이 할머니」를 제외한 1949년 이후 작품은 전투현장을 배경으로 미군에 대한 적개심과 투쟁의지를 불태우는 인민군 병사들의 모습이 나타나 있다. 한국전쟁을 전후한 기간 반동세력을 적발하고, 조국통일전선의 기치아래 자기 한 몸을 희생하는 용맹스런 인민군 병사들을 형상화해 낸 일련의 작품을 통해, 우리는 해방이후 이태준이 주력해 왔던 국어에 대한 각별한 애정과 관심 대신 당의 시책을 엿볼 수 있다. 일련의 작품에서 우리는 담화를 통한 인민군 병사의 성격 창조를 제외하고는, 이태준의 절묘한 언어적 세련미를 찾아볼 수 없다.

---

38) 고영근, 앞의 책, 187~188면.

이러한 사실은 언어 민족주의에 기반을 둔 이태준의 국어의식이 해방이후 조국통일전선을 기반으로 하는 공산주의 사상의 이념적 토대와는 밀착된 테제가 아니었음을 시사해 준다.

5. 결론

이 글에서는 이태준의 해방후 소설을 대상으로 작가의 국어의식을 살펴보았다. 일제 식민지로부터 해방되자, 남북한은 공통적으로 '국어 정립'을 위한 노력을 기울인다. 이와 동시에 작가들은 자기반성과 더불어 국어 정립에 적극 동참한다. 해방이후 이태준은 식민지하 '조선어 보존'을 내세워 자신의 민족적 죄의식을 경감시킨다. 해방이전 조선어에 대한 각별한 관심과 노력은 해방이후 이태준에게 면죄부가 되었으며, 해방이후 이태준에게 문학 활동의 좌표를 제공해 주었다. 이태준은 1930년대에는 소설형식과 문장작법을 통해 언어에 대한 주의를 기울였는데 비해, 해방후에는 건국의 지를 굳건히 하며 국가공용어로서 국어의 정립에 지대한 관심을 보인다. 해방이후 이태준은 한글의 수사학적 완성과 조탁이 아니라, 조선어를 국어의 위치에 정립시키려는 정치적 행보에 과감하게 뛰어든다. 해방이후 발표된 일련의 작품에서 이태준은 민족을 대표하는 언어로서 국어의 정립 의지를 표출하고 있으며, 월북후 북한에서 발표된 두 창작집은 당의 목적에 부합하는 사건과 인물을 내세우되 이태준 특유의 '담화문'을 통해 인물의 성격을 창조하고 있다. 해방이후 이태준의 국어의식의 기저에는 해방이전부터 고수해 온 언어 민족주의가 내재해 있다.

이 글에서는 한국전쟁이 발발하기 전인 '해방직후'라는 시기를 거점삼아 이태준의 언어 민족주의와 국어의식을 조명해 보았다. 해방직후 이태준은 '민족'의 '완전한 해방'을 기원하면서, 그 방법적 토대로서 국어의 재건을 도모한다. 이태준에게 있어서 '민족'과 '국어'를 매개하는 구심점은 '전통'이다. 민족이 존립하기 위해서는 민족의 유구한 전통이 담겨 있는 민족어가 보존되어야 한다. 해방직후 이태준은 민족의 해방을 위해 국어의 정립을 도모하지만, 1950년대를 전후하여 이태준은 인민의 해방을 위한 인민의 언어에 주목한다. 동일한 시기에 창작한 기행문 「혁명절의 모스크바」(1950.1)와 단편 「먼지」(1950.2)에 나타난 이태준의 언어 의식은 '민족'과 '인민'이라는 용어만큼의 큰 낙차를 보인다. 당의 인민성을 구현하고 있는 전자에 비해, 짓밟히고 사멸해 가는 민족의 전통을 안타까워하는 후자가 이태준의 내밀한 심정을 대신하는 것으로 보인다. 이와 동일한 예로 한자 전폐와 관련한 이태준의 입장을 들 수 있다. 해방직후 이태준은 한자 전폐 정책에 대한 이의를 제기한다. 그는 한자를 옹호 한다기보다 한글이전의 유구한 전통을 전달할 수 있는 매체로서 한자의 의의에 주목한다. 이러한 의식의 기저에는 이태준의 전통에 대한 각별한 관심이 내재해 있다. 그는 다수의 인민성보다 오히려 유구한 전통에 의해 민족의 정체성이 존속된다고 본다.

월북직후에는, 이태준의 언어 민족주의와 북한의 정책이 크게 어긋나지 않은 것으로 보인다. 그 일예로 우리는 「호랑이 할머니」(1946.8)의 빼어난 문학적 형상화를 들 수 있다. 이 작품의 중심 소재는 농민들에 대한 '한글보급'이다. 이 작품에서 '한글보급'은 두 가지 의미를 지닌다. 작중에서 '한글보급'은 일제잔재 청산과 건국의지, 외세근절과 후방의 문화전선 구축이라는 두 가지 정책을 함의하고 있다. 이태준이 해방직후 창작한 「호랑이 할머니」는 북한의 정치적 숙명과 초기 북한의 국어정책을 시사하고 있을 뿐 아니라, 그러한 국어정책을 적극적으로 수용하려는 이태준의 의지가 나타나 있다. 「호랑이 할머니」는 적절한 주인공의 선정과 사건의 전개과정을 통해 북한이 지향하는 국어정책의 모범 사례를 잘 보여주고 있다. 북한에서 문학작품이 당의 검열을 거치긴 하지만, 언어의식에 민감한 작가 이태준은 소재와 주제의 문학적 형상화를 통해 자신의 국어의식을 효과적으로 개진하고 있다. 요컨대 이 작품은 이태준의 언어 민족주의와 북한의 국어정책이 잘 어우러진 접점에 위치해 있다.

해방후 이태준 소설에 나타난 국어의식은 궁극적으로 해방후 그의 의식 추이를 시사해 준다. 월북 전에 발표한 「해방전후」, 「불사조」를 비롯 월북 후 발표한 일련의 작품을 통해, 우리는 월북한 이태준의 의식 기저에 언어 민족주의가 뿌리 깊이 내재해 있음을 알 수 있다. 월북전과 직후에는 이태준의 언어 민족주의와 북한의 적극적인 국어정책이 잘 융합된 것으로 보인다. 이태준의 월북은 자발적이며, 월북직후 그는 북한의 정책에 상당히 고무되어 있음을 알 수 있다. 그러나 앞서 언급한 바와 같이 이태준의 언어 민족주의는 애초부터 공산주의 사유방식과는 배리되어 있으며, 1950년 초에 발표된 「혁명절의 모스크바」와 「먼지」는 양자간의 균열과 낙차를 보여준다. 그럼에도 한자 전폐에 반대하는 이태준식 언어 민족주의는 당시 남한과 북한 체제의 어느 쪽에도 속하지 않는 것이지만, 역설적으로 받아들인다면 그의 민족주의는 양 체제 모두에 해당될 수 있는 공통적이고 본질적인 것임을 알 수 있다.

소설 수사학

이태준의 『문장강화』에 나타난 소설의 수사학

이태준의 『문장강화』에서 문장론의 배경과 문학적 형상화

이태준 장편소설에 나타난 '편지'의 기능과 한계

이태준의 『문장강화』에 나타난 소설의 수사학

1. 서론

이 글에서는 이태준의 『문장강화』에 나타난 소설의 수사학에 대해 살펴보고자 한다. 일반적으로 이태준의 『문장강화』(1940)는 작문 교재로 알려져 있지만, 면밀히 살펴보면 『문장강화』는 문학의 언어가 추구하는 다양한 묘사 방법을 소개하고 있다. 예컨대 문장을 운문과 산문으로 구분한 것, 각종 문장의 요령을 소개하면서 설명문과 연설문 등이 부재한 것 등을 그 이유로 들 수 있다. 글쓰기가 문장의 서술 목적과 동기에 따라 다양하게 구분된다고 할 때, 이태준은 서정문 위주의 문학적인 글쓰기에 치중하고 있다.[1] 이태준이 『문장강화』에서 소개하는 글쓰기는 '한글(조선어)의 올바른

1) 논설문에 대한 언급이 있지만, '공명정대', '열의', '확호한 실례', '중언부언 없을 것', '엄연미'를 논설문의 조건으로 들고 있다. 열거한 제 요소는 논설의 문장이 아니라 논설의 태도이다. '설득'

사용법과 용례'가 아니라, '문학 언어의 올바른 사용법과 용례'이다. 이태준은 『문학독본』(1946)을 발간한 바 있지만 이 책은 해방이후 발간되었으며, 문학적인 문장의 작법은 소개되어 있지 않다.[2] 이에 비해 『문장강화』는 동시대 발표된 다양한 문예 문장(소설 · 시 · 수필 · 기행문 등)이 예시문으로 수록되어 있을 뿐 아니라, 문학적 글이 갖추어야 할 표현의 문제와 개성적 문체 등 소설(문학)의 언어가 지향하는 바를 구체적으로 제시하고 있다. 이태준의 『문장강화』는 독자 일반을 대상으로 하지만 실제 이 책의 독자는 작가를 지망하거나 문학을 탐독하는 문학도들이었다는 점을 고려할 때, 문학 혹은 문학적인 글을 쓰기 위한 창작의 지침서로 볼 수 있다.[3] 이러한 사실은 이태준 소설에 나타난 수사학과 『문장강화』의 내용을 비교해 볼 때 더욱 뚜렷하게 드러난다. 그러므로 이 글에서는 이태준의 『문장강화』에 나타난 소설의 수사학을 살펴보고 그의 소설과 비교해 보려한다.

동시대 작가 중에서 이태준과 그의 『문장강화』에 주목한 이유는 그의 단편이 다른 작가의 작품에 비해 언어 감각이 돋보이며, 그의 저작 『문장강화』가 오늘날에 이르기까지 많은 독자들에게 영향을 미치고 있기 때문이다.[4] 우선 언어 감각이 돋보이는 이태준의 경력을 소개하면 다음과 같

을 목적으로 하는 글의 구체적인 논증과 기술 방식에 대한 언급이 없다.

2) 『문학독본』의 발문에서 이원조는 이태준의 목소리를 빌어 이 책의 특징을 밝히고 있다. 이원조가 책의 편차를 물었을 때 이태준은 "무어 영절스럽게 유취식(類聚式)으로 만든 것도 아니고 그저 내 글 중에서 종래 일반 관념과는 좀 이색적인 것을 골라 뽑고, 소설 같은 데서도 내 딴은 힘드려 썻다고 생각되는 자연, 인물, 사태의 묘사 장면을 추렷노라"(197면)고 말한다. 이태준의 『문학독본』은 『문장강화』보다는 수필집 『무서록』의 형식을 취하고 있다.

3) 이태준의 『문장강화』는 동시대 다른 독본과 마찬가지로 공식적 교과용 도서가 아닌 비공식적 교재로 출판 · 유통되면서, 근대담론으로서의 문학 및 문학관, 글쓰기 이데올로기와 기술적 규범, 나아가 장르에 대한 인식과 규범까지도 드러내 주는 문학교과서의 구실을 수행한다(구자황, 「독본을 통해 본 근대적 텍스트의 형성과 변화」, 『한국 근대문학의 형성과 문학 장의 발견』, 소명출판, 2004, 79~80면 참조).

4) 이태준의 『문장강화』는 여러 출판사에서 출간되었다. 박문서관(1940)을 비롯하여 깊은샘(1990

다. 소설가의 경력을 차치하고서라도 그는 한글 이해와 관련된 다양한 경력을 가지고 있다. 그는 교단에서 학생들에게 직접 작문을 지도한 작문교사의 경력을 가지고 있으며,[5] 조선어학회의 표준어 사정 작업에 비회원의 자격으로 참여한다.[6] 『한글』지는 한글맞춤법통일안을 준수한 우수작으로 이태준의 소설을 거듭 소개한다.[7] 소설가로서 이태준은 문예지 『문장』(1939)의 주간이자 신인소설 추천자로서 다수의 문인을 배출했으며, 문학 지망생과 독자들에게 창작 지침을 제시한다. 그는 1939년 2월 『문장』 창간호부터 9회에 걸쳐 문장작법을 연재하고 이후에는 단행본 『문장강화』(1940)를 출간하여 글쓰기의 전범을 시사한다. 작문교사 · 한글맞춤법사정위원이라는 경력은 동시대 한글에 대한 표준 감각을 시사하거니와 아울러 『문장』지의 주간 · 『문장강화』(글쓰기 독본)의 저술 경력은 문학의 언어가 지향하는 바를 제시했다는 점에서, 이태준은 1930년대 소설의 언어가 다다른 정점을 확인할 수 있는 대표 작가로 손색이 없다.

이태준의 『문장강화』는 지금까지 다양하게 논의되었다. 초기에는 이태준 소설을 이해하기 위한 방편으로 부분적으로 논의되었지만, 최근에는 이태준의 언어의식을 논하기 위한 텍스트로 부각되었으며[8] 이태준 작품에

~2004 재판), 서음출판사(1988), 창작과비평사(1988~2005 재판), 범우사(1997) 등을 통해 오늘날에도 작문 지침서로 널리 애독되고 있다. 이 글에서는 깊은샘에서 출간한 『문장강화』(1997)를 텍스트로 선정하였다. 『문장강화』의 인용은 이 책으로 하되, 인용문 말미에 페이지 수만 명기.

5) 이태준은 이화여전, 이보(梨保), 경보(京保) 등에 출강하면서 작문을 강의한 바 있다. 민충환, 「이태준의 전기적 고찰」, 『이태준문학연구』, 깊은샘, 1993, 45~46면 참조.

6) 그 밖에 작가로서 염상섭, 유진오, 조용만, 이헌구, 양주동 등이 조선어학회 표준어 사정 작업에 참여한 바 있다. 김윤경, 「한글 학회와 한글 운동의 역사」, 『한결국어학논집』, 갑진문화사, 1964, 425~426면(이준식, 「외솔과 조선어학회의 한글 운동」, 『현상과 인식』, 1997, 59~60면에서 재인용).

7) 이태준의 첫 창작집 『달밤』의 경우 다음과 같은 전면 광고는 이채를 띤다. "小說을 알려는 이나 小說家로서의 李泰俊氏를 알려는 이는 반듯이 한번 읽기를 勸하며, 全篇을 '한글맞춤법통일안' 그대로 되었으니, 小說을 읽는 한편에 統一案에 對한 智慧를 얻을 수 있다."(『한글』 제2권 제5호, 1934.8)

못지않게 『문장강화』에 대한 독자적 논의도 여러 차례 있있다.[9] 제 논의를 바탕으로 이 글에서는 이태준의 『문장강화』에 나타난 소설의 수사학을 살펴보려 한다. 우선 『문장강화』에 나타난 이태준의 문장관을 살펴보고, 그가 지향하는 개인의 문체와 소설의 언어에 대해 살펴보려 한다. 아울러 『문장강화』에 나타난 소설 창작방법이 그의 소설에서 어떻게 반영되고 있는지 살펴봄으로써 이태준 문체의 특징을 살펴보고자 한다. 이러한 제 논의는 이태준의 『문장강화』가 작문 지침서가 아니라 창작 지침서의 성격을 가지고 있으며 구체적으로는 소설의 수사학을 제시한다는 점을 확인하고, 이태준 소설의 수사학을 살펴볼 수 있는 계기가 되리가 본다.

---

8) 예컨대 박진숙은 「이태준의 언어의식」(『이태준과 현대소설사』, 깊은샘, 2004)에서 『문장강화』를 중심으로 이태준의 언어관을 살펴보고 있다.

9) 이태준에 관한 논의 중, 『문장강화』에 관한 글만 소개하면 다음과 같다.

박종화, 「이태준저 『문장강화』」, 『조선일보』, 1940.5.18; 한상규, 「『문장강화』를 통해 본 이태준의 문학관」, 『이태준의 문학연구』, 깊은샘, 1993.12, 87~102면; 권혁준, 「『문장강화』에 나타난 이태준 글쓰기에 대한 인식」, 『문학이론과 시교육』, 박이정, 1997, 349~367면; 김윤식, 「민족어와 인공어－상허의 『문장강화』와 편석촌의 『문장론신강』」, 『문학동네』 15, 1998년 여름, 401~419면; 천정환, 「이태준의 소설론과 『문장강화』에 대한 고찰」, 『한국현대문학연구』 6, 1998, 179~208면; 최시한, 「국문운동과 『문장강화』」, 『시학과 언어학』 6, 시학과언어학회, 2003, 118~121면; 박진숙, 「이태준 문장론의 형성과 근대적 글쓰기의 의미」, 『시학과 언어학』 6, 2003, 135~165면; 이혜령, 「이태준 『문장강화』의 해방전후」, 『이태준과 현대소설사』, 깊은샘, 2004, 347~379면; 배개화, 「『문장강화』에 나타난 문장(文章)의식」, 『한국현대문학연구』, 2004.12, 417~440면; 이미순, 「이태준 『문장강화』에 대한 수사학 연구」, 『우리말글』, 우리말글학회, 2005.12, 319~343면; 문혜윤, 「1930년대 어휘의 장과 문학어의 계발－『문장강화』의 지향」, 『상허학보』 17, 2006.6, 201~234면; 여태천, 「민족과 문학－『문장강화』, 민족어와 문학어의 창안 이태준」, 『민족연구』, 2006, 171~185면.

김윤식은 이태준의 『문장강화』를 김기림의 『문장강화』와 비교하고 있으며, 배개화는 이태준 문장론을 중국 호적의 「문학개량추의」·「문학혁명론」과 비교하고 있다. 이외 한상규와 천정환은 이태준의 『문장강화』를 이태준의 소설론과 대비하여 살펴보고 있다. 한상규는 구인회 작가 박태원 김기림 등과 관련하여 이태준의 『문장강화』가 지닌 공통성을 소재를 처리하는 기술적 수법에서 찾고 있다. 천정환은 이태준의 『문장강화』를 이태준의 소설 창작 방법은 물론 동시대 문단의 특징을 고려하여 포괄적으로 논의하고 있다. 이혜령은 『문장강화』를 해방전 출간본과 해방후 출간본을 비교하면서 개작의 여부와 개작의 의도를 고증하고 있다. 이외 선행연구에 대한 분류는 "소설 수사학"의 두 번째 글, 「이태준의 『문장강화』에서 문장론의 배경과 문학적 형상화」의 서두에서 다시 언급해 놓았다.

2.『문장강화』의 구성과 '문장(文章)'에 대한 인식

『문장강화』의 차례를 소개하면 다음과 같다.

제1강 문장작법의 새 의의

1. 문장작법이란 것
2. 이미 있어온 문장작법
3. 새로 있을 문장작법

제2강 문장과 언어의 제문제

1. 한 언어의 범위
2. 언어의 표현 가능성과 불가능성
3. 방언과 표준어와 문장
4. 담화와 문장
5. 의음어, 의태어와 문장
6. 한자어와 문장
7. 신어, 외래어와 문장
8. 평어, 경어와 문장
9. 일체 용어와 문장

제3강 운문과 산문

1. 운문과 산문은 다른 것
2. 운문
3. 산문

제4강 각종 문장의 요령

1. 일기

2. 서간문

3. 감상문

4. 서정문

5. 기사문

6. 기행문

7. 추도문

8. 식사문

9. 논설문

10. 수필

제5강 퇴고의 이론과 실제

1. 퇴고라는 것

2. 퇴고의 고사

3. 퇴고의 진리성

4. 최고의 표준

5. 퇴고의 실제

제6강 제재, 서두, 결사 기타

1. 제재에 대하여

2. 서두에 대하여

3. 결사에 대하여

4. 명제에 대하여

5. 묘사와 문장력

제1강과 제2강에서는 문장작법과 언어의 사용 용례를 설명하고 있다. 제3강에서는 운문과 산문, 제4강에서는 각종 문장을 제시하여 문종에 따른 작법을 소개하고 있다. 제5강에서는 퇴고, 제6강에서는 글감에서부터 처음과 마무리를 쓰는 요령, 제7강에서는 대상에 따른 다양한 표현법을 소개하고 있다. 제8강과 제9강에서는 문체의 중요성이 강조된다. 『문장강화』는 궁극적으로 '개성적인 글쓰기'의 문제로 귀결된다. 이태준은 '개성적인 글쓰기'로서 개인의 문체 정립을 제안한다. 특히, 제2 · 3 · 7 · 8 · 9강은 창작 방법으로 볼 수 있을 만큼 문학의 언어에 주목하고 있다.

범우사에서 발간한 『문장강화』(1995)는 제2 · 3 · 7 · 8 · 9강을 생략하고, 제1강 '문작작법의 새 의의', 제4강 '각종 문장의 요령', 제5강 '퇴고의 이론과 실제', 제6강 '제재, 서두, 결사 기타'만을 다루고 있다. 범우사판 서문에서 수필가 박연구는 "오늘날의 형편과 다소 차이가 있다고 보아(문고의 쪽수도 감안한 나머지)" 몇 개의 항목(제2 · 3 · 7 · 8 · 9강)을 수록하지 않았음을 밝힌다. "문장을 구사하는 일은 작가만의 것에 그치지 않"으며 "교육 수준이나 문화 수준이 상당한 단계에 올라있는 지금의 사회에 있어서는 누구나가 사고(思考) 활동을 문장을 통해서 표현하려고 하고 있기 때문에",[10] 창작하는 작가가 아니라 '누구나' 표현할 수 있는 일반적인 문장 작법을 소개하기 위해서이다.

바꾸어 말하면, 범우사판에서 총 아홉 개의 항목 중에서 문학창작과 관련된 다섯 개의 항목을 생략한 이유는 그 항목이 일반적인 작문의 성격보다 문학창작의 성격이 두드러지기 때문이다. 이태준이 강조하는 개성적인 문장은 글쓴이로서 '작가'와 '창작'을 염두에 둔 것이다. 작가의 '개성'을 요구하는 문장이 문예 창작의 영역이라면, 독자의 '이해'와 '설득'을 유도하기 위한 문장은 또 다른 영역이다. 독자를 이해 · 설득시키고자 한다면, 글쓴이는 독자와 공유할 수 있는 언어 · 상식적이고 일상적인 언어를 사용할 수 있어야 한다. 개성적인 언어와 문체를 강조하는 이태준의 『문장강화』는 실용적인 작문 지침서라기보다 문예 창작의 지침서로 적합하다. 『문장강화』에 나타난 이태준의 '문장' 인식을 통해 『문장강화』의 성격을 좀 더 구

10) 이태준, 『문장강화』, 범우사, 1995, 8면.

체적으로 살펴볼 필요가 있다. 『문장강화』의 서두에서 이태준은 '문장'을 다음과 같이 정의한다.

> 문장(文章)이란 언어의 기록이다. 언어를 문자로 표현한 것이다. 언어, 즉 말을 빼어 놓고 글을 쓸 수 없다. 문자가 회화(繪畵)로 전화(轉化)하지 않는 한, 발음할 수 있는 문자인 한, 문장은 언어의 기록임을 벗어나지 못할 것이다.(11면)

이태준은 '문장'을 '언어의 기록', '언어를 문자로 표현한 것'으로 본다. 그는 다양한 문장의 예로 소설(염상섭의 「사랑과 죄」), 수필(김진섭의 「우찬(雨讚)」), 논문(조윤제의 「조선시가사강」 제1장 제1절), 시(정지용의 「촉불과 손」의 일절)의 원문을 제시한다. 인용된 예문은 하나의 문장이 아니라 구절 혹은 문단 차원의 글이다. 이태준은 "말을 문자로 적은 것들"을 총칭 문장으로 제시한다. 이때 "문장"은 '글'을 의미한다. '글'은 "머리가 있고 몸이 있고 꼬리가 있는, 일종 생명체"(16면)이다. 이태준이 정의하는 문장은 문법적인 개념과는 다르다. 국립국어연구원의 『표준국어대사전』에 의하면, '문장(sentence)'은 '생각이나 감정을 말로 표현할 때 완결된 내용을 나타내는 최소의 단위'로서 마침표로 문장의 끝을 구분한다.[11] 문법 차원의 '문장' 개념은 동시대 국어학자의 글에서도 확인된 바 있거니와, 이태준의 문장 개념은 문법 범주의 '문장'이 아니라 문예 문장을 비롯하여 글을 총칭하는 개념이다.[12] 동일한

---

11) 이태준이 '문장'을 정의하기 위해 사용하는 용어 '언어', '문자', '말'도 자의적이다. 위 인용문에 의하면 '언어'는 '말'을 의미하며, '문자'는 '글'을 의미하되 '문장'보다 좁은 범주에 속한다. 그러나 문법의 범주에서 '언어(language)'는 '생각과 느낌을 나타내는 음성, 문자를 총칭하는 사회관습적체계'를 의미한다. '말(speech)'은 '사람의 생각이나 느낌 따위를 표현하고 전달하는데 쓰는 음성기호'이다. '문자(letter)'는 '인간의 의사소통을 위한 시각적인 기호체계'이다. '글(a piece of writing)'은 '어떤 생각이나 일 따위의 내용을 글자로 나타낸 기록'을 의미한다.

용어에 대한 문법학자와 문학자간 개념 차이는 양자간 '입장'의 차이에서 기인한다. 문법학자와 문학자는 모두 제 나라 말을 옹호하지만, 그들이 지향하는 바는 다르다. 문법학자가 말의 헌법을 만들려고 한다면, 문학자는 현실의 움직이는 산 말에 충실하려고 한다. 문학자가 주목하는 산 말이란 민중의 말을 널리 파내서 대담하게 풍부하게 살리는 것, 모든 종류의 새말을 서슴지 않고 받아들이는 것이다.[13)]

이태준은 신어(新語)를 비롯하여 현실의 움직이는 산 말에 충실한 작가이다. 이태준의 문장관은 문법의 범주와 다를 뿐 아니라, 전대 '문(文)'의 개념과도 다르다. 얼핏 이태준이 정의하는 문장은 전대 학문・문학・예술 따위를 무(武)와 구분한 '문(文)'의 개념과 유사해 보인다. 그러나 이태준은 제1강 '새로 있을 문장작법'을 소개하면서 '이미 있어온 문장작법'의 한계를 전고(典故), 과장(誇張), 대구(對句) 등으로 지적한다. 특히 개성을 몰각하고 제 글보다 전고(典故)에서 널리 남의 글을 잘 따다 채우는 문장작법의 한계를 지적한다. 그렇다면, 이태준이 지향하는 문장(文章)은 어떤 것인가. '새로 있을 문장작법'에서 그는 다음과 같은 글짓기를 제안한다. 첫째 '말'을 짓기로 해야 할 것, 둘째 '개인 본위'의 문장작법이어야 할 것, 셋째 '새로운 문장'을 위한 작법이어야 할 것. 이태준은 감정에 충실하고, 개인적인 것을 표현하며, 새로운 문장을 위한 작법을 제안한다. 이태준이 지향하는 새로

---

12) 예컨대 안확은 『朝鮮文法』(1923)에서 "單語의 秩序的 綜合"을 문(文), 또는 文章이라 한다. 그는 문(文)을 반드시 주어(主語)와 용어(用語)를 갖춘 집합(集合)으로 보고, 주어(主語)와 용어(用語)를 제1성분(第一成分)이라 하였다. "이 單語의 秩序的 綜合을 文, 또 文章이라 하나니라. 그런데 秩序的 集合이라 하는 것은 오직 文法에 併尊한 集合한 意만 안이오 一個의 思想을 完全히 表出한 單語의 集合을 指한 것이니라."(『朝鮮文法』 제3편 제1장) 권재선, 『간추린 국어학 발전사』, 우골탑, 2001, 486~487면 참조.

13) 김기림, 「문법(文法)과 문학(文學)의 싸움」, 『학풍』, 1949.7(『김기림전집』 4, 심설당, 1988, 210~212면 참조).

운 문장은 무엇보다도 '묘사'와 '감각'을 중시한다.

그는 "묘사와 문장력"을 다룬 장에서 "문장에 가장 힘을 줄 수 있는 것은 묘사"로 보고 염상섭의 소설 「표본실의 청개구리」, 강경애의 단편 「어둠」, 이선희의 「계산서」, 이상의 「기행문」, 최명익의 단편 「무성격자」의 일부를 인용한다. 아울러 그는 "감각과 문장미"를 다룬 장에서 "문장을 맛나게 하는 것은 허턱 미사여구"가 아니라 "날카로운 감각으로 대상에서 무엇이고 신(新)발견, 신(新)적발해 내"야 한다고 지적하고 정지용의 「愁誰語」와 「비」, 최명익의 소설 「역설(逆說)」, 이상의 수필 「권태」의 일부를 소개한다. 이태준이 강조하는 '문장력'은 뛰어난 '묘사'에서 오고, '문장미'는 '감각'이 돋보이는 문장에 기반을 둔 것이다. 그가 추구하는 '문장력'과 '문장미'는 예시문으로 인용한 소설과 시, 수필과 같은 문예물을 창작하기 위한 문예 문장의 기법에 해당한다. 이태준이 지향하는 문장(文章)은 문예 창작을 전제하고 있다. 이태준에게 문장은 언어 예술의 구축을 위한 형식적인 틀이다.

앞서 이광수도 문장(文章)에 주목한 바 있다. 이광수는 「文學과 文士와 文學」(『한글』, 1935.6~10)에서 글쓴이의 인격에 비추어 "기운찬 文章, 아름다운 文章, 점잖은 文章, 시언시언한 文章, 그 쥐가 그 꼬리를 문 文章, 다부진 文章과 헤벌어진 文章, 능글능글한 文章과 아담한 文章, 바라지고 야시꺼운 文章, 꼬집어 뜯는 文章" 등으로 문장을 분류한 바 있다.[14] 그는 문장의 개별 특성에 주목하기보다 문장을 쓰는 작가의 인격에 주목하여, 문장

14) 이광수, 「文學과 文士와 文章」, 『문장독본』, 홍인출판사, 1937, 31면. "文學과 文章은 몸과 魂과 같습니다. 文章이란 自體만으로 한 藝術이라고 믿습니다. 古來로 文豪라는 이들의 文章의 修練에 對한 故心慘憺은 보통 사람의 想像 以上입니다. 李白이가 쇠공이를 갈아서 바늘을 만들었다든지, 蘇東坡의 赤壁賦 草稿가 큰 광주리로 몇 개라든지 다 文章에 대한 苦心을 말하는 것입니다." "文章은 文學이라는 藝術의 修練에 人格의 修練이 아울러서 가장 큰 修練이 되는 것입니다."(30~31면)

과 인격을 결부시키고 있다. 1934년 김동인도 「小說의 文章과 內容」을 논하면서 "소설이라 하는 것이 문장예술인 이상 마치 회화의 색채와 같은 정도의 중요성을 갖"는다고 주목한 바 있지만 구체적인 문장 작법에 대한 언급은 없으며, 단지 "작품의 내용과 잘 조화되는 문장"15)이어야 한다고 지적한다.

이듬해 1935년 김동인은 「文章과 文學」에서 문장에 대한 의미 있는 물음을 제기한다. 그는 상인들이 문사(文士)에게 상회의 광고문을 지어달라고 부탁한 일화를 제시하면서 "어디까지가 문학이고 어디까지가 보통 문장이냐"하고 의문을 제기한다. 김동인은 "문장은 모두 문예일까. 한 개 일기장 · 광고문 · 견문기를 비롯하여, 소설, 시에 이르기까지 문으로 된 者는 모두가 문예일까. 그렇지 않으면 문학의 부문에 들 자를 따로이 구분하는 방정식이 있는가" 고심한다. 이어서 그는 "문학론이 수립된 현대 신문학"에 이르러 "현대에서 문사(文士)된" 이들은 "'문(文)'과 '문학(文學)'을 당연히 구별하여 취급할 의무와 권리를 가졌"16)으며 그 권리를 주장해야 한다고 힘주어 말한다. 김동인은 '문학(文學)'이 갖추어야 할 문장의 의의를 전대와 다른 신문학의 문예 문장(文章)에서 찾고 있다.

이광수와 김동인으로부터 한 걸음 나아가 이태준은 『문장강화』에서 "이미 있어 온 문장작법"과 구분하여 "새로 있을 문장작법"이라는 장을 설정하여, 현대에 들어선 문장의 의의를 지적하고 개성적인 글쓰기를 위해 문체 정립에 힘쓸 것을 제안한다. 현대의 '문장(文章)'은 전대의 고문(古文)과 달리

---

15) 김동인, 「小說學徒의 書齊에서—小說에 關한 管見 二, 三」, 『매일신보』, 1934.3.15~17 · 21~24(『김동인전집』 16, 조선일보사, 1988, 214면 재인용).

16) 김동인, 「文章과 文學」, 『매일신보』, 1935.5.29(위의 책, 236~237면에서 재인용).

'문예(文藝)'라고 하는 대중적인 양식은 물론 출판술을 통해 많은 사람들에게 빈번히 구사·유포되고 있으므로, 전대에 비해 훨씬 큰 역량을 지닌다. 그러므로 '글의 수식법(修飾法)'으로서 문장작법이 요구된다고 본다. 이태준이 염두에 둔 문장(文章)은 문법적인 범주의 문장(文章)도 아니며 전대의 문(文)에 해당하는 문장(文章)도 아니다. 이태준의 『문장강화』에서 문장은 문예 문장을 지향하며, 제8·9강에 이르면 문예 문장의 확립을 위해 문체론이 제기된다. 다음 장에서는 『문장강화』에 나타난 이태준의 문체 인식을 통해 그가 지향하는 문예 문장의 성격을 구체적으로 살펴보도록 하겠다.

3. 개인의 문체 정립과 소설의 언어

이태준의 『문장강화』는 한 편의 작품처럼 잘 짜인 귀납적 구성을 가지고 있다. 처음에는 말과 구분되는 글의 중요성을 강조하고, 중간에는 다양한 문종의 글에 주목하며, 끝에는 작가의 개성적인 문체 정립을 역설한다. 이태준에게 개성적인 문체는 개성적인 문장(글)의 실현을 의미한다. 제8·9강에서 강조하는 개성적인 문체의 정립은 소설가(작가)의 본분이며 소설의 언어가 나아가야 할 길이다. 이상태는 '한국 문체연구의 개관'에서 동시대 작가에 비해 이태준의 문체 감각을 높이 평가한다. 이태준은 문체에 대해 비교적 확실한 지식을 가지고 있으며 예문을 통해 작가의 문체를 분류한다.[17] 이태준의 문체론은 동시대는 물론 이후에도 영향을 미친다.[18]

---

17) 이상태, 「한국 문체연구의 개관」, 『문체의 이론과 해석－증보판』, 집문당, 1993, 25~29면 참조. 이상태는 이광수를 규범적인 문체관의 소유자로 명명하고, 김동인 역시 문체에 관심을 표명

이태준은 문체(文體)를 문장의 체재(體裁)로 정의하고, 문체의 발생을 다음과 같이 세 가지 차원에서 소개한다.

1. 독특한 언어, 문자와 국민성에서
2. 동일한 언어, 문자라도 시대가 다름에서
3. 동일한 언어, 문자에 동일한 시대라도 작자의 개성이 다름에서(289~291면)

이태준이 세 가지 차원에서 소개하는 문체는 조금씩 의미가 다르다. 첫 번째 항목에서 '문체'는 각국의 언어가 지닌 특수성을 의미한다. '독특한 언어, 문자' '국민성'이라는 어휘에서 짐작할 수 있듯이, 이때 '문체'는 크게는 동서양의 언어가 지닌 차이이며 작게는 동양에서 한글과 한문이 지닌 언어의 차이이다. 두 번째 항목에서 '문체'는 동일한 언어의 시대적 편차를 의미한다. 유길준의 『대한문전』(1909) 서문을 일예로 인용하고 있는데, 그것은 국한문혼용체이다. 동일한 국가의 언어 공동체일지라도 시대에 따라 언어의 사용이 다르다는 것이다. 세 번째 항목에서 '문체'는 동일한 언어 공동체 내, 특정 작가가 사용하는 개별 언어의 특성을 의미한다.

이태준이 명명하는 문체는 각 나라의 언어가 지닌 특수성에서 비롯하여 개별 작가가 사용하는 언어의 특수성에 이르기 까지 다양한 의미를 지니고 있지만,[19] 그 중 그가 강조하는 것은 개인의 문체이다. "과거에는 문체를

하긴 했으나 그가 주목한 것은 오히려 시점이었다고 한다.

18) 예컨대 조연현의 『문장교범』(정음사, 1962)에서 '文章과 文體'(39~48면)의 장은 이태준의 '문체의 발생', '문체의 종별'과 동일한 내용과 구성 그리고 동일한 예문을 취하고 있다. 다소 새로운 예문도 있지만, 문체의 발생과 종류에 대한 구성은 1940년대 이태준의 것과 동일하다.

19) 이상태는 문체를 형성시키는 요인으로 언어적 환경, 주제나 형식, 청자나 상황의 분위기, 작가의 품성 네 가지 요인을 들어 설명하고 있다(이상태, 앞의 책, 48~55면 참조).

시대가 가졌고 현대엔 문체를 개개인이 가졌"(290면)으므로, 개인은 내용 이외 표현에 있어서도 독자적인 문체 정립에 노력해야 한다는 것이다. 왜냐하면 "과거 시대에선 글 쓰는 사람이 수로도 적었고 잘 쓰는 사람을 그대로 모방하는 것으로 문장법을 삼아 한 시대와 시대 사이엔 문체가 따로 있되 개인 개인의 문체는 따로 없었"으나, "현대에 있어선 글쓰는 사람이 우선 수로 많아졌"으니 "작가 자신이나 독자나 다 개성적인 것을 강렬히 요구"(290면)하기에 이른 때문이다. 이태준은 문체의 종별로 간결(簡潔)·만연(蔓衍)·강건(剛健)·우유(優柔)·건조(乾燥)·화려(華麗) 등 6가지를 소개하고 소설과 수필, 기행문을 예문으로 제시한다. 이때 각종 문체의 선택 기준은 '자기의 개성'이다. 자기의 개성을 죽이면서까지 공리적인 문체만 따를 필요는 없으며, "자기 성미에 맞는 문체를 택해야만 자기에게만 있는 모든 것, 자기다운 모든 것을 표현하는 최선의 방법"(317면)이라고 본다.

이태준은 '문체 발견의 요점'이란 장을 설정하고 "문체란 사회적인 언어를 개인"(319면)이 쓰는 것으로서, '개인'을 강조한다. 위에서 제시한 세 번째 항목 '개인의 문체'는 작가로서 개성적인 창작 스타일에 해당한다. 이태준은 "제9강 문장의 고전과 현대"에서 문예가들에게 문장의 '현대성'을 촉구한다. 그는 '문장의 현대'를 추구해야 할 작가들에게 '언문일치의 문장'이 아니라 '언문일치 문장의 극복'을 위해 노력할 것을 당부한다. 춘원 이광수에 이르러 언문일치 문장이 완성되었다고 보지만, 그것이 곧 '현대 문장'은 아니라고 지적한다. 이태준은 '민중의 문장'과 '현대 문장'을 구분하고, 언문일치의 문장을 '민중의 문장'이되 '현대 문장'은 아니라고 본다. 그가 의미하는 '현대 문장'의 '현대성'은 '언문일치의 문장'을 모체로 하되, 그것을 초월한 것이다.

> 현대성을 착색하여 고민하는, 모든 신문장들이 이 언문일치 문장을 모체(母體)로 하고 각양각종으로 분화작용을 일으키는 것만은 사실이라 하겠다. 언문일치의 문장은 틀림없이 모체 문장, 기초 문장이다. 민중의 문장이다. 앞으로 어떤 새 문체가 나타나든, 다 이 밭에서 피는 꽃일 것이다. 거듭 말하거니와 언문일치의 문장은 민중의 문장이다. 개인의 문장, 즉 스타일은 아니다. 개성의 문장일 수는 없다. 언문일치 그대로는 이 앞으로는 **예술가의 문장**이기 어려울 것이다(345면, 강조는 필자).

> 언문일치는 실용정신이다. 일상의 생활이다. 연기(演技)는 아니다. 평범한 것이요, 피상적인 것이요, 개념적인 것이다. 일일이 예리하려, 심각하려, 고도의 효과로 비약하려 하지 못한다. **예술가의 문장**은 일상의 생활 기구(器具)는 아니다. 창조하는 도구다. **언어가 미치지 못하는 대상의 핵심을 집어내고야 말려는** 항시 교교불군(矯矯不群)하는 야심자(野心者)다. 어찌 언어의 부속물로, **생활의 기구**로 자안(自安)할 것인가!(347면, 강조는 필자)

"언문일치 문장은 영원히 광대한 권역(圈域)에서 민중과 더불어 생활한 것"(345면)이나, 이것은 예술가의 문장은 아니다. 언문일치의 문장은 실용정신에서 나온 일상의 언어로서 평범하고 피상적이며 개념적인 것이다. 이태준은 '언문일치의 문장'과 '예술가의 문장'을 구분한다. 언문일치의 문장이 민중의 생활과 더불어 생겨난 것이지만, 현대의 작가들은 민중의 문장을 극복함으로서 예술가의 문장을 창출해 낼 수 있어야 한다. 이태준은 동시대 문인중 자기 문장을 개척하려는 사례를 다음과 같이 제시한다. 이상은 감각편으로, 정지용은 내간체(內簡體)에 대한 향수를 못 이기어 신고전적으로, 박태원은 어투를 달리하여,[20] 이효석 · 김기림은 모더니즘 편으로. 그럼에도 조선에 있어서 "개인 문장, 예술 문장의 화원(花園)"(346면)은 아직 도래하지 않았다고 본다. 이때 문장을 개척하는 '개인'은 두 말할 나위 없이 '예술가의 문장'을 추구하는 작가에 해당한다. 이태준은 『문장강화』의 서두에서 '현대'라는 시대의 추이에 주목하고, 그에 걸맞는 문장이 만들어져야 함을 강조한 바 있다.

이태준에게 있어서 현대성을 실현하는 문장은 말과 글이 일치하는 문장이 아니라, 말을 능가하는 글을 창출해내는 문장이다. '말을 그대로 적은 것'으로서 '언어의 녹음(錄音)'이 아니라, 문장이기 때문에 '문장 자체의 형태'가 필요하다고 본다. 그는 "말을 뽑아내어도 문장이기 때문에 맛있는, 아름다운, 매력 있는 무슨 요소가 남아야 문장으로서의 본질, 문장으로서의 생명, 문장으로서의 발달"(346~347면)이라 보고, 이러한 문장력과 문장미를 현대(그리고 장래) 문장의 이상으로 삼는다. 이태준은 『문장강화』의 말미에서 누구나 언문일치의 문장을 거쳐야 하겠지만, 문예가가 되려면 언문일치의 문장을 완전히 소화하고 극복해야 한다고 제언한다. 이태준은 '언어'를 "의식주보다 민중 전체가 평등하게 가지는 최대의 문화물"(94면)로 여기지만, 당대를 대표하는 문필가의 견지에 볼 때 '언문일치'의 문장은 극복의 대상이었다. 적어도, '예술가의 문장'은 일상의 생활 기구(器具)를 넘어서 '창조하는 도구'가 되어야 했다. 예술가는 일상의 언어가 미치지 못하는 대상의 핵심을 집어내어야 했다. 이태준에게 있어서 언어는 일상적인 의사소통의

20) 박태원은 "문체에 관하여"에서 문학 작품은 "일정한 의미를 전달할 뿐에 그쳐서는 안"되며, "내용"은 "이지적"이되 "음향"으로는 "감각적"이어야 "비로소 언어는, 문장은, 한 개의 문체를—즉, '스타일'을 가졌다"고 본다(박태원, 「표현 · 묘사 · 기교」, 『조선중앙일보』, 1934.12.17~31). 이태준은 박태원 소설에 나타난 감각적 음향을 '어투'로 본다.

도구가 아니라 언어 예술 구현의 도구였다. 이태준은 『문장강화』의 제2강 '문장과 언어의 제문제'에서 다양한 언어의 특성과 구사법을 소개하면서 자신의 소설 창작방법을 직·간접적으로 시사한다. 제2강에서 제기하는 언어의 제 형태는 이태준 소설의 문체를 반영하고 있으므로, 주목을 요한다.

4. 소설 창작방법으로서 이태준의 문체

1) 담화(談話)를 통한 인물의 성격 창조

제2강 '문장과 언어의 제문제'는 문예 문장의 표현방법을 구체적으로 제시한다. '신어(新語)', '방언', '표준어', '담화', '의음어', '의태어' 등으로 구분된 다양한 항목에는 창작방법으로서 소설의 언어가 지향하는 바가 나타나 있다.[21] 이 중 가장 많은 지면이 할애된 부분은 '담화'이다. 이태준은 글쓰기에서 '담화'가 차지하는 비중을 높이 사고 그 효과를 강조한다. 이태준은 작중 화자와 인물의 언어를 구분한다. "자기(작중화자-필자)가 쓰는 문장"과 "나오는 사람이 지껄이는 담화"(46면)를 구분한다. 그에 의하면, 작가의 시선과 목소리가 반영된 작중 화자의 언어는 '지문'이며 작중 인물의 언어는 '담화'이다. 소설 창작에 있어서 이태준은 작중 인물의 담화를 통해 사건의 전개는 물론 인물의 성격을 창조하고, 자신의 의도를 간접적으로 시사한다.

21) 제2강의 내용을 간략하게 소개하면 다음과 같다. ① 신생활에 맞추어 '신어(新語)'를 적절히 구사할 줄 알기. ② 표준어를 구사하되, 글의 상황에 맞추어 방언을 적절히 구사할 줄 알기. ③ 문장과 구별하여 '담화(대화)'를 적절히 구사할 것. ④ 의음어·의태어를 적절히 구사하기. ⑤ 글의 성격에 맞추어 한자어도 절절히 구사할 것. ⑥ 경어와 평어를 구분하고, 글의 성격에 맞추어 사용할 줄 알기.

작중 인물의 '담화'는 간접적 성격화 방식의 일환으로서[22] 인물의 성격 묘사에 매우 효과적이다. "성격적인 것이란 개인과 개인이 다르다고 널리 보아 버릴 것이 아니라 좀 더 구체적이게 성별로 남녀가 다르고, 또 같은 남성, 같은 여성끼리도 신분과 교양 따라 다르고, 또 동일인이라도 연령 따라 다른 점에 착안할 필요가 있"(55면)다. 이태준은 담화의 의의를 다음과 같이 강조한다. "담화는 내용을 표시하는 뜻만이 아니라 인물의 풍모까지 간접으로 나타내는 음영(陰影)이 있"(51면)다. 담화는 "인물의 의지와 감정과 성격의 실면모를 드러"(51면) 낼 수 있다. "담화는 그 글을 쓰는 사람의 것이 아니라 그 글 속에 나오는 인물의 것"(41면)이며, "인물의 성격과 심리를 독자에게 단정시키는 귀중한 증거품"(42면)이다. 그러므로 "글 쓰는 사람이 문장은 제 문체대로 쓸 수 있으나 말은 자기 것이 아니라 그 인물의 것을 찾아 놓는 데 충실"(48면)해야 한다.

이태준은 그의 소설에서 인물의 성격을 창조하기 위해 '담화' 양식을 자주 사용한다. 작품집 『달밤』(한성도서, 1934.7)에서 단편 「달밤」은 작중 인물의 개성이 잘 표현되어 있다. 작중 화자는 성북동에 새로 이사온 이선생이다. 일견 신변소설을 연상하게 하는 이 작품에서 이선생은 작가 이태준으로 보아도 무방하다. 작중 화자는 '선생'이란 칭호를 받으며, 매일매일 배달되는 신문을 읽을 수 있는 지식인이다. 반면, 화자가 주목하는 인물 황수건은 순박하지만 좀 모자란 인물이다. 이 작품은 황수건에게 초점이 맞추어져 있으며, 그의 성격은 '담화'를 통해 구현된다. 황수건의 '앞뒤를 가리

22) 이익성은 성격화 방식을 '직접적 성격화'와 '간접적 성격화'로 나누고, 이태준 소설의 성격화 방식을 '등장인물의 특징적 요소로서의 행위 · 언행 · 육체적 외양 등의 구체적 성격 표지를 제시함으로써 그 등장인물의 성격을 암시적으로 드러내 보이는' '간접적 성격화 방식'으로 본다(이익성, 「이태준 소설의 구조와 기법」, 『한국현대소설비평론』, 태학사, 2002, 90면 참조).

지 않는 말', '어눌한 말씨', '유창하지 않은 일본어'는 아둔하지만 순박한 성품을 보여준다. 황수건은 원배달원이 아니라 보조 신문배달원으로 일하고 있으며, 마을 사람들에게는 반편(半偏) 모자라는 인물로 통한다. 화자인 이선생은 황수건과 관계된 에피소드를 소개하면서 '담화'의 형식을 취한다. 황수건의 목소리가 두드러진 아래의 담화에 주목해 보자.

①"그런뎁쇼, 왜 이렇게 죄꼬만 집을 사구 와겝쇼. 아, 내가 알었더면 이 아래 큰 집도 많은 걸입쇼—"

"그렇소? 아무튼 집 찾노라고 수고했소."[23]

②"센세이 히, 오하요 고사이마쓰까 —— 히히 아메가 후리마쓰. 유끼가 후리마쓰까 히히—"(「달밤」, 261면)

①의 인용문은 이선생이 처음 성북동으로 이사왔을 때 황수건이 신문배달 와서 건넨 말이다. 이선생은 초면인 황수건에게 '죄꼬만 집'이란 말을 들으며 내심 당황한다. 이처럼 앞뒤를 가리지 않는 반편이지만, 보조배달원 황수건은 신문사 사장이 아니라 원배달원을 소원하는 순박함도 가지고 있다. 그러나 얼마 지나지 않아 황수건은 원배달원은커녕 신문배달 '보조'의 자리마저 잃고 만다. 인용문 ②는 그가 한때 학교의 급사 일을 보았을 무렵의 에피소드를 보여준다. 학무국에서 시학관이 학교를 방문했는데, 황수건은 그를 알아보기는커녕 그를 상대로 일본말을 연습한다. 하학종을 치는 것도 잊은 채, 어눌한 발음으로 했던 말을 거듭거듭 반복하면서 시학관

23) 이태준, 「달밤」, 『달밤』, 깊은샘, 256면. 이하 작품 인용은 인용문 말미에 작품명과 페이지 수만 명기.

을 질리게 만든다. 이러한 일이 여러 차례 있은 후, 그는 학교 급사 자리를 잃는다.

이 작품에서 작중 인물 황수건의 담화는 그의 모자란듯하지만 순박하고 천진한 모습을 보여주는데 성공하고 있다. 이태준은 '의음어, 의태어'를 적절히 구사할 수 있어야 한다고 지적한 바 있다. "풍성구폐(風聲狗吠) 무슨 소리든 소리를 그대로 따라내는 의음어(擬音語)와 풍수주금(風水走禽) 무슨 동태(動態)이든 동태 그대로를 모의(模擬)하는 말이 많은 것은 언어로서 풍부는 물론, 곧 문장으로서, 표현으로서 풍부일 수 있다"(70면)고 지적한 바 있거니와, 소설에서 '담화'는 인물의 성격을 표현하기 위한 각 인물의 '의음어' 표현법으로 인물의 개성 창출에 기여한다. 이태준의 소설에서 '담화'의 형식은 중요한 기능을 수행해 낸다. 작중화자의 언어와 작중 인물의 언어를 구분하는 것 외, 작중 화자의 시각과 작중 인물의 성격을 구현해 내기 때문이다. 특히 표준어를 구사하는 작중 화자와 달리 작중 인물이 방언을 구사할 경우, '담화'는 표준어를 표준으로 만들어주는 동시에 방언을 표준어와 구분하면서 제 언어를 구사하는 각각의 인물에게 그에 걸맞는 지위와 성격을 부여한다. 작중 화자가 구사하는 표준어는 말의 표준은 물론 말하는 사람의 지위와 시각에 표준적인 모럴을 부여하는 반면, 담화를 통해 지역말(방언)을 구사하는 작중 인물에게는 그가 살고 있는 지역의 특수성과 인물의 특성까지 반영한다.

이태준은 '인물의 말'을 찾아주는 담화술의 요령을 다음과 같이 제시한다. 첫째 하나밖에 없는 말을 찾을 것. 그 사람의 체취, 성미(性味)의 냄새, 그 사람의 때가 묻은 말을 찾아야 하는데 그런 말은 결국 하나이다. 둘째, 어감있게 써야 할 것이다. 담화는 귀에 읽혀질 소리로 써야함으로 어감이 나와야 한다. 셋째, 성격적이게. 인물의 풍모를 드러내는 담화는 의지적 · 감정적으로 드러낼 필요가 있다. 남녀의 성별 및 개개인의 교양 · 신분 · 연령에 따라 인물의 성격은 다르다. 넷째, 암시와 함축성이 있게. 함축있는 말 한마디가 작품을 중량감 있게 만들 수 있기 때문이다. 소설 창작에 있어서 '담화'는 인물의 성격을 창조할 뿐 아니라 작품의 입체성을 살릴 수 있는 방법이다. "말을 하면 받는 사람이 있으니 대립감이 나오고 문장은 평면인데 어감은 입체적인 것이니 전문(全文)의 문태(文態)가 조각적(彫刻的)이요 동적일 수 있다."(46면) 담화는 작중 인물의 성격 창조뿐 아니라 작품의 구성에도 입체감을 부여함을 알 수 있다. 담화는 작중 인물의 목소리를 의음 그대로 따온다는 점에서, 방언과도 깊은 관계가 있다. 작중 인물 중에서 지역말을 쓸 경우, 그 인물의 담화는 방언으로 구사된다. 작중 인물이 구사하는 방언은 반드시 담화의 형식으로 나타난다. 다음 장에서는 작중 인물의 언어로 구사되는 방언에 주목해 보도록 하겠다.

2) 표준어와 방언, 화자의 언어와 인물의 언어

이태준은 "작가 자신이 쓰는 말, 지문(地文)은 절대로 표준어일 것이나 표현하는 방법으로 인용하는 것은 어느 지방의 사투리든 상관할 바 아니다"(37면)라고 한다. 이태준 소설에서 작중 화자는 '표준어'를 구사하는 반면, 화자가 주목하는 작중 인물(관찰대상)은 주로 '방언'을 구사한다. 물론 작중에서 표준어를 구사하는 지식인 인물도 있다. 지식인이 구사하는 표준어는 인물의 말과 됨됨이에 기품을 실어주고 의연함을 부여한다. 다만, 이 글에서는 '방언'을 구사하는 작중 인물의 방언에 주목해 보고자 한다.

소설에서 방언은 '담화'의 형식으로 표출된다. 작중 인물의 개성을 드러내기 위해 각 인물의 '담화'에는 그 인물의 고향과 출신을 알리는 '방언'이 쓰이고 있다. 표준어와 달리, '방언'은 이태준의 소설에서 순박하고 선량한 인물의 성격 창조에 기여한다. 이태준은 '그 사람이 어디 사람이란 것', '그 곳이 어디란 것'을 효과적으로 표현하기 위해, 그들의 발음을 그대로 의음(擬音)한다. "어느 지방에나 방언이 존재하는 한, 또 그 지방 인물이나 풍정(風情)을 기록하는 한, 의음(擬音)의 효과로서 문장은 방언을 묘사"(37~38면)해야 한다는 지적대로, 이태준의 소설에서 작중 인물은 방언을 통해 자신이 소속한 지방의 특수성은 물론 작가가 구현하려는 주제를 간접적으로 표출한다. 마찬가지로 '표준어' 역시 작중 화자가 구사하든 작중 인물이 구사하든, 특정한 성격을 반영하는 방언과 달리 표준적인 지위와 모럴을 부여해 준다는 점에서 소설에서 중요한 기능을 수행하고 있다.

이태준의 작품집 『달밤』(한성도서, 1934.7)은 조선어학회 측에서 좋은 글의 모범으로 소개하고 있거니와 조선어학회가 공표한 조선어맞춤법을 잘 구헌해 내고 있다. 그의 작품집에는 '표준어'와 '방언'이 구분되어 나타나는데, 작중 화자가 표준어에 충실한 반면 작중 인물은 주로 방언에 충실하다. 작중에서 방언은 반드시 '담화'의 형태로 구사된다. 『문장강화』에서 이태준은 표준어의 필요성을 다음과 같이 제기한 바 있다. "첫째, 널리 읽히자니 어느 도 사람에게나 쉬운 말인, 표준어로 써야겠고, 둘째, 같은 값이면 품 있는 문장을 써야겠으니 품있는 말인, 표준어로 써야겠고, 셋째, 언문(言文)의 통일이란 큰 문화적 의의에서 표준어로 써야 할 의무가 문필인에게 있다."(36면)[24] 이태준은 교통과 문명의 집산지로서 경성을 인지할 뿐 아니

24) 조선어학회에서 맞춤법통일안을 제시한 후, 『한글』지에는 다양한 계층과 직종의 사람들이 통

라 언어의 파급력과 영향력에 대해서도 주목한 결과, 경성 말을 표준어로 삼아야 한다고 주장한다.[25] 방언은 '사투리' '한 지방에만 쓰는 특색 있는 말'(35면)이면서, 표준어에 비해 '보편성'과 '품위'가 떨어진다고 본다. 그는 "조선어학회에서 표준어를 사정(查定)할 때 경성 말을 본위로 하되 중류 이하 소위 '아래대말'은 방언과 마찬가지로 처리"(36면)했는데, 그 이유는 아래대말이 '보편성'과 '품위'가 없기 때문이라 한다.

이태준의 「패강랭」(『삼천리문학』, 1938.11)은 전반부의 평양 풍경에 대한 묘사를 제외하고, 작중 사건은 시종일관 담화 형식으로 나타난다. 무엇보다도 이 작품은 표준어와 방언, 그리고 일본어가 다양하게 구사되고 있으며 언어의 상징성이 두드러진다. 이 작품은 평양을 배경으로 하여 경성에서 올라온 작가 현, 평양의 조선어 교사 박, 평양의 부회 의원이자 실업가인 김, 그리고 평양의 기생이 등장한다. 소설가 현은 박의 절박한 편지(조선어와 한자 강의 시간이 점차 없어져 자신이 설 자리가 없어진다)를 받고 평양에 찾아왔다. 조선어로 소설을 쓰는 현의 입장이나 조선어를 가르치는 박의 입장

일한 철자법을 따라야 한다는 주장을 싣는다. 예컨대 주요섭은 "글을 쓰는 사람이 선봉대가 되어 통일안대로 쓰도록 노력해서 앞으로 조선서 나오는 간행물은 그 무엇이든지 모두 통일한 철자법을 좇도록"해야 한다고 주장한다(주요섭, 「비판과 토의는 자유 우리는 이것을 좇자」, 『한글』, 50면). 이극로는 당시 표준어에 대한 의의를 다음과 같이 적확하게 지적하고 있어 주목할 만하다. "현대 문명이 모든 것이 다 표준화한다. 철도 궤도(軌道)의 폭은 세계적으로 공통화하였으며 작은 쇠못으로부터 큰 기계에 이르기까지 어느 것이나 대소의 호수(號數)가 있어 국제적으로 공통된 표준이 없는 것이 없다. 무엇이나 공동생활에는 공통적 표준이 있어야 될 것은 두 말할 필요가 없거니와 더욱이 한 민족사회 안에서 생각을 서로 통하는 언어에 있어야 통일된 표준이 없지 못할 것은 환한 일이다"(이극로, 「標準語 發表에 際하여」, 『한글』 4권 11호, 1936.12.1, 13면).

25) 이태준에 의하면 경성말은 다음과 같은 장점을 가지고 있다. ① 경성은 문화의 중심지일 뿐 아니라 '지리'로도 중앙이다. 동서남북 사람이 다 모이고 흩어지기 때문에, 경성 말은 동서남북 말의 영향을 혼자 받기도 하고 또 혼자 동서남북 말에 영향을 주기도 한다. ②'인구'가 한 곳에 가장 많기가 경성이니까 말이 가장 많이 지껄여지는 데가 경성이다. 그 결과 말이 어디보다 세련되는 처소다. ③ 제반 '문물의 발원지며 집산지'이기 때문에 어휘가 풍부하다. ④ 계급의 층하가 많고 유한(有閑)한 사람들의 사교가 많은 데라 말의 품(品)이 있다.

이나 다를 바 없다. 평양의 요릿집에서 소설가 현과 조선어 교사 박 그리고 부회 의원 김은 기생과 더불어 술잔을 기울인다. 이들의 언어는 다음과 같이 네 가지 형태로 구분할 수 있다.[26)]

①“어서 잔이나 드시라우요.” (107면, 기생－평양 방언)

②“히도오 바가니 수르나 고노야로－” (110면, 부회 의원－일본어)

③ “각하－안－산－진 수궁처――임－정－가고옥－역난위를 ――” (112면, 소설가－신채호의 시)

④“이상견빙지(履霜堅冰至)” (115면, 소설가－주역)

이 작품에서 ‘언어’는 인물의 성격 창조는 물론, 사건의 추이와 주제를 암시한다. ①은 평양 기생이 그 지방의 방언으로 잔을 권하는 대목이다. 소설가 현은 평양 요릿집 퇴기를 통해 평양 방언을 듣지만, 퇴기의 운명처럼 평양 방언 역시 사멸될 처지에 있으므로 비애를 느낀다. 작중에서 평양 방언의 사멸은 조선어 교사 박이 조선어 시간을 잃는 것과 동일하게 나타난다. 조선어 시간을 잃는 것은 그가 이 땅에 설 자리를 잃는 것과 동일한 의미를 내포한다. ②는 평양의 부회 의원 김의 말이다. 소설가 현이 평양의 전통이 없어지는 것을 분개하자 부회 의원 김은 일본어로 역정을 낸다. 식민지 현실의 변화에 민감하게 대처하지 못하는 소설가와 조선어 선생에 대한 멸시를 일본어로 표출한다.

③은 퇴기 영월이의 가사에 응수하는 소설가 현의 시이다. 자신의 착잡한 내면을 “산도 막히고 물이 끝난 곳에 다다라 문득 한탄하노니, 마음 놓고

26) 이태준, 「패강랭」, 『돌다리』, 깊은샘, 1995. 이하 작품 인용은 인용문 말미에 페이지 수만 명기.

노래하고 울부짖고 싶어도 그나마 되지 않는 구나(却恨山盡水宮處 任情歌哭亦難爲)"라는 신채호의 시를 빌어 표현하고 있다. ④는 이 작품의 말미에서 소설가 현과 부회 의원 박 사이에 술잔이 던져지고 깨진 뒤, 자리를 박차고 나간 소설가 현의 독백이다. 서리를 밟거든 그 뒤에 얼음을 올 것을 각오하라(履霜堅冰至)는 말을 떠올리며, 현은 술이 확 깨는 찬 기운을 느낀다. 인용문의 다양한 언어가 시사하듯, 이 작품은 내용보다 인물이 구사하는 언어의 제 양태가 작가의 의도를 충실히 드러낸다.

이 작품에서 작중 화자는 표준어(경성말)를 구사하고 있지만, 작중 인물들은 경성말을 비롯하여 방언 · 일본어 · 한시(주역)을 구사하면서 인물의 성격과 사건의 추이를 시사한다. 평양 방언의 소멸은 단순히 지역 언어만이 아니라 지역의 풍습과 문화의 소멸을 동반한다. 평양 기생은 장구를 치고 가사를 읊기보다 재즈와 댄스에 익숙해진다. 평양의 부회 의원은 자신의 심중을 말할 때 조선어가 아니라 일본어를 구사한다. 반면 소설가 현은 한시를 읊고 주역을 읊조린다. 인용된 한시와 주역의 의미도 중요하겠지만 한시와 주역이 전대의 전통문화를 대변하는 언어 양식이라는 사실을 고려할 때, 그것은 앞서 평양 방언과 더불어 전통문화 해체 위기에 대한 저항 담론이다. 이때 평양 방언은 특정 지역의 방언에 그치는 것이 아니라 전통문화 담론을 대표한다. 작중 평양 방언은 사멸해 가는 당대 조선의 언어(조선어)이며, 위세를 떨치는 일본어로 말미암아 한시와 주역과 같은 유구한 전통문화의 범주로 격상된 것이다.

이 작품에서 부회 의원이 구사하는 일본어는 앞서 발표된 「달밤」(『중앙』, 1933.11)에서 황수건이 구사하던 일본어와는 그 성격이 다르다. 황수건이 구사하는 어눌한 일본어는 그의 어눌한 말투와 더불어 인물의 어눌한 성격을 보여주기 위해 차용된 것일 뿐이다. 작중 화자가 구사하는 표준어를 제외하고, 작중 인물 황수건이 구사하는 일본어는 그의 어눌한 말투와 더불어 공히 성격 묘사의 방편에 그치고 있다. 이선생이 구사하는 표준어와 대조적으로, 황수건이 구사하는 '일본어'는 그가 쓰는 아래대 말과 더불어 '보편성'과 '품위'가 없는 '방언'의 위치에 머무르고 있다. 반면 「패강랭」(1938)에 이르면 '표준어'와 '방언'이 아니라, '조선어'와 '일본어'가 구분되어 나타난다. 소설가 현과 조선어(한자)선생 박, 그리고 실업가 김 양자 간에는 조선어와 일본어가 좌충우돌하고, 평양 방언과 한자(시 · 주역)가 일본어에 맞서고 있다.

이태준은 소설에서 방언과 담화를 효과적으로 활용함으로서 인물 창조는 물론 주제를 효과적으로 구현해 낸다. 아울러 1930년대 초반과 1930년대 후반간 식민지 시대의 격변은 이태준 소설의 언어에도 영향을 미치고 있음을 알 수 있다. 1930년대 초반의 작품에 비해 1930년대 후반의 작품에 나타난 언어는 언어 내셔널리즘의 성격을 강하게 띠고 있다.[27] 전자의 시기 소설의 언어가 인물의 성격 창조를 비롯 문학적 형상화에 이바지하고 있다면, 후자의 시기 소설의 언어는 저항담론의 형태를 띠고 있다.

3) 신어(新語)의 수용과 언어를 통한 현실 조명

이태준은 '언어'를 '생활품'과 동일시한다. 일상의 잡화나 마찬가지로 생활에 필요한 언어는 생기기도 하고 변하기도 하며 없어지기도 한다. 근대

---

27) 이태준 소설에 나타난 언어 내셔널리즘에 관해서는 제2부의 「이태준의 근대소설에 반영된 식민지 어문정책과 민족어의 성격」을 참조하기 바람.

에 발생한 새로운 생활은 그것을 담아내는 새로운 언어를 요구한다. 문학가로서 이태준은 '언어'와 '생활'간의 밀접한 관계를 직시하며 '신생활'을 반영하는 '신어' 수용에 적극적이다.

> 언어는 어떤 언어나 고요한 자리에 놓고 위하기만 하는 미술품은 아니다. 일용 잡화와 마찬가지의 생활품으로 존재한다. 눈만 뜨면 불을 쓰듯, 물이나 비누를 쓰듯, 아니 그보다 더 절박하게 먼저 사용되는 것이 언어라 하겠다. 언어는 철두철미 생활품이다. 그러므로 잡화나 마찬가지로 생활에 필요한 대로 언어는 생기고 변하고 없어지고 한다.[28)]

"새 말을 만들고, 새 말을 쓰는 것은 유행이 아니라 유행 이상 엄숙하게, 생활에 필요하니까 나타나는 사실"(31면)이다. "신어(新語)나 외래어를 쓰는 것은 쓰고 싶어서기 전에, 신어, 외래어의 생활부터가 생기니까 안 쓸 수 없"(81면)다. "현대에 있어 남녀를 물론하고 전래(傳來)의 복장만으로는 실제에 불편하다. 양장을 하고 싶어 하는 사람도 많겠지만 대체로는 시대와 생활에 순응"(81면)한다. "생활은 자꾸 새로워지고 있"음에 비해 "말은 자꾸 낡아"져서 "헌 것"이 되거나 "부족"해 지지 않도록, 이태준은 신(新)생활을 담아내는 외래어 · 한자어도 수용해야 한다고 본다. "한자어든 영자어(英字語)든 괘념할 필요가 없다. 그 단어가 들지 않고는 자연스럽고 적확(的確)한 표현이 불가능할 경우엔 그 말들은 이미 여깃말로 여겨 안심하고" 써야 한다.[29)] 신어와 외래어가 아니고는 표현할 수 없는 내용에서는 반드시 '신어'

28) 이태준, 『문장강화』, 깊은샘, 1997, 29면(박문서관, 1948).
29) 반면, 해방후에 발표된 「산업문화에서의 창씨개명문제」(『우리공론』, 1945.12)에 이르면 '신어

와 '외래어'를 써야한다. 가령 '여행'이라는 내용에는 이에 해당하는 다양한 외래어들(튜어 · 호텔 등)이 조화되어 여행 기분을 돋우게 된다. 이태준은 동시대 생활의 추이에 주목하고 이를 반영할 수 있는 신어(新語)를 적극 모색한다. 이러한 적극적인 언어관은 그의 소설에서 신생활을 반영하는 신(新)소재의 선택으로 나타난다.

이태준의 「백과전서」(『신소설』, 1930.1)는 '백과전서'라는 표제도 새롭지만, 이 작품에 등장하는 새로운 소제는 '신여성'이다. 타지에서 공부하는 아들은 '신여성'에 대한 막연한 동경으로 조강지처에게 사랑을 느끼지 못한다. 필시, 이 사실을 알아 챈 아버지가 멀리 있는 아들에게 '신여성'과 혼인을 주선해 주겠다는 편지를 보낸다. 아들은 그 편지를 거듭 읽어보고, 흡족한 마음으로 고향 집으로 온다. 아버지는 아들의 손목을 잡아끌며 다음과 같이 말한다. "신여성! 훙, 네가 나만큼 신여성을 찾을 줄 알겠니. 저기 문갑 위에 것은 **백과전서**(百科全書) **한 질**이다. 신여성이 벨 게 아닐라. 학식 학식 하니 대학을 졸업해 보렴, 백과전서만큼 아는 여자가 어디 있나! 또 음악? 그렇지 알베 열두 섬 팔았다. 저 **유성기 한 틀** 사놓기에— "[30] 이에 아들은 신여성에 대한 환멸을 느끼고 아내의 아름다운 모습을 새롭게 확인한다. 이 작품에서 아버지는 '신여성'을 '백과전서 한질', '유성기 한 틀'과 동일시한다. 아버지가 '신여성'을 학식 있고 음악에 조예 있는 여성이라 여

(新語)'에 대한 이태준의 의식이 다소 급박하게 변한다. 그는 종래에 쓰던 '외래어(外來語)'라는 용어 대신 '외어(外語)'라는 단어를 사용하여, '외어를 즐기는 풍습'을 엄격히 경계한다. "한두 가지씩 외어를 즐기는 풍습은 우리에게 있어서도 그런, 나중에는 도저히 수습할 수 없는 산업문화의 창씨개명 시대가 오지 않으리라고 누가 단언할 것인가?"(『무서록』, 304면 참조) 우리말에 대한 강박관념은 '외래어'를 외어(外語), '남의 말'로 배척하게 만든다.

30) 이태준, 「백과전서」, 『달밤』, 깊은샘, 1995, 87면. 이하 작품 인용은 인용문 말미에 작품명과 페이지 수만 표기. 강조는 필자.

기는 반면, 아들은 "확실한 체험"없이 "공상"(「백과전서」, 87면)만으로 화려한 이미지를 갖는다. 이 작품에서 이태준은 '신여성'에 대한 아버지와 아들간 인식의 낙차를 보여줄 뿐 아니라, 당대 새롭게 만들어진 신어(新語)가 일반 민중에게 불러일으키는 다양한 의미의 파장을 그들의 삶 속에서 조명하고 있다.[31)]

소설가로서 이태준은 동시대 만들어진 신어(新語)를 작품에 적극 수용하되, 대중적인 의미 외 작가의 비판적 시각을 덧붙인다. 그는 소설에 신어(新語)를 적극 반영하되, 작가의 시선에서 새롭게 포착된 의미를 바탕으로 유입된 신어(新語)를 재해석한다. 이태준 소설의 소재로서 신어(新語)는 '동시대'를 반영함과 동시에 '동시대에 대한 작가의 비판적 시각'을 반영한다. 이러한 사실은 비단 신어(新語)에 국한되지 않는다. 그의 작품에서 '돌다리', '달밤', '바다', '까마귀', '철로', '복덕방' 등 소설의 간결한 표제어는 동시대 일상어로서 일상적인 모습을 보여주는데 그치지 않고, 동시대에 대한 작가의 비판적인 시선을 반영한다. 훌륭한 문장가란 모두 말의 채집가가 되고 말의 개조 · 제조가가 되어야 한다는 그의 주장대로, 이태준은 그의 소설에서 동시대의 말을 채집하고 그 말을 새롭게 재구하여 비판적으로 조명한다. 리얼리즘 소설이 아닌 순수 소설임에도 그의 소설이 동시대 현실을 적극 반영할 수 있었던 것도, 말의 채집가이자 개조 · 제조자로서 이태준의 투철한 언어감각이 전제해 있었기 때문이다.

---

31) 야나부 아키라는 근대라는 특정 시기에 생성된 신어(新語)의 특징을 다음과 같이 지적하고 있다. 그것은 '긍정적 가치'를 지니고 있으며, 또한 의미 내용은 '추상적'이다. 번역어는 선진문명을 배후로 갖는 상등(上等)의 바다 건너에서 온 말이며, 같은 의미의 일상어와 대비해 볼 때 더 상등이고 더 고급이라는 막연한 어감이 있다. 그러나 그 의미가 당대 지식으로 바뀌었을 때, '구체적인 현실의 용례'가 없으므로, 알기 힘들고 추상적이다(야나부 아키라, 서혜영 역, 『번역어성립사정』, 일빛, 2003, 31~32면).

이태준은 '일체의 용어와 문장'의 사용에 있어서 "글을 쓰는 사람은 전래어든, 신어든, 외래어든, 그 오늘 아침부터라도 이미 존재해진 모든 언어들에 만족해서는 안"되며 "끊임없는 새 언어의 탐구자"(94면)가 되어야 한다고 당부하면서 다음과 같은 세 가지 방법을 제안한다. 첫째 유일어를 찾을 것―일물일어설(一物一語說)에 기초하여, 명사든 동사든 형용사든 오직 한 가지 말, 유일한 말, 다시 없는 말, 그 뜻에 가장 적합한 말을 쓸 수 있어야 한다. 둘째 말을 많이 알아야 할 것―유일어가 여럿에서 하나를 골라낸 것인 만큼, 먼저 말을 많이 알아야 할 것이다. 그러므로 말 공부를 해야한다. 학문어와 술어 외, 일상생활에서 쓰이는 속어(俗語) 일체를 통효(通曉)해야 한다. 듣는 것과 읽는 것, 만드는 것, 세 가지를 동원해야 한다. 셋째 자기의 발견과 가공으로―남이 발견한 것보다 될 수 있는 대로 자신이 새롭게 발견한 글을 써야 한다. 이태준은 『문장강화』에서 독자들에게 독창적이고 개성적인 언어를 창출해 낼 수 있도록 언어의 탐구자가 되기를 당부한다. 이러한 사실은 『문장강화』가 일상적인 언어를 구사하는 방법을 보여주는 것이 아니라 언어 예술로서 문예(소설) 창작의 방법을 제시하고 있음은 시사한다.

5. 결론

이 글에서는 이태준의 『문장강화』에 나타난 소설의 수사학을 살펴봄으로써, 『문장강화』가 작문 지침서라기보다 문학(소설) 창작 지침서의 성격을 갖추고 있음을 확인해 보았다. 이태준의 『문장강화』에는 다양한 문예 문장에 대한 이해와 문예 문장의 작법은 제시되어 있는데 비해, 이해와 설득을 위한 문장(설명문 · 논증문 등) 작법은 없다. 『문장강화』에서 이태준이 명명하는 문장은 글, 창작을 염두에 둔 문예 문장이다. 비록 이태준이 책의 서두에서 문예 문장을 명시하지 않았다 하더라도, 창작 방법을 제시한 다양한 항목과 책의 구성은 이러한 사실을 반증하고도 남는다. 그는 문장을 '운문과 산문'으로 나누고 있으며, 책의 서두에 나타난 '개성적인 문장'의 강조는 책의 말미에 이르면 '개성적인 문체'의 확립으로 귀결된다. 그는 '언문일치의 문장'은 민중의 문장이되 예술가의 문장은 아니라고 본다. 예술가의 문장은 '언문일치 문장의 극복'에서 시작된다고 본다. 개인의 개성적인 문체를 강조하는 이태준의 문장관은 창작을 염두에 둔 문예 문장이 추구해야 할 궁극적인 도달점이다. 소설에서 문장이 개성적인 문체의 형태로 구현된다고 할 때, 이태준이 지향하는 문장은 언어 예술(소설 창작)을 위한 문예 문장이며 『문장강화』는 문학적인 글쓰기를 보여주는 창작지침서이다.

특히, 제2강 "문장과 언어의 제문제"에는 소설의 언어가 지향하는 다양한 수사학이 구체적으로 제시되어 있다. 이 글에서는 '담화', '표준어와 방언', '신어'에 주목해 보았다. 첫째, 소설에서 담화는 인물의 성격 창조에 기여한다. '담화'는 제2강에서 이태준이 가장 많은 지면을 할애하고 있는 항목이다. 소설에서 담화는 인물의 성격 창조에 기여할 뿐 아니라 소설의 구조에 입체성을 부여하기도 한다. 둘째, 소설에서 표준어와 방언은 작중 화자의 언어와 작중 인물의 언어로 대응된다. 담화와 아울러 '방언'은 인물의 성격 창조에 기여한다. 이태준은 의음어와 마찬가지로 작중 인물의 목소리(언어)를 그대로 구현해 내야한다고 본다. 이태준은 그의 소설에서 지역의 특성과 인물의 성품이 반영된 방언을 잘 활용하고 있다. 방언과 더불어 표준어의 의의에 대해서도 간과할 수 없다. 작중에는 표준어를 구사하는 인물도 있다. 그는 지식인으로 의연한 기계를 지니고 있으며, 그가 사용하는 표준어는 그의 말과 됨됨이에 기품을 실어준다. 동일한 의미에서, 작중 화자가 구사하는 표준어 역시 소설에서 일정한 역할을 수행해 내고 있다. 작중 화자에게 가치중립적이고 공정한 지위를 부여하는가 하면, 표준적인 모럴을 부여한다. 셋째, 소설에서 신어(新語)는 현실의 추이에 주목하는 작가의 적극적인 언어관을 반영한다. 이태준은 새로운 소재를 반영하는 신어(新語)를 적극 수용하되 단순히 반영하는 것이 아니라 비판적으로 조명한다. 제2강에서 이태준이 강조하는 '담화', '표준어와 방언', '신어' 등 제 언어의 사용법은 이태준 소설의 수사학으로서 이태준의 창작방법인 동시에 그의 문체 형성의 동인이다.

지금까지 이태준의 『문장강화』에 나타난 소설의 수사학을 살펴보았다. 이태준의 『문장강화』에는 소설의 수사학이 잘 나타나 있지만, 그 외 글쓰기와 관련된 다양한 시사점을 가지고 있으므로 또 다른 관점에서 조명될 수 있다. 1940년대 발간된 이 책을 '개인의식의 성장'과 '개성적인 글쓰기'에 주목하여 다음과 같이 읽을 수 있다. 『문장강화』에서 이태준이 지향하는 글쓰기는 과거와 다른 현대인으로서 '개인'을 드러내는 양식을 의미한다. 다음 인용문에 주목해 보자. "개인 본위의 문장작법이어야 할 것이다. 말은 사회에 속한다. 개인의 것이 아니요 사회의 소유인 단어는 개인적인 것을 표현하기에 원칙적으로 부당할 것이다. 그러기에, 언어에 의해서 개인 의식의 개인적인 것을 타인에게 전하기는 불가능하다는, 비관적인 결론을 가진 학자도 없지 않은 바다. 아무튼 현대는 문화 만반(萬般)에 있어서 개인적인 것을 강렬히 요구하고 있다. 개인적인 감정, 개인적인 사상의 교환을 현대인처럼 절실히 요구하는 시대는 일찍이 없었을 것이다. 그런데 감정과 사상의 교환, 그 수단으로 문장처럼 편의(便宜)한 것이 없을 것이니 개인적인 것을 표현하기에 기능하기까지 방법을 탐구해야 할 것은 현대 문장 연구의 중요한 목표의 하나라 생각한다."(23면) 인용문에 의하면, 글쓰기의 출발은 개인 의식의 표현에 있다.

이태준에게 '개성적인 글쓰기'는 개인을 표현하기 위한 방법이다. 민족을 대변하는 국가가 부재하고, 민족어로서 국어가 부재한 시대에, '개인'에 대한 자각과 각성은 이채를 띤다. 이태준이 '개인'을 자각하고 강조했다는 것은 단순히 글쓰는 주체에 대한 의미 부여에 그치는 것이 아니라, 그들이 몸담고 살아가는 동시대 '문명'과 그 파급 효과를 간파했다는 것을 의미한다. 글쓰는 일은 각 개인의 몫이지만, 인쇄술과 출판 · 교통의 발달로 균질적 시 · 공간의 장에 노출된 '근대적 글쓰기'는 개인의 영역이 아니라 공공의 영역으로 확산 · 유포된다. 『문장강화』에서 이태준이 호명하는 '개인'이 자기 자신을 비롯한 동시대 문필가를 의미한다면, 『문장강화』에 나타난 제 언어는 '문장'과 '개인'을 통해 궁극적으로 '소설의 언어'로 수렴된다. 그리고 '소설의 언어(언문 일치 문장의 극복)'가 '생활의 언어(언문 일치의 문장)'와 구분된다면, '소설의 언어'는 산문 시대의 자각과 더불어 산문 정신을 표출할 수 있는 새로운 시대의 문체로 읽을 수 있을 것이다.

이태준의 『문장강화』에서 문장론의 배경과 문학적 형상화

1. 서론

이태준의 『문장강화』(1940, 문장사)는 박문서관(1947)을 비롯하여 서음출판사(1988), 창작과비평사(1988~2005 개정판), 범우사(1997), 깊은샘(1990~ 재판거듭)에서 출간되기 까지 오랫동안 애독되고 있다. 이태준의 『문장강화』는 대체로 이태준 소설에 대한 이해,[1] 근대 문장 작법에 대한 이해를 위해[2]

1) 한상규, 「『문장강화』를 통해 본 이태준의 문학관」, 『이태준의 문학연구』, 깊은샘, 1993, 87~102면; 권혁준, 「『문장강화』에 나타난 이태준 글쓰기에 대한 인식」, 『문학이론과 시교육』, 박이정, 1997, 349~367면; 천정환, 「이태준의 소설론과 『문장강화』에 대한 고찰」, 『한국현대문학연구』 6, 1998, 179~208면; 박진숙, 「이태준 문장론의 형성과 근대적 글쓰기의 의미」, 『시학과 언어학』 6, 2003, 135~165면; 배개화, 「『문장강화』에 나타난 문장(文章)의식」, 『한국현대문학연구』 16, 2004.12, 417~440면; 박진숙, 「이태준의 언어의식」, 『이태준과 현대소설사』, 깊은샘, 2004, 71~90면; 안미영, 「이태준의 『문장강화』에 나타난 소설의 수사학」, 『개신어문』 23, 2005, 237~267면.

2) 김윤식, 「민족어와 인공어-상허의 『문장강화』와 편석촌의 『문장론신강』」, 『문학동네』 15, 1998년 여름, 401~419면; 최시한, 「국문운동과 『문장강화』」, 『시와 언어학』, 2003.6, 115~133

논의가 전개되었다. 최근에는 수사학적 접근[3] 및 『문장강화』가 근대문학과 문학사의 전개과정에 미친 의의와 한계에[4] 대해서도 논의되었다. 이 글에서는 『문장강화』에 나타난 문체 인식에 주목하려 한다. 문학에서 문체는 '정보', '메시지', '명제적 의미'로 표현되는 내용과 달리, 그 정보의 '미적 특질'을 변화시키거나 독자의 정서적 반응을 변화시킬 수도 있는 정보 제공 방식의 다양한 변화로 정의된다.[5]

이에 비해 이태준은 문체의 범주를 매우 폭넓게 잡고 있다. 『문장강화』에서 이태준은 문체를 "문장의 체재(體裁)"로 보고, 문체는 '독특한 언어, 문자와 국민성', 동일한 언어와 문자라도 '시대의 다름', 동일한 언어권과 시대일지라도 '작가의 개성'에서 발생한다고 본다. 이태준은 언어의 차이를 비롯하여 다소 포괄적으로 문체를 인식하고 있지만, 궁극적으로 그가 말하려는 것은 개성적인 문체이다. 비록 그가 문체의 종류를 간결 · 만연 · 강건 · 우유 · 건조 · 화려체로 나누고 있지만, 현대 문체의 관건은 자기 개성에 적합한 문체를 발견하는 것이라고 본다. 이러한 논지에 주목해 보면, 그에게 있어 규범화된 문체의 범주는 중요하지 않으며 결국 문체 발견의 요점은 "사회적인 언어를 개인적이게 쓰는"[6] 데 있다. 요컨대 이태준의 문체 인식의 궁극은 '창작'에 있다. 작문을 비롯한 규범화된 글쓰기의 전범을

면; 박성창, 「말을 가지고 어떻게 할 것인가—김기림과 이태준의 문장론 비교」, 『한국현대문학연구』 18, 2005, 359~398면.

3) 이미순, 「이태준 『문장강화』에 대한 수사학 연구」, 『우리말글』, 우리말글학회, 2005.12, 319~343면.

4) 이혜령, 「이태준 '문장강화'의 해방전후」, 『이태준과 현대소설사』, 깊은샘, 2004, 347~379면; 문혜윤, 「1930년대 어휘의 장과 문학어의 계발—『문장강화』의 지향」, 『상허학보』 17, 2006.6, 201~234면.

5) 아브람스, 최상규 역, 『문학용어사전』, 예림기획, 1997, 380~381면.

6) 이태준, 『문장강화』, 깊은샘, 1997, 319면. 이 글에서는 깊은샘에서 출간한 『문장강화』(1997)를 텍스트로 삼고 있으며, 이하 작품 인용은 인용문 말미에 페이지 수만 명기.

습득하기 위해 이태준의 『문장강화』를 대한다면, 독자는 논리적이고 설득적인 실용문의 부재를 비롯한 문장 인식의 한계에 직면할 수밖에 없다.

반면 이태준의 『문장강화』는 '창작'을 염두에 두고 읽었을 때, 내용이 풍요롭게 전달된다. 예컨대 『문장강화』에서 "제2강 문장과 언어의 제문제"의 경우 '담화(談話)', '표준어와 방언', '신어(新語)'는 소설 창작의 지침을 보여준다. 담화(談話)가 인물의 '성격창조'에 기여할 뿐 아니라 소설 구조에 입체성을 부여한다면, '표준어와 방언'은 '화자의 언어'와 '인물의 언어'로서 '표준어'는 화자(작가)에게 가치중립적이고 공정한 지위 및 표준적인 모럴을 부여하는 반면, '방언'은 인물의 성격창조에 기여한다. 아울러 '신어(新語)'는 현실의 추이에 주목하는 작가의 적극적인 언어관을 반영한다.[7] 이 글에서는 창작을 전제로 한 글쓰기 지침서라는 사실을 염두에 두고, 『문장강화』에서 이태준이 "사회적인 언어"를 "개인적이게" 쓰는 방법에 주목해 보려 한다.

2. 문장론의 배경

이태준의 『문장강화』에는 문장의 '보여주기' 방법에 관한 구체적인 전략들이 소개되어 있다. 『문장강화』에 나타난 '보여주기' 방법을 소개하기 앞서, 『문장강화』의 저작 범주를 살펴볼 필요가 있다. "제3강 운문과 산문"에서 그는 운문과 산문을 다음과 같이 구분한다. "산문은 쉽게 말하면 줄글이다. 줄글이란 마디의 길고 짧음에 관심할 필요가 없이 뜻만을 내려쓰는 글이다. 천하의 문장 대부분, 과학 · 논문 · 사기(史記) · 신문기사 · 소설 · 수

7) 앞 장의 「이태준의 『문장강화』에 나타난 소설의 수사학」 참조.

필 · 평론 모두가 산문이다. 이 강화(講話)가 역시 산문을 본위로 하는 것이며, 지금 이 강화를 쓰는 이 문장도 산문이다. 내가 알리고 싶은 뜻을, 생각을, 사상을, 감정을 실상답게 써 나갈 뿐이다. 운문은 노래하듯 쓰는 것이라면 산문은 말하듯 쓰는 편이다."(101면, 강조는 필자) 강조한 바와 같이, 이태준은 운문과 산문을 구분하면서 『문장강화』의 저작 범주가 '산문' 글쓰기에 있음을 지적하고 있다. 그렇다면 이태준이 명명하는 산문은 어떤 성격을 띠고 있는가.

그는 "제6강 제재, 서두, 결사 기타"에[8] 제시된 소항목[9] 중 '묘사와 문장력'에서 글쓰기의 역할을 '들려주기', '알려주기', '보여주기' 세 가지로 구분하고, "들려주는 것은 운문의 일이요 알려주고 보여주고 하는 것이 산문의 일"이라 구분한다. 들려주기를 목표로 하는 운문을 논외로 한다면, 이태준은 산문을 '알려주'거나 '보여주'는 글로 인식하고 있다. 이어서 이태준은 '알려주기'와 '보여주기'에 '기술(記述)'과 '묘사(描寫)'라는 용어를 대응시킨다. "역사나 학술처럼 조리를 끌어나가는 것"이 '알려주기'로서 '기술(記述)'인 반면, "실경(實景), 실황(實況)을 보여 독자로 하여금 그 경지에 스스로 들고, 분위기까지 스스로 맛보게 하기 위한 표현"을 '묘사'라고 명명한다. 특히 그는 "문장에 가장 날카로운 힘을 줄 수 있는 것"(247면)을 묘사로 보는 것은 물론, '보여주기'를 '묘사'로만 국한시킨다. "누구에게 있어서나 시각처럼 빠르고 직접적인 감각은 없기 때문"에 "알리는 것보다 보여주는 것은

---

8) "제6강 제재, 서두, 결사 기타"는 『무서록』(박문서관, 1944)에 실려 있는 평문 「명제 기타」의 구성과 유사하다. 「명제 기타」는 '명제(작품 표제)', '구상', '인물', '사상', '제재', '문장', '퇴고'로 구성되어 있다.

9) "제6강 제재, 서두, 결사 기타"에는 '제재에 대하여', '서두에 대하여', '결사에 대하여', '명제에 대하여', '묘사와 문장력', '감각과 문장미', '같이, 처럼, 듯이에 대하여', '대상과 용어의 조화'라는 작은 항목들이 있다.

몇 배의 구체적인 전달"(253면, 강조는 필자)이라고 본다. 이러한 문장 인식에는 문장에 대한 감정이입이 전제되어 있다.

당시 소설 기법을 소개하는 글이 없었다는 점을 감안할 때, 『문장강화』에서 이태준이 언급한 '묘사'는 소설 문체 형성의 기초가 된다. 김천혜에 의하면 소설의 문장은 서술 대상과 서술 대상에 대한 화자의 태도에 따라 '장면 묘사', '요약', '기술', '논평'의 네 가지로 분류 가능한데, 이태준이 언급한 '묘사'는 '장면 묘사'와 '기술(description)'에 해당한다. 장면 묘사는 사건 진행을 묘사함에 있어서 요약하지 않고 자세히 모든 것을 서술하는 것으로서 필연적으로 '대화'와 '행동'의 묘사가 주가 된다. '장면 묘사'는 퍼시 러보크의 '장면 중심적(scenic)' 제시 방법과 웨인 부드의 '보여주기(showing)'에 해당된다. 소설에서 장면 묘사는 현재성과 직접성을 주며, 사건 자체를 자세하고 생동감 있게 제시할 수 있다. 기술은 인물의 외모나 성격, 사건의 배경, 사물의 성격을 비롯하여 풍경과 정물 등을 묘사한다.[10] 그러나 이와 같은 소설의 문장 구분은 산문 문장을 '묘사'와 '기술'로 구분하고 일체의 '보여주기'를 '묘사'와 동일시하는 이태준의 문장관(文章觀)을 이해하기 위한 준거가 되지 못한다.

오히려 이태준의 문장관은 이태준의 미술관(美術觀)에서 찾아 볼 수 있다. 이태준의 설명에 의하면 '보여주기'로서 '묘사'는 "회화 용어"이며, "어떤 물상(物相)이나 어떤 사태를 그림 그리듯 그대로 그려"(253면)내는 것이다. 당시 이태준은 심영섭, 김용준, 구본웅 등과 더불어 동양주의 미술론의 논객이었다. 동양주의 미술론에서는 동양 미술의 특징을 '주관의 표출'로 보았으며, 대상의 객관적 재현을 거부하고 주관적인 감정의 표출을 중시했

10) 김천혜, 『소설 구조의 이론』, 문학과지성사, 1994, 130~141면 참조.

다.[11] 박진숙은 '동양주의 미술론'과 이태준 문학의 관계를 통해 이태준의 문학관이 당시 그가 습득한 동양주의 미술론에 근거해 있음을 밝힌 바 있다.[12] 이와 동일한 관점에서 필자 역시 묘사를 비롯한 이태준의 표현기법이 표현주의를 비롯한 회화의 이해와 더불어 구체화 된 것으로 본다. 이태준은 평문 「소설의 맛」에서 '어떻게 소설을 읽을 것인가'를 소개하며 소설가의 '표현'에 주목할 것을 권고한다.

> 주인공의 운명이 어떻게 될까? 이 사건의 결말이 어떻게 떨어질까? 이런 것은 다음 문제로 돌려도 좋다. 그런 것은 다 읽기만 하면 결국 알고 말 사실이다. 읽어 내려가면서 맛보고 즐기고 할 현대소설의 중요한 일면이 있는 것을 알아야 한다. 밀레의 「晩鐘」같은 그림은 내용뿐이다. 젊은 부부가 종소리의 황혼을 배경으로 순결한 생활을 감사하는 극적인 내용 본위의 그림이기 때문에 대중이 알기 쉽고 즐기기 쉬운 그림이다. 그러나 고호의 「해바라기」같은 그림은 내용이란 해바라기꽃 몇 송이를 병에 꽂아 놓은 것뿐이다. 아무 극적인 것이 없다. 그래 일반 대중은 그 그림의 맛을 모른다. 그러나 명화로 치는 그림이다. 고호가 해바라기를 어떻게 보았나? 어떻게 표현했나? 그 선과 그 색조에 고호의 개성 솜씨가 있는 것이다. 소설도 그것이다. 내용에만 소설의 전부가 있는 것이 아니다.[13]

---

11) 김현숙, 「김용준과 『문장』의 新文人畵 운동—동양주의 미술과의 관련을 중심으로」, 『미술사연구』 제16호, 2002.12, 365~392면. 김현숙의 글에 따르면, 이태준은 김용준 길진섭과 함께 牧日會 동인으로 활동하면서 동인들과 더불어 『문장』지를 통해 신문인화 활동을 전개한다.

12) 박진숙, 「동양주의 미술론과 이태준 문학」, 『한국현대문학연구』 16, 한국현대문학회, 2004.2, 389~415면 참조. 이태준이 미술 관련하여 쓴 글로는 「녹향회 회랑에서」(『동아일보』, 1929.5.28~30), 「제10회 서화협전을 보고」(『동아일보』, 1930.10.28~11.5), 「조선화단의 회고와 전망」(『매일신보』, 1931.1.1~2), 「제13회 협전관후기」(『조선중앙일보』, 1934.10.24~30), 「단원과 오원의 후예로서 서양화보담 동양화」(『조선일보』, 1937.10.20)가 있다(394면 참조).

13) 이태준, 「소설의 맛」, 『무서록』, 깊은샘, 1994, 70~71면.

이태준은 고흐의 그림 「해바라기」의 경우 '해바라기'라는 내용을 보는 것이 아니라 작가 고흐가 해바라기를 어떻게 보고, 어떻게 표현했는지에 주목해야 함을 강조한다. 그는 '선'과 '색조'에 담겨있는 작가의 개성에 주목하기를 권고한다. 반 고흐는 철저하게 자의적인 의미로 색채를 사용하고 있으며, 이와 더불어 격렬한 붓 놀림을 보여줌으로써 표현주의 미술의 본격적인 등장을 예비하고 있다.[14] 표현주의는 사물의 외형을 보여지는 대로 그린다기 보다 느껴지는 대로 그린다. 사물에 대한 시지각적인 묘사 혹은 재현이기보다는 사물에 대한 작가 개인의 주관적인 느낌을 표현한다. 따라서 표현주의 화가의 그림에는 작가 개인의 세계관 자연관이 보다 충실히 반영되어 있다.[15]

이태준은 내용 밖에 볼 줄 모르는 독자에게 "소설도 표현이라는 점"[16]을 강조하여 작가의 개성이 어떻게 표현되었는지 주목할 것을 요구한다. 과거 소설과 달리, 현대 작가의 개성은 작가의 '눈'과 '손'에서 나온다. 이태준은 평문 「소설가」에서 '소설가의 소질', '소설가의 준비', '소설의 표현'을 구분하여 소설가의 길을 제시한 바 있다. '소설의 표현'에서, 그는 표현주의 화가 앙리 마티스의 "예술가의 직무는 만들어 보여줄 뿐, 그는 설명하지 않는다"라는 말을 인용하여 소설에서 표현이 지닌 의의를 강조한다. 그에 의하

14) 고충환, 「표현주의 / 추상표현주의 / 신표현주의(2)－인간과 인간이 처한 상황에 대한 적극적인 관심」, 『미술세계』 185호, 2000.4, 164면.

15) 고충환, 「표현주의 / 추상표현주의 / 신표현주의(1)－인간 내면의 비극적 세계관 표현」, 『미술세계』 184호, 2000.3, 176~177면 참조. "즉 외(外)로부터 내(內)로 향하는 것이 인상파라 하면 내로부터 외로 향하랴고 하는 것이 이 새로운 경향이다. 다시 말하면 자연으로부터 인상을 주로 한 객관적인 것이 인상주의이오 자연으로부터 인상을 배척하고 작가의 자아라든지 이상을 밖으로 표현하랴는 것이 주관적 신경향이다. 그러하므로 광의의 표현주의는 이러한 주관적 신경향을 포괄한 것이다" 曉鐘, 「獨逸 藝術運動의 表現主義」, 『개벽』, 1921.9(유민영, 「표현주의 문예사조의 이입양상」, 『문예사조사』, 민음사, 1992, 394면에서 재인용).

16) 이태준, 「소설의 맛」, 『무서록』, 깊은샘, 1994, 70면.

면, "막연한 말이나 무엇으로나 의미가 있는 인물이나 생활을 발견해서 자기류로 보여 주면 훌륭한 소설 예술이다."[17] 그렇다면 표현주의가 출현한 서구와 달리, 동양은 어떠한 '자기류'를 지니고 있는가.

> 동양 소설에서 삼국지류의 무용전(武勇戰)이기 전에는, 서양에서처럼 고층건축과 같은 입체적 설계는 어렵다. 생활형식이 저들은 동적인데 우리는 정적이요 저들은 입체적인데 우리는 평면적이다. 점잖은 인물이면 저들과 같이 결투를 청하거나 경마나 골프를 하지 않고 정자에 누워 반성하고 낚시질이나 바둑을 둔다. 이렇게 조용한 인물과 생활을 가지고 변화를 부린댔자 작가의 뒤스럭만 보이기가 십상팔구다. 왜 사소설이 많으냐? '이것은 작자들의 무기력이다' 이렇게 단정하는 것은 그 자신 역(亦) 약간의 부족이다. 동양화에서 입체감을 찾는 소리나 비슷하다.[18]

이태준은 소설 구상의 어려움을 설명하기 위해, 서양과 동양의 생활을 비교하고 있으며 궁극에는 동양화와 서양화를 비교하고 있다. 동양과 서양의 생활 차이는 정서의 차이를 초래하며, 소설에서는 입체감보다 평면감을 주는 인물과 소재가 등장하기 마련이다. 이태준은 서양의 표현주의에 경도되어 있지만, 동양(조선)이라는 조건을 고려하고 있다. 그는 서양화에 비해 동양화를 호평하는 글에서, "조선 사람으로 단원이나 오원이 되기 쉽지 세잔느나 마티스는 되기 어려"우며 "서양화보다는 동양화를 더 즐길 줄 아는 이가 문화가 좀 더 높은 사람"이라고 본다. 아울러 조선여자의 근육과 서양

17) 이태준, 「소설가」, 『무서록』, 깊은샘, 1994, 73면. 강조는 필자.
18) 이태준, 「명제 기타」, 『무서록』, 깊은샘, 1994, 62면. 강조는 필자.

여자의 근육을 비교하고, "생활과 작품은 한덩어리"가 되어야 한다고 주장한다.[19)]

표현주의가 지향하는 주관적인 감정 표출과 주체로서 동양 생활을 염두에 두고, "제6강 제재, 서두 결사 기타"에 주목하면 이태준이 지향하는 '표현' 방식을 구체적으로 알 수 있다. 그는 소항목 '감각과 문장', '대상과 용어의 조화'에서 주관적 정서와 문자의 분위기를 강조한다. 그는 '감각과 문장'에서 "주관이 들지 않은 즉 그 글을 쓴 사람의 감정과 아무런 교섭이 없이 나온 글"은 "맛이 없는 글"이라고 단언한다. "개념과 지식으로만 글을 서서는 안 된다. 눈이 희다거나 불이 뜨겁다는 개념, 지식은 다 내어 버려도 좋다." "흰 눈이 그렇게 온 벌판을 덮어놓았으니 보기에 어떠하냐. 어떠한 정서가 일어나느냐 즉 눈 덮인 벌판에 대한 감각이 어떠하냐. 그 감각되는 바를 적을 것이다."(259면)

이와 더불어 '대상과 용어의 조화'라는 소항목에서 '문자의 분위기'를 강조한다. "표현이란 뜻만으로 전부는 아니다. 언어와 문자로 뜻만을 전달시키는 것은 언어와 문자의 선이용법(善利用法)이 아니다. 언어마다 문사마다 의(意) 이외에 감정과 체격과 신원이 있다. 뜻 이외에 그 언어, 문자가 발산하는 체취, 분위기, 그것을 선이용할 필요가 있다."(265면) '책'보다 '冊', 'ㄹ음들의 성향', '방언' 등 조선어의 특징을 활용하는 것이 창작가의 급선무라고 본다. 그는 서구의 표현주의를 수용하여 개인의 주관적 정서를 강조함과 동시에, 조선어가 지닌 문자로서의 조건을 고려한다. 그가 "제2강 문장과 언어의 제문제"에서 '성격적이게'라는 항목을 소개하면서 홍기문의 「문단인에게 향한 제의」와 이희승의 「언어표현과 어감」의 일부를 장황하게

19) 이태준, 「동양화」, 『무서록』, 깊은샘, 1994, 135~137면 참조.

소개한 것도 문자로서 조선어가 지닌 미적 자질을 강조하고 각성시키려는 데 있다. 이러한 사실을 염두에 두고 『문장강화』의 "제7강 대상과 표현"에서 다루고 있는 '표현' 방법에 주목해 보면, 이태준이 지향하는 소설의 문체에 근접할 수 있다.

3. 표현 방법과 문학적 형상화

"제7강 대상과 표현"에는 '인물의 표현', '자연의 표현', '사태의 표현' 방법이 소개되어 있다. 소설을 전제로 일련의 항목에 주목해 보면, 우리는 소설의 '내용'이 아니라 '형식'이 어떠한 방식으로 전개되어야 하는지에 관한 이태준의 형상화 방법을 엿볼 수 있다.

① 인물의 표현

- 그 인물의 외형, 내면으로 특징만 붙잡아 놓아야 한다.
- 인물은 표정, 말, 행동 등을 통해 감정과 의지가 표현되며, 외모(표정 · 말 · 행동)에 대한 세밀한 조사가 선행되어야 한다.
- 구체적으로 남녀노소, 키 크고 작음, 살찌고 야윔, 이마의 넓고 좁음, 얼굴빛의 희고 검음, 눈의 대소 청탁(淸濁) 등, 입술의 후박, 말소리의 청탁(淸濁) 느림과 빠름, 앉음앉음과 걸음걸이 등에 예리하고 다소 과장적인 묘사가 필요하다.
- 옷모양, 취미, 교양, 직업 등도 인물의 성격 묘사에 적당한 안료(顔料)가 된다.
- 예문 : 현진건 「지새는 안개」, 최명익 「심문」

② 자연의 표현

- 자연에 가까이 나서서 진실한 생활자가 되어야 한다.
- 초목의 경우 : 가지와 잎의 모양, 열매의 유무, 꽃에 곤충의 유무, 미감과 실용성, 초목의 발생지 등에 주목.
- 동물 : 외형, 기고 뛰고 나는 동작, 우는 소리, 특히 습성이라고 지적할 만한 것의 유무에 주목.
- 천체 : 해, 달, 별, 구름, 안개, 바람 등을 보되 생후 처음 본 현상으로 여겨 신(新)경지 신(新)경이를 발견.
- 예문 : 이병기 「건란(建蘭)」, 정지용 「체화(棣花)」, 이상 「권태」, 정지용 「때까치」, 정지용 「구름」

③ 사태의 표현

- 한 사태란 한 생활의 현상(現狀)으로서 취사선택의 분별이 예리해야 한다.
- 표현하려는 내용과 유기적인 인과에서 동떨어진 것이면 거침없이 버릴 것이요, 내용을 선명케, 인상적이게 하기 위해 필요한 것이면 아무리 사소한 사유(事由)라도 중점을 두어 견실한 조직으로 끌어와야 한다.
- 원인과 결과가 또렷하고 시각적 묘사 및 내용의 완급을 가려 문장도 사태와 호흡을 같이 해야 한다.
- 예문 : 박태원 「윤초시의 상경」, 박종화 「금삼의 피」, 이효석 「돈(豚)」

인물의 표현에 있어서는 인물의 성격창조를 위해 그 인물의 어떠한 외형에 주목해야 하는지 상세히 소개하고 있다. 자연의 표현에 있어서는 작품의 분위기와 주제 구현을 위해 소재와 배경으로서 자연을 어떻게 묘사해야 하는지 제시하고 있다. 사태의 표현에 있어서는 장면과 상황의 전달이 유기적이어야 함을 제시하고 있는데, 이것은 소설에 있어서 플롯의 요건에 해당한다. 이러한 세 가지 대상에 대한 표현 방법에 유의하여 이태준의 소설을 살펴보면, 이태준의 소설에서는 인물과 자연, 사태가 매우 짜임새 있게 표현되어 있음을 알 수 있다.

예컨대 이태준의 「가마귀」는 인물, 자연, 사태 세 가지 요소 모두가 매우 절묘하게 구성되어 있다. 이 작품의 내용만 두고 생각한다면, 한적한 별장에서 소설을 쓰는 인물이 폐병을 앓는 여자와 그녀의 죽음을 연민의 정서로 바라본다는 것에 그친다. 소설의 내용이 아니라 형식에 주목해 보면, 우리는 이 작품을 창작한 작가의 손길과 눈길을 찾을 수 있다.[20] 이야기는 겨울과 황혼을 배경으로 시작해서 함박눈이 펑펑 쏟아지는 겨울 오후를 배경으로 종결된다. 붉은 피를 쏟아내는(각혈) 젊은 여자와 온 몸이 까만 까마귀, 짙은 노랑의 황혼(黃昏)과 새하얀 눈길, 검은 상여와 하얀 말 등의 색감을 고려해 볼 때, 이 작품은 강렬한 원색으로 채색된 한 편의 풍경화를 연상시킨다.

이태준은 1936년 1월 『조광』에 「가마귀」를 발표하면서(1936년 10월 '사정한 표준말 모음'이 발표된 이후 간행된 단편집의 제목도 『가마귀』(1937.8)라고 달았다) 까마귀가 아니라 '가마귀'라는 주관적 정서에 주목했으며, '가마귀'라는 문자가 발산하는 체취 및 분위기를 강조한다. 일찍이 아리스토텔레스는 작가에

---

20) 그러므로 대다수 「가마귀」에 대한 논의는 작품의 내용이 아니라 이 작품의 아름다움이 어디에서 오는가(장양수, 「이태준 단편 「가마귀」의 탐미주의적 성격」, 『한국문학논총』 13집, 1992.10, 365~388면), 작품의 창작 방법은 어디에 기초하고 있는가(박진숙, 「이태준의 「가마귀」와 인공적인 글쓰기」, 『현대소설연구』 제16집, 2002.6, 241~258면), 텍스트에 내재된 무의식은 무엇인가(김동식, 「「가마귀」에 관한 몇 개의 주석—계몽의 변증법과 관련해서」, 『상허학보』 11집, 2003.8, 307~335면) 등 심층적인 형식에 주안점을 두고 있다.

게 모든 것을 언어로 표현함에 있어 방언이나 은유나 여러 가지 변화된 형태의 말을 혼용할 수 있도록 허용한 바 있다.[21] 단편의 제목으로 '까마귀'라는 표준어 대신 '가마귀'를 사용한 이유도 짐작할 수 있으려니와[22] 두 번째 작품집의 표제어로 내세울 만큼, 작가가 이 작품에 각별한 애정을 지니고 있음을 짐작할 수 있다. 그것은 이 작품이 "철두철미 묘사"에 치중하고, "의미가 있는 인물이나 생활을 발견해서 자기류로 보여"[23]준 소설이기 때문이다.

이 작품에서 인물, 자연, 사태 세 가지는 개별적으로 존재하지 않고 상호간에 유기적으로 구성되어 있다. 중심 인물은 소설가인 그와 폐병을 앓는 여성이다. 그는 "늘 괴벽한 문체(文體)를 고집하여 독자를 널리 갖지 못"[24]한다. 그는 친구네 별장에서 방을 빌어 창작에 골몰한다. 그 별장의 "태고(太古)가 깃들이는 듯한 그윽한 경치"를 표현하기 위해 외관의 경우 "이끼 앉은 돌층계" "밑에는 발이 묻히게 낙엽이 쌓여" 있으며, 방안의 경우 "낙관이 있는 사군자며 기명절지" "문 위에 추성각이라는 추사체의 현판이 걸려 있고 양쪽 처마끝에는 파아랗게 녹슨 풍경"을 묘사하고 있다. 그 곳에서 그는 "까악까악하는 가마귀 소리"(「가마귀」, 61면)를 듣지만, "자연이 준 그의 검음과 그의 탁한 음성을 까닭없이 저주할 필요는 느끼지 않었다."(61면) "GA아래 R이 한없이 붙은 발음"(「가마귀」, 62면)을 하는 '가마귀'는 남폿불과

---

21) 아리스토텔레스, 천병희 역, 『詩學』, 문예출판사, 1999, 138~139면.
22) 문혜윤은 「1930년대 어휘의 장과 문학어의 계발」(『상허학보』 17, 2006.6, 223~224면)에서 표제어 '가마귀'를 지적하며 표준어 문장을 강조하던 이태준의 모순이라 단언하지만, 『문장강화』의 전면을 고려해서 평가해야 한다.
23) 이태준, 「소설가」, 『무서록』, 깊은샘, 1994, 73면.
24) 이태준, 「가마귀」, 『가마귀』, 한성도서주식회사, 1937, 63면. 이하 작품 인용은 인용문 말미에 작품명과 페이지 수만 명기.

어우러져 작중에서 태고(太古)의 분위기를 자아내고 있다.

태고(太古)의 분위기와 어우러져 폐병을 앓는 여자가 등장한다. 그녀는 괴벽한 그의 문체를 읽어내는 고급 독자이며, "새 양봉투 같은 깨끗한 이마에 눈결은 뉘어 쓴 영어 글씨같이 채근"하고 "꼭 다문 입술, 그리고 뽀로통한 콧봉우리에는 약간치 않은 프라이드가 느껴지는 얼굴"을 하고 있다. 그는 그녀의 처지를 연민하여 "내가 그녀를 사랑하리라!" 마음먹고, 애드가 알랜 포(Edgar Allen Poe)의 슬픈 시 「래이벤」의 "레노어? 레노어?"를 읊조린다. 이태준은 단편소설 양식이 "소설가의 손으로 의식적으로 계획되기"를[25] 애드가 알랜 포에서부터 찾고 있거니와, 포의 잘 짜여진 시 「래이밴」에서 '래이벤(Raven)'과 '레노어(Lenore)'는 특정한 음감을 자아낸다. 이태준이 그의 작품에서 '갈가마귀'라고 번역하지 않고 '래이벤(Raven)'이라고 명명한 것은 시 속에 등장하는 여자, '레노어(Lenore)'와 '래이벤(Raven)'간의 음감의 효과와 친연성을 고려한 때문이다.[26]

자연의 표현에서 이태준은 "먼저 외형", "다음엔 기고, 뛰고 나는 동작", "나중엔 동작 중에서 특히 습성이라고 지적할 만한 것의 유무"(279면)에 대한 관찰이 필요하다고 지적한 바 있다. 작중에서 "GA아래 R이 한없이 붙은 발음을 내는" 가마귀, 검은 색과 탁한 음색을 가진 가마귀에 대한 묘사

---

25) 이태준, 「단편과 장편」, 『무서록』, 깊은샘, 1994, 58면.

26) 어감을 살리려는 노력은 한글과 영어뿐 아니라 한자에서도 나타난다. 이태준은 함축이 요구되는 사색적인 글에서는 한자를 제안한다. 「패강랭」과 「석양」에는 한자어가 주제 구현과 더불어 적절하게 그 기능을 발휘하고 있다. 「패강랭」의 작품 말미에 이르면 소설가 현은 주역에 나오는 "履霜堅冰至[서리를 밟거든 그 뒤에 얼음이 올 것을 각오하라]"를 읊조리는데, 이는 작중 사건의 추이는 물론 시대적 분위기에 이르기까지 작가가 독자들로 하여금 깊은 사색을 유도하고 있다. 「석양」에서 작중 주인공 매헌은 소녀의 부채에 이의산(李義山)의 석양시 한 편을 써 주었다. "夕陽無限好 只是近黃昏[석양은 무한 좋으나 다못 황혼이 가까워 온다]" 이 한시는 매헌의 내면을 표현해 주고 있거니와 소녀 역시 매헌의 안타까운 내면을 읽어낸다. 독자들은 한시를 통해 이 작품의 표제어 '석양'은 물론, 전작에 담겨있는 작가의 의도와 정서를 사색하게 된다.

는 우리가 익히 알고 있는 까마귀와는 다르다. 태고(太古)의 신비한 분위기를 자아내기 위해서는 일상적인 표준어 "까마귀"가 아니라 "가마귀"로서 존재해야 한다. 이태준은 어감의 효과를 주관적으로 묘사해 내는데 성공하고 있을 뿐 아니라, 가마귀가 지닌 외형과 습성을 적절히 묘사함으로서 작중에서 폐병을 앓는 처녀와 태고(太古)적 소재 가마귀 간의 결속력과 친화력을 보여주는 데 성공하고 있다. '가마귀'와 더불어 '여자'는 태고의 분위기를 자아내며, 작중에서 소설 쓰는 그에게 신성한 분위기를 부여한다. 그것은 하숙비를 올리려는 주인마누라의 하숙집과 대비되어, 산 속 별장을 세속과 거리를 둔 신비하고 몽환적인 세계로 만들어 놓는다. 산 속 별장이 신성한 위상을 지닌 만큼, 이 속에서 이루어지는 '글쓰기' 역시 배고픔과 같은 본능을 초월한 신성한 영역의 것이다. 빵보다 꽃 한 송이를 꺾는다는 르나르와 사람에게서도 풀냄새가 나야한다는 데이빗 소로우에 대한 언급은 작중 글쓰기에 임하는 그의 비장함과 더불어 그에 대한 신성한 가치를 부각시킨다.

작품 말미에 이르면, '가마귀'의 죽임과 여성의 죽음이 병렬적으로 나타남으로서 '사태'의 묘사가 유기적으로 이루어지고 있다. 여자는 '가마귀'를 "주검을 잊으면 안 된다고 자꾸 깨쳐 주는"(「가마귀」, 69면) 흉물로 여긴다. 이미 상식의 세계에서 벗어난 그녀는 '가마귀'가 뱃속에 부적과 칼, 시퍼런 불을 갖고 있다고 여긴다. '가마귀'에 대한 공포를 호소한 그녀를 위해, 그는 '가마귀' 한 마리를 죽이고 시체를 해부해 보이기 위해 나뭇가지에 걸어 놓는다. 한동안 소식이 없던 여자는 그가 원고료를 받아 식료를 사오던 날, 영구차와 더불어 그 곳을 떠난다. 이태준은 상식의 세계에 존재하는 그와 상식 이전의 세계에 존재하던 여자 간 간격을 시차를 통해 '사태'의 형상화에 성공하고 있다. 상식의 세계에서 돈을 벌어 식료를 사오던 날, 상식 이전의 세계에서 삶을 관조하던 여자는 이미 생을 마감하고 만다.

이 작품에서 이질적인 두 사람을 연결해 주는 소재가 '가마귀'이다. 그녀의 상여가 나가고 그가 식료를 사서 돌아온 날에도, 별장 쪽 전나무 꼭대기에는 '가마귀'가 이 광경을 내려다본다. "가마귀들은 이 날 저녁에도 별다른 소리는 없이 그저 까악까악거리다가 이따금씩 까르르 하고 그 GA 아래 R이 한없이 붙은 발음을 내곤 하였다."(「가마귀」, 79면) 한 마리의 '가마귀'가 죽고 이후 그 여자도 죽었지만, 그는 식료를 사오고 별장 주변에는 다시금 '가마귀'가 울어댄다.

4. 결론을 대신하며 – 주관적 정서와 개인에 대한 인식

이태준은 "감염성(感染性)이 가장 빠른 것이 사상보다 정서(情緖)"(217면)라고 본다. 이태준은 "작품은 개인의 뿌리에서 피는 꽃"[27]이라는 사실을 주장하며 감정을 강조한다. "문학은 사상이기보다는 차라리 감정이기를 주장해야 할 것이, 철학이 아니라 예술인 소이(所以)다. 감정이란 사상 이전의 사상이다. 이미 상식화된, 학문화된 사상은 철학의 것이요, 문학의 것은 아니다."[28] 이태준의 문장관에 내재해 있는 '주관적 정서'는 단순히 문장의 문제에 그치지 않는다. 이것은 그가 직시하는 인간에 대한 이해와 상통해 있다. 이태준이 강조하는 '개인' 본위의 문장에서, 그가 명명하는 개인은

27) 이태준, 「누구를 위해 쓸 것인가」, 『무서록』, 깊은샘, 1994, 50면.
28) 위의 글, 52면.

'감정'이 풍부하고 풍부한 자신의 감정을 자유롭게 '표현'할 수 있는 존재이다. 이러한 사실은 이태준이 '개인'을 어떻게 바라보고 있느냐의 문제를 시사해 준다. 그는 근대 인간은 사상과 더불어 '감정'을 자유자재로 '표출'할 수 있어야 한다고 본다. 이때 감정은 사상과 동일한 위상을 지니고 있음도 간과해서는 안 된다.

이러한 사실은 근대소설의 테마가 궁극적으로 공공의 영역에서 분리된 '개인'의 영역을 다루고 있다는 사실과 무관하지 않다. 일본 제국주의와 세계적으로 유포되던 전체주의의 분위기 속에서, 오히려 근대소설은 개체적 존재로서 개인의 존재의의와 위상을 보여주고 있다. 이태준의 소설에 등장하는 다수의 주인공들은 식민지 근대에 존재하던 개인의 모습이다. 「색시」에서 과부가 된 여자가 남의 집 살림을 살면서도, 자기 살림 살 궁리에 집착하고 젊은 남자에 관심하는 모습에서, 우리는 개인의 존재 방식을 관찰할 수 있다. 이태준은 식민지 근대에 존재하던 사회적 약자, 여성과 노인 기층민을 소설의 주인공으로 소환해 내면서 그들의 개별적인 정서와 감정을 소설에 투영하고 있다. 그런 의미에서 이태준 장편소설에 등장하는 '여성' 주인공은 현실에 존재하는 약자에 대한 알레고리이며, 그가 유도하는 여성 인물의 주체적인 삶 역시 여성주의의 관점에서 여성의 주체성 실현을 보여주기보다 약자의 자기실현을 보여주고 있다. 동시대 독자와 대중의 주의를 쉽게 끌 수 있는 소재로서 여성과 여성적 삶이 소용되었던 것이다. 여기에서 중요한 것은 소설에 등장하는 주인공이 누구인가가 아니라, 이러한 인물을 바라보고 그들의 성격을 창조하는 작가의 개성적인 시각과 문체이다.

이태준이 개성적인 문체를 지향하며 나아가 개성적인 독자를 상정할 수 있었던 것은, 개성적으로 존재하는 근대적 인간이 전제해 있었기에 가능한 것이다. 여기에서 우리는 근대 출현한 개인의식의 또 다른 일면을 확인할 수 있다. 억눌린 감정의 출로를 열어놓음으로써 자신의 감각을 표출할 수 있는 인간은 또 다른 차원의 근대적 개인이다. 우리는 이태준의 『문장강화』에서 '표현'의 주체성을 통해 조선적 전통을 모색하는 근대 지식인의 시대적 사명감을 읽을 수 있지만, 그에 앞서 근대에 존재해야 하는 인간의 존재방식으로서 풍부한 감정과 더불어 이를 표현할 수 있는 근대적 '개인'의 또 다른 차원의 사유방식을 읽어낼 수 있다.

이태준 장편소설에 나타난 '편지'의 기능과 한계

1. 서론

1930년대 이태준의 장편소설은 근대 장편소설의 구조적 특징을 잘 반영하고 있다. 그 중에서 특히 주목할 부분은 작품의 전개과정에서 빈번히 나타나는 '편지'이다. '편지'는 근대적인 개인의 생활방식이면서 동시에 근대 장편소설에 빈번히 나타나는 구조적 특징이기도 하다. '편지'는 대표적인 근대 미디어로서,[1] 문해력을 비롯 근대 우편제도를 이용할 수 있는 문명

1) 우정국의 출현과 더불어 편지는 문명생활의 일부로서 공식적인 체계 속에서 이루어지는 사생활의 내밀한 정서를 담아낸다. "1895년 중앙에 우체사, 지방에 통신국이 설치된다. 근대우편제도는 1900년 만국우편연합 가입을 거치면서 본격화되고, 1905년 일본의 관리이후에도 계속 확대되어 1912년에는 전국에 5백여 개소의 우편소가 생긴다"(조선총독부체신국, 『조선총독부우편통계』, 1930, 8~18면; 권보드래, 「연애편지의 세계상」, 『연애의 시대』, 현실문화연구, 2003, 124면 재인용). "1895년 우편 제도 개시 당시 우체료는 5푼~5전, 1920년대에는 일반 편지를 부치는데 3전이 필요했으며, 편지 수거와 배달은 처음에 오전 오후 각각 한 차례로 하다가 곧 하루 네 차례로 늘렸다"(이상호, 『근대 우정사와 우표』, 전일실업출판국, 1994, 61~63면; 권보드래, 앞의 글, 124면 재인용).

학습자들의 소통체계이다. 이태준의 대다수 장편소설이 '여학생소설'이라 명명될 정도로, 그의 소설에는 여학생과 남학생이 주인공으로 등장하거니와[2] 작품의 주제는 차치하고서라도 서사의 추동력은 남녀 학생들이 주고받는 편지에 기대고 있다. '편지'는 일기와 달리 상대를 향한 글쓰기이므로, 상대로부터 편지를 전달받거나 정서적 반응 및 행동을 유발시키는 과정에서 소설 구상상 또 다른 사건의 발생과 전개를 초래한다. 이러한 과정에서 '편지'는 장편소설의 플롯을 유기적으로 엮어내는 데 매우 유용한 소설 장치가 된다.

요컨대 '편지'는 작중 인물 간 소통의 메신저인 동시에, 소설을 전개해 나가는 작가의 기술이다. 이태준은 서사 질서의 구축을 위해 장편소설 곳곳에 '편지'를 적절히 배치함으로써, 사건의 개연성과 필연성을 마련한다. 서구근대사에서 편지가 '개인의 발견'이라는 측면에서 '마음과 감정에 호소'하고 '연애편지'의 형태로 전개되었다면,[3] 이러한 편지는 소설에 삽입됨으로써 작중 인물의 성격 창조 및 작가의 사건 전개방식으로 자리 잡는다. 이태준은 그의 장편소설에서 '편지'를 적절히 배치하고 구사함으로서 인물의 성격을 창조하고 사건 전개의 계기로 활용하고 있다. 그러므로 이태준의 장편소설에 나타난 '편지'는 이태준 장편소설의 문학사적 의의를 가늠해 볼 수 있는 또 하나의 형식적 준거가 될 수 있으리라 본다.

이태준 장편소설에 나타난 '편지'의 성격을 논하기 앞서, 소설 속 편지에 관한 선행 연구를 살펴보면 다음과 같다. 윤수영은 한국근대소설에 나타난

2) 여성은 '여학생'으로 명명되지만 남성은 '중학생'부터 '칼리지보이'에 이르기 고학력자가 등장하며, 연령은 10대 후반에서 대학을 졸업한 20대가 주종을 이룬다.

3) 리하르트 반 뒬멘, 최윤영 역, 『개인의 발견』, 현실문화연구, 2005, 206~213면 참조.

서간체 소설을 논하기 앞서, 소설에 삽입된 서간을 '조선조소설 속에 삽입된 서간'과 '개화기소설 속에 삽입된 서간'으로 구분한다. 소설 속에서 서간의 삽입은 고전소설 『이생규장전』부터 현대소설에 이르기까지 지속적으로 나타난다. 선비들 간의 서신왕래는 차치하고서라도, 애정소설에서 서간은 사적인 감정을 전달하는 매개로서 빈번히 나타난다. 이때 편지는 규중 남녀가 담장을 초월하여 사랑을 촉발시키는 계기가 된다. 개화기에 이르면, 신소설에 삽입된 서간은 계략이나 모함으로 이용되는 경우가 많다. 필적을 가장하여 모함 편지를 보낸다든지 계략 편지, 거짓 편지, 가출의 편지, 걱정하는 편지 등 개화기 소설에 삽입된 편지는 만남의 기능보다 모함이나 계교, 갈등의 계기로 나타난다.[4)]

이러한 차이는 조선시대와 달리, 개화기에 이르러 편지가 더욱 대중화, 보편화되었음을 시사한다. 편지의 대중화는 한글의 대중화를 전제하고 있다. 한글의 보급과 더불어 개화기 소설에서 편지는 단순 소통의 기능을 넘어서서 창작상의 기교로 자리 잡았음을 시사해 준다. 이러한 맥락에서 볼 때, 이해조 소설에 나타난 홍미 요소로서 '편지'의 기능을 분석한 서형범의 논의는 주목할 만하다. 그는 '거짓 편지'로 인한 사건 전개의 복잡화, 오해로서의 '편지', '잃어버린 편지'가 이해조 소설의 서사 전개 변화 장치임을 분석한다.[5)] 개화기 신소설에서 편지는 인물 간 소통의 범주를 넘어선 수

4) 윤수영, 「한국 근대서간체소설 연구」, 이화여대 박사논문, 1989, 14~33면 참조. 윤수영은 서간의 전통을 조선시대로 소급하여 한문으로 된 서간과 한글로 된 언간으로 구분하고, 그 특징을 소개한다. 한문서간이 선비들 간의 예술과 학문적 교류로서 주지적이고 논리적이라면, 언문서간은 실생활을 반영한 문안(問安)편지와 정찰(情札)에 해당한다(위의 글, 14~19면). 고전소설에 삽입된 서간은 「춘향전」, 「영영전」, 「채봉감별곡」, 「백학서전」, 「운영전」, 「숙영낭자전」 등에서 '만날 수 없는 장벽을 뚫고 만남의 역할을 위해' 남녀 간 소통의 메신저 기능을 한다(위의 글, 14~26면).

5) 서형범, 「이해조 신소설의 '홍미 요소'에 관한 시론—서사 전개의 변환 장치로서의 '편지'와 '추리의 구조'를 중심으로」, 『한국학보』 108, 2004, 167~193면.

사적 기교로서 소설의 흥미를 배가시킨다. 이인직을 비롯한 이해조의 신소설에서 오해 · 편견 · 모함 · 협잡의 기능을 수행하는 편지는 에피소드 간의 흥미를 배가시킴으로써, 소설의 대중성을 도모하는데 큰 역할을 한다.

1920년대에 이르면 소설에서 편지는 매우 빈번히 나타날 뿐 아니라 염상섭 · 김동인 등의 단편은 편지의 형태로 작품의 시작과 끝을 마무리하는 서간체 형식을 띠고 있다. "근대문학 발전은 연애편지 쓰기"라고 지적한 천정환의 지적처럼, 편지는 다른 글쓰기와 마찬가지로, "자기 표현과 타인과의 커뮤니케이션 필요의 증대" "자유연애"를 보여준다. 편지는 "근대적 자아의식"과 "표현 욕망", "낭만적 연애"의 "새로운 코드"이다.[6] 동일한 관점에서 권보드래는 1920년대 소설에 나타난 '연애편지'를 통해 개인의 내면을 고백하는 수단으로서 편지의 성격을 조명한다. 근대 문명의 학습자들에게, 편지는 내면의 추상적인 열정과 고뇌를 구체화할 수 있는 계기를 제공한다.[7] 노지승은 1910년대 후반 단편소설에서 편지가 계몽의 기제, 개인의 고립과 소통을 동시에 보여주는 기제였다면, 1920년대 편지 형식의 소설은 사랑에 관련된 내밀함을 공적으로 현시하면서 근대적 개인의 주체성을 표현하고 있다고 본다.[8] 동일한 관점에서, 이수영은 염상섭의 「만세전」 분석을 통해 '편지'가 서사의 동력으로 주인공 이인화의 위선을 보여주는 기제임을 밝힌다.[9] 천정환의 지적처럼, 소설 속의 개인은 편지를 통하여 스스로의 주체성을 발전시키는데, 이것이 소설형식과 결부되면서 1인

---

6) 천정환, 「근대 독자 형성의 문화적 조건」, 『근대의 책 읽기』, 푸른역사, 2003, 156면.
7) 권보드래, 「연애편지의 세계상」, 『연애의 시대』, 현실문화연구, 2003, 124~145면 참조.
8) 노지승, 「1920년대 초반, 편지 형식 소설의 의미—사적 영역의 성립 및 근대적 개인의 탄생 그리고 편지 형식 소설과의 관련에 대하여」, 『민족문학사연구』, 2003, 351~379면.
9) 이수영, 「『만세전』에 나타난 위선과 편지의 문제—'개성'과 '개인'의 차이」, 『한국현대문학회 발표자료집』, 2003년 동계 학술발표회, 2003, 69~80면.

칭 소설과 서간체 소설의 근저를 이룬다.[10)]

그러므로 1920년대 김동인 · 염상섭 · 나도향 등의 소설에 나타난 편지는 '고백체'소설의 연장선상에서 개인의 내면과 욕망을 표현하는 형식으로, 근대적 개인의 존재방식은 물론 소설 수사학의 진화를 보여준다. 1910년대 신소설에 나타난 편지가 소설의 수사적 기능을 통해 소설의 대중화를 구현한다면, 1920년대 소설에 나타난 편지는 인물의 성격 창조를 통해 근대적 개인의 현존방식이라는 근대적인 주제의 구현에 이바지한다. 1930년대 이태준의 장편소설에 나타난 편지는 수사학적 기능과 인물의 성격 창조 등을 모두 수용하고 있다. 1930년대 장편소설에 나타난 '편지'는 개화기 신소설, 1910년대 단편소설, 1920년대 소설에 나타난 편지의 성격을 고루 구비하고 있다. 이태준의 장편소설에서 편지는 새로운 이야기의 전개, 새로운 인물의 출현, 인물 간 갈등의 계기를 촉발한다는 점에서 장편소설의 창작방법으로 자리 잡고 있다. 이 글에서는 1930년대 이태준의 장편소설에서 편지가 어떠한 역할을 하고 있는지 살펴봄으로써 이태준 장편소설의 성과와 한계를 논하려 한다.

2. 소설의 문체로서 소설 속 편지의 특수성

조선시대 편지는 훌륭한 문학 중의 하나였다. 이태준은 전대와 당대의 '편지' 위상 변화를 다음과 같이 지적한다. "신문이나 잡지가 없던 시대라 문인에게 있어서 편지가 대부분 문학이었고 학자에게 있어선 편지가 대부

10) 천정환, 앞의 책, 160면.

분 학문이었다."[11] 예컨대 완당 문학전집의 경우, 10권에서 편지 서독(書牘)은 세 권 이상을 차지한다. "과거에 있어서는 한 문인이나 한 학자의 생애에 있어 편지란 그의 업적의 대부분을 차지하는 것이었다."(25면) 그러나 오늘날 "문인에게는 문학을 발표하는 잡지와 신문이 따로 있고, 학자에겐 학문을 발표하는 기관이 편지보다는 더 편리하고 효과적인 것이 얼마든지 있다."(26면) 조선시대의 한묵(翰墨)과 같은 문장가들의 편지가 그들의 학문적 깊이를 보여주고 있다면, 근대 한글 편지는 대중적이고 일상적인 글쓰기를 대표한다. 개화기, 한글 편지는 학문적 담론이 아니라 실용문으로 존재한다.

편지의 대중화와 실용화는 한글 대중화와 언문일치의 결실이다. 이태준의 『황진이』 상편에서 어머니가 가져온 서첩은 진이의 통혼 절차 뿐 아니라, 한문으로 된 글씨가 지닌 전대의 의의를 시사해 준다. 한문으로 된 서신은 그 내용은 물론, '글씨' 자체가 자신과 남과의 깊은 조응의 계기를 만들어 낸다. 소녀 진이는 혼사를 재촉하는 어머니로부터 서첩 속의 글씨를 건네받고, "얼른 누구의 체인지는 알 수 없으나 자기보다 연조가 오랜 글씨인 것", "먹이 여간 좋은 먹이 아"닌 것으로 보아 "돈푼이나 있"다는 것, "필잰 그리 뛰어날 게 없어두 많인 쓴 글씨"라는 것, "꽤 활달한 데가 있"다는 것 등 남자의 됨됨이를 알아낸다. 진이는 혼자 글씨를 들여다보며, "어째 낙관을 안했을까?"에서부터 "등과(登科)는 되었는가", "어떻게 생겼을까", "글씨에 타고난 재간이 있다면 무장(武將)될 소질이 있는 사람이나 아닐까", 나아가 "이 글씨의 주인이 과연 내 주인이 되려는가?" 생각하며 스스로 양

11) 이태준, 『서간문강화』, 깊은샘, 2002, 25면. 이하 작품 인용은 인용문 말미에 도서명과 페이지 수만 명기.

미간을 붉힌다. 진이는 글씨의 형적을 통해 글 쓴 남자의 풍모와 인품을 떠올린다. 어문(語文)이 일치되지 않았던 시대에 말보다 글, 아니 글씨가 보는 이의 내면에 울림을 자아낸다. 언문일치를 초래한 한글은 '글씨'가 아니라 '문장'이 의미를 자아내며, 한글 편지는 문장의 조합이라는 점에서 소통의 상호성과 평준화를 지향한다.

이태준은 『서간문강화』에서 편지는 실용적인 글이며, 언문일치의 문장을 실현해 옮긴 글임을 강조한다. "편지는 식모도 필요하고 급사도 필요하고 누구나가 생활수단의 하나"로서 "말을 전하기 위한 수단"12)이다. 그러나 문종으로서 편지와 소설에 나타난 편지 간에는 현격한 차이가 있다. 전자는 실용문이지만, 후자는 문예문의 일부라는 점에서 무엇보다도 문체의 형식적 요구가 선행해 있다. '언문일치 문장'이 말과 글이 동급에 놓인다는 것을 의미한다면, '문체의 발견'은 말보다 한층 앞서 있는 글의 우위성을 시사한다. 이태준의 장편소설에 나타난 '편지'에 대한 고찰은, 말보다 한층 우위에 있는 '글'의 수사적 가치를 조명하는 일이다. 그러므로 이태준 장편소설에 나타난 편지의 기능과 한계를 살펴보려는 이 논의는 결국 이태준 장편소설이 도달한 수사학의 경지를 확인하는 작업이 된다. 「화관」(『조선일보』, 1937.7.29~12.22)에 나타난 다음과 같은 인용문은 이태준 장편소설에 나타난 '편지'의 위상과 의의를 시사한다.

> 편지!
>
> 학교에서 작문선생이 하던 말이 생각났다. 만날 수가 없으니까 할 말을 글로 써 보내는 것이 편지란, 그러니까 만나서 말하듯이 쓰면 된다는, 동옥은 고개가

---

12) 이태준, 『서간문강화』, 깊은샘, 2002, 22면.

저어진다.

'만나서 말한 듯 ── 사람이 그런 사무적인 사연들만 적는다면 편지는 얼마나 슬퍼할까. 만나서 하지 못하는 말을 그런 감정을 편지에서니까 표현할 수 있는 것 아닐까? 편지의 미덕이 그 점에 있는 것이 아닐까?'

상대도 없이 다시 불을 밝히고 긴 편지를 써 보고 싶은 충동도 일어난다.

'우표만 붙여서 아무데나 빨간 통속에 넣기만 하면 아무리 먼 데고 아무리 번지수가 복잡한데고 틀림없이 찾어가 주는 편지, 세상에 그 많은 사람 손에서 꼭 그 한사람을 찾어가서만 속을 열어보이는 편지의 정조 편지란 문자가 낳은 가장 아름다운 것 중의 하나다!'[13)]

인용문은 편지와 관련하여 편지의 형식과 내용에 대한 두 가지 사실을 시사한다. 형식의 측면에서 편지는 언문일치를 뛰어넘으며, '말'에 대한 '글'의 우위를 보여준다. '만나서 말하듯이 쓰'는 것과 '만나서 하지 못하는 말을 그런 감정을 편지에서니까 표현할 수 있는 것', 양자는 '언문일치'와 '언문일치를 넘어선 문체의 창조'라는 이태준 『문장강화』의 말미를 떠올리게 한다.[14)] 내용의 측면에서 편지는 "속을 열어 보이는" 수단으로서 개인의 내밀한 정서를 세상 밖으로 현시한다. 글씨와 달리 '글'은 의미의 파생체로서, 소설에 삽입된 '편지'는 작가가 창조해 낸 작중 인물의 내밀한 목소리이다. 요컨대 이태준 장편소설에서 편지는 작중 주인공들의 내밀한 비밀

13) 이태준, 『화관』, 깊은샘, 2001, 179~180면.

14) 이태준은 『문장강화』의 '제9강 문장의 고전과 현대'에서 '언문일치'는 실용정신에서 온 것으로 이상의 생활을 보여주는 것인 반면, '예술가의 문장'은 일상생활의 기구가 되어서는 안 되며 창조하는 도구가 되어야 함을 힘주어 말한다. 그는 책의 말미에 "누구나 먼저는 언문일치 문장에 입학해야" 하지만, "문예가가 되려면 이 언문일치 문장을 완전히 소화하고 나서야 할 것"을 강조한다(이태준, 『문장강화』, 깊은샘, 1997, 347면).

을 표출하거나, 사적 욕망을 공적 희생으로 대체하려는 작가의 계도를 대변한다. 소설에서 편지는 작중 인물 간의 소통은 물론 작가와 독자, 작가와 작품을 연결하고 소통시켜 주는 중개자이다. 이러한 사실을 고려할 때, 이태준 장편소설에 나타난 편지는 '만나서 하지 못하는' 인물의 내면을 표출함과 동시에, 그것은 인물 간의 은밀한 소통일 뿐 아니라 독자를 대상으로 작가가 선택한 내밀한 소통 방법임을 알 수 있다.

3. 이태준 장편소설에 나타난 편지의 성격

1) 연애와 계도의 메신저로서 편지

이태준의 장편소설에서 대다수 작중 남녀의 만남과 사랑은 편지에서 시작된다.[15] 특히 이태준의 초기 장편소설에는 남녀 간의 편지가 매우 빈번하게 나타난다. 「성모」(『조선중앙일보』, 1935.5.26~1936.1.19)에서 서로에 대한 호감을 확인한 후, 상철이 순모에게 건네는 첫 말은 "그럼 내가 인제 편지해두 괜찮우?", "집으루 해도 괜찮우?"와 같은 편지왕래에 대한 제의이다. 「제이의 운명」에서 필재와 천숙 역시 "좀 중요한 말이면 편지로 해왔고 그렇게 하는 것이 말로보다 더 충분히"[16] 전달되었다. 「구원의 여상」(『신여

15) 편지 이외 작중에서 '속달'과 '전보'는 사건의 신속한 전개를 가져온다. 예컨대 「성모」에서 어머니의 위독을 알리는 전보는 동경에서 공부하는 천숙을 조선으로 송환하는 계기가 될 뿐 아니라, '천숙과 필재의 연애'가 '천숙과 순구의 결혼'으로 진전되는 촉매 역할을 한다. 천숙과 순구가 조선으로 돌아가자, 동경에 홀로 남은 필재는 돈을 보내 달라는 전보를 보낸다.

16) 이태준, 『제이의 운명』, 깊은샘, 1988, 60면.

성』, 1931.3~1932.8)에서 인애와 영조가 서로 말문을 트는 계기도 편지에서 비롯된다. 그들은 같은 집에 살면서도 한 번도 말을 건네지 못한다. 외삼촌 집에 기거하는 인애는 자신의 안타까운 사정을 같은 집에 가정교사로 있는 영조에게 '우표'를 붙여 편지로 전한다. 그 편지의 내용인즉 밤에 둘이 만나자는 것이나, 직접 만나서도 인애는 영조에게 할 말을 못하고 또 다시 우표를 붙이고 편지를 보낸다.[17]

「불멸의 함성」(『조선중앙일보』, 1934.5.15~1935.3.30)에서도 '편지'는 서사의 동력이다. 이 작품의 전편은 '두영과 원옥의 편지', 후편은 '두영과 정길의 편지'로 구분된다. 작중 인물들은 말로 드러낼 수 없었던 이성관과 연애관, 세계관을 편지로 표출한다. 고학생 두영은 인천 소학교의 교원으로 있는 원옥과 편지를 왕래함으로서 사랑을 전달하고, 만남을 기약한다. 원옥은 천오상과 밤을 보낸 후에도, 두영에게 그 사실을 들키지 않으려고 위장의 편지를 쓴다. 그녀는 편지에 "몸이 아파 누웠으니까 당신이 더 만나고 싶었어요"[18]라는 구절을 첨가하여 상대의 기분을 풀어주는 것도 잊지 않는다. 작품의 후반부에는 '두영과 정길의 편지'가 서사의 추동력이 된다. 천오상의 아이를 밴 원옥은 정길에게 두영을 취하라는 심기 불편한 내용의 편지를 보낸다. 정길은 두영에게 독려의 편지를 보내고, 적극적으로 사랑을 표현한다. 원옥의 박대와 극도의 빈궁에 시달리던 두영은 정길의 독려 편지를 받으면서 정길에게 마음을 의탁한다. 정길은 강연활동에 나선 두영을 응원하기 위해 강연할 도시에서 두영이 받아볼 수 있도록 '편지'와 '엽서'를 부친다. 그들은 편지 왕

---

17) 인애는 재취로 혼인시키려는 외삼촌 내외의 입장과 그에 대한 서러움을 담은 편지를 보냈고, 영조는 그에 굴하지 말고 학교와 자신에게 도움을 청하라는 답장을 보낸다.

18) 이태준, 『불멸의 함성』 상, 깊은샘, 1988, 137면. 이하 작품 인용은 인용문 말미에 도서명과 페이지 수만 명기.

래를 통해 "충실한 애인"이자 "조선의 지식청년"이 되자는 결의를 다진다.

전반부의 편지가 작중 남녀의 사사로운 연애를 지향한다면, 후반부의 편지는 작중 남녀로 하여금 사회적 계도로 이끈다. 이태준의 장편소설에서 편지는 남녀연애를 통해 독자의 흥미와 호기심을 유발하지만, 궁극에는 남녀 인물을 비롯 독자를 계몽의 세계로 유인한다. '두영과 정길의 편지'는 작품 말미까지 지속된다. 두영은 일본에서 정길의 편지를 받자, "그 먼 길을 혼자 날아온 편지는 아니건만 자기를 위해 천산만수를 허덕이고 넘어온 듯 읽기 전에 감사함"(『불멸의 함성』 하, 354면)으로 가슴이 울렁였다. 고학생 두영에게 정길의 편지는 "사랑하는 정열엔 기름처럼 불타게 하는, 그리고 외국으로 구차한 유학의 길을 떠나는 의지에는 강철과 같은 힘을 주었다." "목소리가 없는 편지, 움직여 주지 않는 사진, 보고 싶고 마주 안고 싶은 욕망은 불길처럼 가슴속을 설레었다."(『불멸의 함성』 하, 354면) 정길은 일본을 거쳐 험난한 미국 유학길에 오른다. 정길의 편지는 두영의 험난한 미국 유학시절 내내 힘을 준다.[19]

이태준 장편소설에 나타난 대부분의 편지는 연애편지로서 남녀 인물의 연애과정을 보여준다. 초기 장편뿐 아니라 후기 장편 「별은 창마다」(『신시대』, 1942.1~1943.6)에서 한정은 · 주익현 · 어하영 세 사람 모두는 사랑하는 여인에게 편지로 마음을 전한다. 「행복에의 흰손들」(『조광』, 1942.1~1943.1)에서도 황순필은 유소춘에게 편지로 관심을 표명하고 만남을 기약한다. 이때 '편지'는 남성과 여성의 자유로운 만남을 대체하고 남성과 여성간의 정

19) 두영은 "어떤 일이 있던지 당신은 영원히 내 애인이요 내 친구인 정길씨에게"(『불멸의 함성』 하, 438면)라는 수식어로 자신의 사랑을 전달하고, 정길은 "안녕히 계세요. 슬픈 일이 계실 때는 제 마음이 당신 옆에 가 있는 걸 알아 주세요. 제 마음의 손이 당신을 위로해 드리는 것을 느끼세요"(『불멸의 함성』 하, 446면)라고 안부와 사랑의 마음을 전한다.

념을 전달한다. 그러나 작중에서 연애편지는 인물 간의 만남과 갈등을 촉발할 뿐, 주제구현에 이바지하지 않는다. 이태준은 이러한 연애편지를 오히려 부정함으로서 작중 인물들이 '개인'이 아니라 '사회'에 눈을 돌리도록 만든다. 이태준은 작품 전반부에서 연애편지를 주고받던 남녀를 후반부에 이르러 헤어지게 함과 동시에 그들 모두를 사회에 눈 뜨도록 계도한다.

이태준의 초기 장편소설 「불멸의 함성」은 남녀 연애의 메신저로서 편지의 기능은 물론, 작중 인물과 독자들의 계도 수단으로서 편지의 메신저 기능을 보여주는 대표작이다. 이 작품을 비롯한 다수의 장편소설에서 편지는 남녀 간 애정전달과 갈등의 계기, 계몽 의지 표출의 수단에 그치고 있다. 이러한 사실은 1930년대 이태준의 장편소설이, 1910년대 신소설에서 편지가 대중의 흥미를 자극하던 수준에서 벗어나지 못했음을 보여줌과 동시에 1920년대 근대적 개인의 발견이라는 주제를 제대로 잇고 있지 못함을 시사한다.

2) 개인의 내면 형성과 인물의 성격 창조

작중에서 남녀 간 왕래되는 편지는 개인의 특정한 생각을 표출하는 도구이다. 예컨대 「구원의 여상」(1931~32)에서 작중 인물의 의사전달은 전적으로 편지에 의지하고 있다. 외삼촌 집을 벗어난 인애가 영조에게 연락을 취할 수 있었던 것, 영조가 동경에서 인애와 애틋한 사랑을 교환할 수 있었던 것, 명도와 동거한 영조가 인애에게 미안한 마음을 전달하는 것, 인애가 원망대신 응원을 전달할 수 있었던 것, 서대문형무소에 수감된 영조가 인애에게 연락할 수 있었던 것, 이 모든 소통이 편지에 의해 이루어진다. 인애가 영조에게 보내는 편지, 영조가 인애에게 보내는 편지 등은 남녀가 서로에 대한 각별한 감정을 전달한다. 이처럼 개인과 개인 간에 왕래되는 편지는 개인의 내면이 어떻게 형성되어, 자리 잡는지 그 과정을 보여준다. 특히 말로 표현할 수 없었던 자신의 생각과 심정을 편지에 담았을 때, 그것은 정서로서 인물의 내면에 깊이 각인된다.

「구원의 여상」에서 소심한 여학생 인애는 자기 생활의 위안물로서 애인이 보낸 편지의 내용을 마음속 깊이 각인시킨다. 평소 인애는 '오빠'라는 명칭으로 영조에 대한 애정을 절제하지만, "누이야 여태두 멀었니? 내가 너를 인애씨 할 날이—요즘 와선 못 견디게 클클스럽다. 네가 앞에 온 듯하여 꽉 붙들어 보면 그것은 책상이다. 엊저녁엔 잉크병을 다 쏟질렀단다"[20] 라는 영조의 편지 구절을 되새기며 그리움을 달래며, 애인의 정열을 간직한 기쁨에 젖는다. 인애는 영조와의 관계는 물론, 영조의 편지 내용을 비밀로 간직하며, 명도를 비롯 다른 사람들에게는 내색하지 않는다. 이때 '편지'는 근대적 개인으로 존재할 수 있는 내면을 유지 존속시켜 준다. 편지는 인물의 자유와 욕망을 전달한다. 작중 인물은 '편지'를 통해 자기 의중을 전달하고 의지를 굳건히 한다. 공간과 시간, 말과 행동의 제약을 받던 인물들이 이 모든 것을 초월하여 자신의 의지를 전달한다. 근대적인 인간이 편지를 만들었다기보다 편지와 같은 내밀한 글쓰기가 일반화됨에 따라 근대적 인간이 개인으로 존재할 수 있었던 것이며, 개인은 편지를 통해 '내면'과 '비밀'을 간직한다. '편지'는 농밀한 애정뿐 아니라 어떤 일과 상황에 있어서 자신의 주관과 의지를 고수하고 전달하는 수단이라는 점에서, 근대인이 사생활에서 자신의 내면을 형성하는 도구이다.

---

20) 이태준, 『구원의 여상 · 신혼 일기』, 깊은샘, 1988, 60면.

「성모」에서 영조의 편지는 다음과 같은 시사점이 있다. 영조의 편지는 영조의 인물됨을 드러냄과 동시에 그 편지를 간직하는 인애의 성품까지 시사한다. 영조의 편지는 그 자체로 영조라는 인물의 적극성과 정열을 보여주며, 동시에 이 편지를 받고서 같은 구절을 매번 떠올리는 인애를 통해 소극적이지만 일편단심으로 곧은 인애의 성품도 보여준다. 편지는 말로 전해질 수 없는 개인의 욕망을 상대에게 전달할 뿐 아니라 그것을 혼자 간직함으로써, 개인에게 비밀스러운 내면을 만들어준다. 소설에 나타난 편지는 작가가 작중 인물의 성격을 창조하는 방법일 뿐 아니라, 나아가 작중 인물의 성품을 효과적으로 독자들에게 전달하는 수단이 된다. 요컨대, 소설에 삽입된 '편지'는 다음과 같은 역할을 한다. 첫째, 편지는 인물과 인물 간 긴밀한 소통 수단으로서, 작중 인물들은 편지 왕래를 통해 자신의 내면을 확충시켜 나간다. 둘째, 소설 구조적 관점에서 편지는 인물의 성격 창조 방법일 뿐 아니라, 작중 인물과 사건을 독자들에게 전달할 수 있는 효과적인 장치가 된다.

이태준은 「구원의 여상」에서 편지의 기능을 십분 활용하고 있는 반면, 또 다른 측면에서 볼 때 그는 소설의 장편화를 위해 손쉽게 '편지'에 의탁한 결과 전체 구성상 소설 전개의 작위성도 노출한다. 작품 말미 주인공 '인애'의 죽음은 사건 전개과정에서 볼 때 갑작스러울 뿐 아니라, 작품을 비장하게 끝내기 위한 과도한 작위성을 보여준다. 돌발적인 죽음을 통한 소설의 종결 처리는 이태준 장편소설의 플롯이 지닌 한계이다. 편지와 관련해서 볼 때, 작중에서 '편지'는 인물 간 소통과 성격창조 기여에 그칠 뿐 소설의 효과적인 구성에 기여하지 못한다. 편지에 많이 의존한 소설일수록, 이태준은 작품의 종결처리에서 '갑작스러운 죽음'이라는 작위성을 노출한다.

예컨대 「제이의 운명」도 남마리아의 돌발적인 죽음으로 작품을 끝맺는다. 작품의 결미에 이르러 천숙은 철원에서 제이의 인생을 설계하겠다는 편지를 필재에게 보낸다. 관동의숙에서 필재를 돕던 남마리아가 급성폐렴으로 죽으면서 그 자리를 천숙이 대체한다. '남마리아'는 필재에게 그간 부재했던 천숙의 자리를 대체했으며, 천숙의 실명(實名) 편지가 작품 표면에 직접 등장하자 남마리아는 작품에서 퇴장한다. 이태준은 '편지'를 통해 작품의 시작과 결말 처리의 유기성을 보이는 반면, 소설의 결말을 처리하는 데 있어 주인공 여성의 죽음은 플롯의 작위성을 노출시킨다. 작가가 서사 전개 과정에서 편지에 많이 의존할수록 결말 구성은 작위적이다. 그의 장편소설에서 대다수 편지가 남녀 간 내면 교환에 그치고 있을 뿐 사건의 유기적인 구성을 비롯한 주제 구현에 이바지하지 못한다는 점에서, 장편소설에 과도하게 나타난 편지는 작가의 안일한 창작 태도를 시사한다.

3) 반전의 계기로서 다채로운 형태의 편지

이태준의 장편소설에서 다양한 편지의 기능을 효과적으로 활용한 작품이 없는 것도 아니다. 이태준의 「청춘무성」(『조선일보』, 1940.3.12~8.11; 박문서관 단행본 간행, 1940.11)은 여러 종류의 '편지'가 소설의 구성에 기여한다. 주인공 원치원을 중심으로, 작중 인물 간에 오고간 편지는 '연애편지', '투서', '훔쳐 본 편지', '사진교환 편지'로 구분된다. 일련의 편지는 작중에서 인물의 감정변화는 물론, 사건의 형성과 추이를 보여주는 플롯의 기능을 수행한다. 이 작품은 작중 인물의 행적에 따라 전반부와 후반부로 나눌 수 있다. 전반부에서는 작중 남녀의 얽히고설킨 연애문제를 다루고 있으며, 후반부에서는 작중 남녀의 자아실현과 사회사업을 다루고 있다. 이때 '편지'는 남녀의 연애갈등을 보여주는 전반부에 집중적으로 나타난다. 초입의 연애편지는 작중에서 남녀가 상대에게 사랑을 전달하는 수단일 뿐 아니라 사랑을 확인하고 키워나가는 수단이라는 점에서, 이태준의 초기 장편소설과 다르지 않다.

전반부에 등장하는 편지의 성격과 의미를 살펴보면 다음과 같다. 원치원과 고은심은 편지를 통해 사랑을 확인한다. 고은심이 "빨각거리는 풀센 양지, 봄비처럼 가늘은 은줄"위에 "은줄을 다칠세 조심스레 써 나랴간 글씨"[21] 속에는 '기숙사 팔라'에 와달라는 사연이 적혀있다. 목사이기 전에 남자로서 원치원도 고은심에게 속달우편으로 자신의 사랑을 알린다. "나도 원치원이란 한 순수한 남자로서 내 진정을 열어 은심양에게 바치는 것입니다. 나도 은심양을 사랑합니다. 만일 은심양이 나를 진정으로 사랑한 것이 아니라면 인제부터라도 나를 사랑해 주십시오." "나는 이번 학기까지로 학교를 고만두겠습니다. 고은심의 선생이란 것보다 고은심양의 애인이란 더 명예와 더 행복과 더 의미 큰 지위를 차지하기 위해."(『청춘무성』, 110면) 두 사람을 시기한 득주는 또 다른 형태의 편지를 통해 고은심과 원선생의 관계를 갈라놓는다.

득주는 원선생의 사랑을 독차지할 요량으로, 원선생이 밤에 득주와 관계했다는 거짓 내용의 투서를 미션스쿨에 보낸다. "학생을 자기 하숙으로 유인해다 자는 그따위 선생과 그따위 학생을 그냥 둔단 말이오? (…중략…) 그들은 지난 십이월 밤 원치원의 하숙에서 같이 잔 것이오. 그 뒤로

21) 이태준, 『청춘무성』, 깊은샘, 2001, 44면. 이하 작품 인용은 인용문 말미에 도서명과 페이지 수만 명기.

도 그들의 추행은 동리에 자자하오. 이 두 사람은 동시에 처분하지 않으면 사회에 공포할 터이니 그리 아시오."(『청춘무성』, 126~127면) 투서로 말미암아, 원선생은 조심스럽게 키워나가던 애정이 파국으로 치닫는가 하면, 자신이 몸담고 있던 학교를 떠나야 했다. 나아가 득주의 영혼을 치유해야 하는 책무까지 떠안게 된다. 아울러, 득주는 은심이 원선생에게 보낸 연애편지를 학생들에게 공개한다. 은밀한 편지가 만인에게 공개됨으로서, 소통의 단절은 물론 사건의 발 빠른 전개를 몰고 온다.

남녀 사랑의 메신저로서 연애편지가 제 삼자에 의해 차단되자, 원선생은 사회사업에 뛰어들 수 있는 계기를 갖는다. 고은심 역시 미국 유학 후 자아실현과 더불어 사회에 공헌할 수 있는 계기를 갖는다. 이태준은 작중 남녀의 만남과 사랑을 연애편지의 형태로 보여주면서도, 종국에는 그들의 연애를 파국으로 이끈다. 「제이의 운명」(『조선중앙일보』, 1933.8.25~1934.2.23)에서도 필재와 천숙의 편지가 중간에 가로채임으로서 두 사람의 연애가 종식되고, 필재는 온전히 사회사업에 돌아설 수 있는 계기를 마련한다. 이처럼 이태준 장편소설에서 '연애편지'는 독자의 대중적 흥미를 유발하는 장치에 불과하다. 초기 소설에 비해 후기 소설에 있어서 달라진 점이 있다면, 연애편지 이외 다양한 형태의 편지가 등장하여 새로운 사건과 새로운 인물을 다채롭게 배치한다는 것이다.

이 작품에서 '훔쳐본 편지', '혼인을 위한 사진교환 편지'는 새로운 사건을 촉발시킨다. 득주는 언니의 애인에게서 온 편지를 훔쳐본다. "당신은 그만해두 부모나 동생헌테 헐만치 허지 안했느냐? 동생의 졸업꺼지라니, 중학만 마쳐준 것만 해두 네 체면은 서지 않었느냐? 내 사정두 봐줘야 허지 않느냐?"는 내용의 편지를 훔쳐본 후, 득주는 가계는 물론 동생 학비를 충당하고 있는 언니에 대해 새롭게 인식한다. 득주는 스스로 후원자를 만나 처녀를 내어주고, 까페 여급이 된다. 편지의 수신자와 발신자는 언니와 언니의 애인이지만, 소설에서 이 편지의 또 다른 수신자는 득주이다. 득주가 이 편지를 훔쳐봄으로써 득주의 진로는 물론 전체 사건의 진행에서 또 다른 파장을 몰고 온다. 이 편지는 여급이 된 득주와 학교 간의 갈등은 물론, 교사 원치원과 탈선한 학생 득주가 인연을 맺게 되는 계기를 정초한다.

원선생과의 연애파국 이후, 은심은 미국 보스톤에 있는 사촌오빠로부터 '사진교환 편지(카드)'를 받는다. 이 편지는 당시 유행하던 사진교환을 통한 혼인주선 편지이다. 졸업을 전후하여, 은심은 미국에 있는 사촌오빠로부터 새로운 제안을 받는다. 이 편지는 득주 인생의 변화는 물론, 새로운 인물의 등장과 더불어 새로운 갈등을 전개시킨다. 사촌오빠는 조오지 함의 사진을 은심에게 보냈으며, 은심은 자신의 사진을 보낸다. 그녀는 사촌오빠의 주선으로 사진을 주고받으며 결혼을 마음먹는다. 은심은 조오지 함의 약혼자가 되어 미국으로 향하는 여정길에 오른다. 미국행 배를 타기 위해 잠시 들른 일본에서 은심은 원선생과 조우한다. 동경에서 은심을 두고 원선생과 조오지 함이 삼각관계를 벌인다. 이 편지는 표면적으로는 은심의 미국행을 기획하지만, 결국 은심이 동경에서 원선생을 만날 수 있는 계기를 제공하는가 하면 조선의 여학생 은심이 미국의 유학생이 되어 모교의 사회학 교수로 재생할 수 있는 단초를 마련한다. 작품의 구조상 '투서'와 '사진교환 편지'는 은심으로 하여금 사적 생활에서 공적 생활로 인생행로를 변화시킨다.

작품에 나타난 '연애편지', '투서', '훔쳐본 편지', '사진교환 편지'는 전체 사건의 전개 및 인물의 활로를 보여주기 위해 작가가 고안해 낸 장치이다. 원선생은 연애편지를 주고받으면서 사랑을 키웠다면, 투서로 인해 모든 것을 잃고 사회사업에 투신한다. 고은심은 연애편지로 사랑이 무르익었다면 투서로 인해 사랑대신 일을 할 수 있는 계기를 마련하였으며, 사진교환 편지는 유학을 비롯하여 전문적인 학문의 길에 접어들 수 있는 토대를 제공한다. 이 작품에서 이태준은 다양한 형태의 '편지'를 설정함으로써 문체를 고안할 뿐 아니라, 유기적인 플롯을 기획한다. 작중에서 '편지'는 인물 간 내면의 추이를 보여주고, 갈등을 유발시키는 적극적인 서사의 추동력이다. 초기 장편소설에 비해 후기 장편소설 「청춘무성」에는 좀 더 다양한 형태의 편지가 나타난다. 이러한 다양한 편지는 사건의 발빠른 전개를 통해 소설의 흥미를 배가시킨다. 아울러 소설 속에 주인공 이외, 또 다른 인물의 등장과 새로운 사건의 시작을 유기적으로 배치한다.

4. 사건의 전환점으로서 '편지'의 근대성과 한계

1930년대 이태준 장편소설에 빈번히 나타난 편지는 인물의 성격과 내면을 창조할 뿐 아니라, 소설의 전개방식으로 자리를 굳히고 있다. 소설이 안정 상태에서 시작되고, 여기에 어떤 힘이 가해지면서 안정 상태가 일탈 파괴된다고 할 때,[22] 이태준의 장편소설에는 안정을 파괴하는 장치로서 '편지'가 빈번히 나타난다. 「제이의 운명」(1933~1934)과 「청춘무성」(1940)이 그 대표적인 예이다. 앞서 살펴본 「청춘무성」에서 투서가 남녀의 애정파국을 몰고 왔다면, 「제이의 운명」에서 가로채인 편지는 천숙과 필재의 이별과 갈등을 초래한다. '가로채인 편지'는 소설 구성상, 발단에서 전개로 넘어가

22) 김천혜, 「서사구조—플롯」, 『소설 구조의 이론』, 문학과지성사, 1994, 175면.

는 계기를 마련한다. 천숙의 오빠가 편지를 가로챔으로써 작중 필재와 천숙은 서로에 대한 오해 속에 헤어진다. 편지가 전달되지 않은 채, 무성한 '소문'은 상대에 대한 불신과 배신감을 자아낸다. 편지를 보낸 필재는 천숙의 답장을 기다리지만, 천숙은 기별도 없이 고향으로 돌아갈 뿐 아니라 순구와 결혼한다. 이후 필재는 사회에 눈을 돌리고, 천숙은 가정생활 내부로 침잠하여 작품 표면에 등장하지 않는다. 소설의 구조적 측면에서 볼 때, '편지'는 사건의 전환점으로서 원활한 서사 전개와 더불어 효과적인 플롯의 기능을 수행한다.

이때 '편지'는 안정을 불안정으로 교란시키는 계기가 된다. 안정에서 불안정 모드로의 변화를 '갈등'이라고 한다면, 편지는 갈등의 촉매가 된다. 편지는 소설에서 각각의 에피소드(episode)가 서로 조화를 이룰 수 있도록 '동기부여(motivation)'의 역할을 수행한다. 이야기의 주요 흐름이 적절히 동기부여 된 작품에서, 독자는 주어진 인물이나 상황 속에서 잇따라 이어지는 행위들이 흐름의 자연스러운 결과라고 인식한다.[23] 전대의 소설에서 에피소드간의 연결과 갈등이 우연성에 기초하고 있었다면, 근대소설에서 '편지'는 사건과 갈등에 있어서 개연성을 부여하고 전대와 달리 유기적이고 논리적인 소설 구조를 정초한다. 그런 측면에서 볼 때, 편지가 나타나지 않는 이태준의 장편소설에는 우연성이 두드러진다. 「법은 그렇지만」(『신여성』, 1933.4~1934.4)에서 서운은 함경도 일대의 작은 섬에 살고 있다. 서운은 경남과 정혼했지만, 허영에 몸이 달아 원산을 거쳐 서울로 가면서 경남과 만나지 못한다. 왜냐하면 그가 서운의 행방을 모르기도 하지만, 서운이 교육의 기회도 받지 못했을 뿐 아니라 근대적인 우편제도를 이용할 수 있는

23) 우한용, 「소설의 구조」, 『현대 소설의 이해』, 문학사상사, 1996, 87면.

문해력이 없기 때문이다. 서운은 경남의 품을 떠나기 전에, 함께 지내던 해변가 모래위에 간신히 서울주소만 베껴 쓰지만 이것이나마 밀려오는 파도에 씻겨내려 갔다. 버스걸이 된 서운에게 경남은 우연히 승객으로 등장한다. 우연성에 기초한 양자간의 만남은 독자들에게 감상을 자아낸다. 편지가 나타나지 않은 초기 장편소설에서 인물의 우연한 만남은 소설의 작위성을 노출하고 있으며, 이는 상대적으로 이야기의 장편화를 위해 이태준이 그 만큼 편지에 많이 의존하고 있음을 반증한다.

그러나 소설에서 과도한 '편지에 의한 동기부여'는 긴장감 없는 사건 구성을 초래할 수 있다. 작중에서 편지가 사건의 전환점으로 존재할 때, 그것은 이미 '플롯'의 기능을 한다. 편지가 사사로운 내면의 전달수단이라는 점에서, 편지에 의한 지나친 동기부여는 소설의 구조적인 한계를 노정한다. 포스터는 이야기와 구분되는 플롯을 정의하기 위해 인과관계를 강조한다.[24] 그에 의하면, 플롯은 시간의 연속을 유보하고 가능한 데까지 이야기를 떠나 멀리 이동할 수 있는 신비를 지니고 있으므로, 이에 독자들에게는 '지력'과 '기억력'이 요구된다. '지력'의 관점에서 독자들은 사실을 두 가지 관점, 먼저 독립시켜서 보고 다음에는 먼저 읽은 다른 사실들과 연관을 맺고 볼 수 있는 능력을 구비해야 한다. 플롯이 지닌 신비를 이해하기 위해서는 마음의 일부는 뒤에 남아서 명상을 해야 하고 그 동안 다른 부분은 앞으로 나아가야 한다는 것이다. 아울러 '기억력'의 관점에서 독자들은 기억을 하지 않고서는 이해할 수 없다.

24) E.M. 포스터, 이성호 역, 「플롯」, 『소설의 이론』, 문예출판사, 1996, 93~115면 참조. 포스터는 '지력'을 '정신의 빛나는 칼날'에 '기억력'은 '정신의 희미한 후광'에 비유하고 있다. 이하 플롯에 대한 설명은 이 책을 참조한 것이다.

포스터의 지적처럼, 잘 짜여진 플롯이라면 독자들은 소설을 읽으면서 새로운 단서와 인과의 새로운 사슬을 맞아 꾸준히 재정리하고 재삼 숙고해야 된다. 이처럼 플롯이 소설의 논리적이며 지성적인 현상이라 할 때, 이태준의 장편소설에 빈번히 나타나는 편지는 단선적이고 느슨한 플롯을 형성한다. 장편소설의 서사 추이과정에서 이태준은 복합적인 사건의 연쇄를 거치는 것이 아니라, 매순간 인물 간에 편지를 주고받는 것으로 새로운 사건의 국면을 만들어 낸다. 편지는 '감정'을 전달하는 매개는 될 수 있으나, '사건'을 보여주는 적극적인 기제는 아니다. 갈등의 근원이 남녀 간 애정과 같은 사적인 욕망의 실현여부와 관련되어 있다는 점에서, 편지에 의한 동기부여는 일상적이고 통속적인 의의를 벗어나지 못한다. 요컨대 그의 장편소설에서 '편지'는 역동적인 사건의 전개가 아니라 인물의 사사로운 욕망을 암시하거나 그렇지 않으면 작가의 공리적인 계도 의지를 드러냄으로서, 감상적인 대중소설과 계몽소설의 범주를 크게 벗어나지 못하고 있다. 그 결과 이태준의 장편소설은 읽히기 용이한 '쉬운 소설'로서 대중성은 확보했을지언정, 전대와 구분되는 1930년대 장편소설의 새로운 가능성은 보여주지 못한 한계를 지닌다.

5. 결론

이태준은 장편소설에서 인물의 성격을 창조하고 새로운 이야기를 전개하는데 '편지'를 적극 활용하고 있으므로, 그의 장편소설에 나타난 '편지'는 이태준 장편소설의 의의를 알 수 있는 또 하나의 형식적인 준거가 될 수 있다. 이 글에서는 이태준의 장편소설이 거둔 성과를 살펴보기 위해 장편소설에 나타난 편지의 기능과 한계에 주목해 보았다. 실용문으로서 편지가 언문일치의 성격을 띠고 있다면, 소설 속에 삽입된 편지는 문예문으로서 언문일치를 극복하고 인물의 성격을 창조하며 사건을 전개시키는 등 작가가 고안해 낸 개성적인 문체이다. 편지라는 소통 기제가 일반화되기 전, 작중 인물들은 '기다림'과 기다림의 '시간'을 통해 만남을 준비하고, 만남을 통해 정서를 전달했다. 한글보급과 더불어 편지가 대중화됨에 따라 작중 남녀는 서로의 탐색 시간을 단축하고 자신의 감정을 신속하게 전달하며, 그 결과 소설에서 사건은 발 빠르게 진행된다. 소설에 삽입된 편지는 시대를 거듭하면서 소설의 완성도를 높이는 데 일정 기여를 했다. 개화기 소설에 이르면 편지는 수사학으로 자리 잡는다. 모함과 계교의 방편으로서 편지는 갈등을 초래함으로서 이야기의 흥미를 배가시킨다. 1920년대 소설에서 편지는 내밀한 문체로서 근대적인 개인을 구현하며, 1인칭 소설과 고백체 소설과 같은 새로운 양식의 소설을 낳았다.

1930년대 이태준의 장편소설에 나타난 편지는 전대 소설에 나타난 편지의 제 성격을 고루 수용하면서, 장편소설 창작방법의 일면을 시사한다. 이태준의 장편소설에 나타난 편지의 의의를 요약하면 다음과 같다. 첫째, 편지는 작중 남녀 간 연애의 메신저가 되는 동시에 이들을 선도하기 위한 계도의 메신저이다. 편지는 남녀 간의 갈등을 유발하고 새로운 사건을 전개시키기 위한 전략이 된다. 둘째, 편지는 개인의 내면 형성을 위한 기제가 될 뿐 아니라 인물의 성격 창조를 위한 작가의 전략이다. 직접 만나서 말하는 대신 지면을 통해 자신의 주관과 감정을 더욱 세밀하게 전달하며, 편지로 전달된 상대의 열정을 내면에 오랫동안 간직한다. 셋째, 다채로운 형태의 편지는 반전의 계기가 된다. 서사전개과정에서 편지는 안정모드를 혼란모드로 변형시키는 플롯의 기능을 수행한다. 이때 이전에 등장하지 않았던 새로운 인물, 새로운 사건이 작품 표면에 등장하면서 이야기를 다채롭게 몰고 간다.

이태준의 장편소설에서 편지는 새로운 사건의 전환점으로 의의를 지닌다. 반면, 서사 전개과정에서 작가가 과도하게 편지에 의지함으로서 읽히기 쉬운 소설이라는 대중성은 확보하지만, 전대와 구분되는 1930년대 장편소설의 새로운 비전은 보여주지 못했다. 이태준의 장편소설에서 '편지'는 유기적인 플롯의 기능을 수행하면서 사건의 발생에 개연성을 부여한다. 그 결과 기존 사건과 새로운 사건, 표면에 등장하는 인물과 새롭게 등장할 인물 간의 유기적인 개연성을 담보하고 있다. 그럼에도 불구하고 그의 초기 장편소설에 빈번하게 출현하는 편지는 인물의 과잉 '감정'을 전달하는데 유용한 효과를 발하는 반면, 행동과 사건을 통한 이야기의 실현이라는 역동적인 플롯의 구성을 방해한다. 그 결과 작중에서 빈번하게 나타나는 편지는 이태준 장편소설이 본격소설보다 대중적인 통속소설로 규정될 수밖에 없는 한계로 작용한다.

• 이 글은 배제대학교 김화선 선생님과 공저임(『어문연구』, 2007.8).

참고문헌

1. 자료

1) 작품자료

김동인, 『김동인선집』, 어문각, 1981.
김만선, 「한글강습회」, 『대조』, 1946.7.
박태원, 『李箱의 悲戀』, 깊은샘, 1991.
염상섭, 『염상섭전집』 1 · 2 · 9 · 12, 민음사, 1987.
이　상, 『이상문학전집—소설』, 문학사상사, 1994.
이광수, 『이광수전집』 별권, 삼중당, 1974.
이태준, 『무서록』, 깊은샘, 1997.
______, 『문장강화』, 깊은샘, 1995.
______, 『별은 창마다』, 깊은샘, 1995.
______, 『서간문강화』, 깊은샘, 2002.
______, 『이태준전집』 4, 깊은샘, 1988.
______, 『화관』, 깊은샘, 2001.
______, 『불멸의 함성』 상 · 하, 깊은샘, 1988.
______, 『구원의 여상 · 신혼일기』, 깊은샘, 1988.
______, 『황진이』, 깊은샘, 1999.
______, 『해방전후 · 고향길』, 깊은샘, 1995.
______, 『달밤』, 깊은샘, 1995.
______, 『돌다리』, 깊은샘, 1995.
______, 『소련기행 · 농토 · 먼지』, 깊은샘, 2001.
______, 「혁명절의 모스크바(상)」, 『한국근대문학연구』 제2권 제2호, 2001.
______, 「혁명절의 모스크바(하)」, 『한국근대문학연구』 제3권 제1호, 2002.
______, 「어린 守門將」, 『어린이』 6, 1929.1.
______, 「불상한 少年美術家」, 『어린이』 7, 1929.2.
______, 「슬픈 명일 秋夕」, 『어린이』, 1929.5.
______, 「쓸쓸한밤길」, 『어린이』 7권 5호, 1929.6

———, 「불상한 三兄弟」, 『어린이』, 1929.7 · 8합호(하기방학호).
———, 「눈물의 入學」, 『어린이』, 1930.1.
———, 「외로운아이」, 『어린이』, 1930.11.
———, 「몰라쟁이엄마」, 『어린이』, 1931.2.
———, 「슬퍼하는나무」, 『어린이』, 1932.7.
이효석, 『이효석전집』 1, 창미사, 1990.
임 화, 『현해탄』, 동광서판, 1938.
전경린, 『황진이』 1 · 2, 이룸, 2004.
전영택, 『신한국문학전집』 21, 어문각, 1981.
최명익, 『한국소설문학자료집』 3, 평우문화사, 1987.
현진건, 「고향—조선의 얼굴」, 『현진건문학전집』 1, 국학자료원, 2003.

2) 잡지 · 신문자료

『개벽』, 『동아일보』, 『매일신보』, 『문학창조』, 『삼천리』, 『소년』, 『신가정』, 『신민』, 『신여성』, 『조광』, 『조선문단』, 『조선일보』

2. 논문

강대원, 「상허 이태준 단편소설 연구」, 한양대 박사논문, 2009.
강진호, 「해방후 이태준 소설의 변모 양상」, 『어문논집』 30, 안암어문학회, 1991.
———, 「반공주의의 규율과 "국어" 교과서—1946~1954년의 "국어" 교과서를 중심으로」, 『민족문학사연구』 28, 민족문학사연구회, 2005.
구자황, 「독본을 통해 본 근대적 텍스트의 형성과 변화」, 『한국 근대문학의 형성과 문학 장의 발견』, 소명출판, 2004.
권보드래, 「연애편지의 세계상」, 『연애의 시대』, 현실문화연구, 2003.
권성우, 「이태준 기행문 연구」, 『상허학보』 14, 상허학회, 2002.12.
권혁준, 「『문장강화』에 나타난 이태준 글쓰기에 대한 인식」, 『문학이론과 시교육』, 박이정, 1997, 349~367면.
김경연, 「'황진이'의 서사적 변형과 생산에 관한 고찰」, 『동남어문논집』 21, 2006.
김기림, 「문법(文法)과 문학(文學)의 싸움」, 『김기림전집 4—문장론』, 1988.
———, 「한자어(漢字語)의 실상」, 『학풍』, 1949.10.
김동인, 「문장과 문학」, 『김동인전집』 16, 조선일보사, 1988.

______, 「소설학도의 서제에서－소설에 관한 관견 2 · 3」, 『김동인전집』 16, 조선일보사, 1988.
김윤식, 「빨치산 소설의 기원－이태준의 「첫전투」와 박태민의 「제2전투」, 『한국현대 현실주의 소설 연구』, 문학과지성사, 1990.
______, 「민족어와 인공어－상허의 『문장강화』와 편석촌의 『문장론신강』」, 『문학동네』 15, 1998년 여름.
김은정, 「이태준 장편소설 연구」, 서강대 박사논문, 2001.
김재용, 「북한의 토지개혁과 그 소설적 형상화－이태준의 『농토』와 이기영의 『땅』 비교」, 『민족문학운동의 역사와 이론』, 한길사, 1990.
______, 「월북 이후 이태준의 문학활동과 「먼지」의 문제성」, 『민족문학사연구』 10, 1997.
______, 「민주기지론과 북한문학의 시원」, 『한국학보』 25, 일지사, 1999.
______, 「동양주의에서 국제주의로－근대 극복의 한 도정」, 『이태준문학의 재인식』, 소명출판, 2004.
______, 「한국전쟁기의 이태준」, 『이태준과 현대소설사』, 깊은샘, 2004.
김진영, 「황진이, 타성적 삶에 맞선 주체적 예술관」, 『국어국문학』 124, 1995.
김현숙, 「이태준 소설의 기호론적 연구」, 이화여대 박사논문, 1990.
김형철, 「개화기 국어 어휘」, 『국어의 시대별 변천연구 4－개화기국어』, 국립국어연구원, 1999.
노지승, 「1920년대 초반, 편지 형식 소설의 의미－사적 영역의 성립 및 근대적 개인의 탄생 그리고 편지 형식소설과의 관련성을 중심으로」, 『민족문학사연구』, 2003.
문혜윤, 「1930년대 어휘의 장과 문학어의 계발－『문장강화』의 지향」, 『상허학보』 17, 2006.6, 201~234면.
민충환, 「상허 이태준의 전기적 고찰」, 『이태준연구』, 깊은샘, 1988.
______, 「상허 이태준론(7)－작품의 현지답사 내용을 중심으로」, 『공산권연구』, 1989.1.
______, 「상허 이태준론(9)－'산월이'에 나타난 현장조사를 중심으로」, 『논문집』 11, 부천공전, 1990.12.
______, 「이태준의 전기적 고찰」, 『이태준문학연구』, 깊은샘, 1993.
박광용, 「역사가 입장에서 보는 역사소설과 사료 해석」, 『한국현대문학연구』 20, 2006.
박광현, 「언어적 민족주의 형성에 관한 재고」, 『한국문학연구』 23, 2000.12.

박붕배, 「일제기의 우리 국어(조선어)과 교재 분석연구」, 『논문집』 18, 서울교육대학교, 1985.
박영순, 「이태준 소설의 배경적 모티프 연구—기차 · 정거장을 중심으로」, 강원대 석사논문, 1999.2.
박은태, 「이태준 소설에 나타난 세계관의 변모 양상」, 『현대소설연구』 21, 2004.
박정우, 「일제하 언어 민족주의—식민지 시기 문맹퇴치 / 한글보급운동을 중심으로」, 서울대 석사논문, 2001.
박종화, 「이태준저 『문장강화』」, 『조선일보』, 1940.5.18.
박진숙, 「이태준 문장론의 형성과 근대적 글쓰기의 의미」, 『시학과 언어학』 6, 2003, 135~165면.
______, 「이태준 문학 연구—텍스트와 내포독자를 중심으로」, 서울대 박사논문, 2003.
______, 「이태준의 언어의식」, 『이태준과 현대소설사』, 깊은샘, 2004.
박태원, 「표현 · 묘사 · 기교」, 『조선중앙일보』, 1934, 12.17~31.
박헌호, 「이태준 문학의 소설사적 위상」, 성균관대 박사논문, 1997.
방용호, 「이태준 장편소설 연구」, 인하대 박사논문, 2003.
배개화, 「『문장강화』에 나타난 문장(文章)의식」, 『한국현대문학연구』, 2004.12.
백낙청, 「민족주의의 개념」, 『민족주의란 무엇인가』, 창작과비평사, 1981.
山下英愛, 「한국근대 공창제도 실시에 관한 연구」, 이화여대 석사논문, 1992.
서형범, 「이해조 신소설의 '흥미 요소'에 관한 시론—서사 전개의 변환 장치로서의 '편지'와 '추리의 구조'를 중심으로」, 『한국학보』 108, 2004.
송인화, 「이태준 소설 연구」, 연세대 박사논문, 1999.
______, 「"예술"로 나아가는 "동심", 그리고 폐쇄된 비극성의 세계—이태준 동화연구」, 『동화와 번역』, 건국대학교 동화와 번역 연구소, 2005, 7~32면.
송철의, 「한국 근대 초기의 어문운동과 어문정책」, 『한국문화』 33, 서울대 한국문화연구소, 2004.
스테판 다나카, 「근대 일본과 '동양'의 창안」, 『동아시아, 문제와 시각』, 문학과지성사, 1995.
시라이와 미호, 「현대 한국어 일본어계 외래어의 변천」, 『현대국어의 형성과 변천』 3, 박이정, 2000.
신순철, 「해방이후 이태준의 삶과 문학」, 『국문학연구』 13, 효성여대 국어국문학연구실, 1990.

_____, 「이태준 연구」, 효성여대 박사논문, 1991.
신영숙, 「일제하 한국여성사회사 연구」, 이화여대 박사논문, 1989.
심은경, 「이태준의 동화 연구」, 단국대 석사논문, 2005.
안남연, 「이태준 장편소설 연구」, 한국외대 박사논문, 1992.
안함광, 「중편 「농토」의 형상—상허 이태준씨를 말함」, 『문학과 현실』, 문화전선사, 1950(1947.10).
양용산, 「이태준 단편소설에 나타난 공간분석」, 목포대 석사논문, 2001.2.
여태천, 「민족과 문학—『문장강화』, 민족어와 문학어의 창안 이태준」, 『민족연구』, 2006, 171~185면.
오미정, 「현대 국어 어휘의 의미 변화」, 『현대국어의 형성과 변천』 3, 박이정, 2000.
우한용, 「소설의 구조」, 『현대 소설의 이해』, 문학사상사, 1996.
유인순, 「이태준 소설 속의 고향과 고향 사람들」, 『강원문화연구』, 강원대학교 강원문화연구소, 2005.
유철상, 「해방기 민족적 죄의식의 두 가지 유형」, 『우리말글』 36, 2006.4.
윤수영, 「한국 근대서간체소설 연구」, 이화여대 박사논문, 1989.
윤재철, 「황진이 연구」, 『청람어문학』 12, 청람어문학회, 1994.
이 건, 「이태준 역사소설 『황진이』와 반유교주의 사상」, 『자하어문논집』, 상명어문학회, 1996.8.
이동준, 「황진이 설화의 문학적 연구」, 『어문학』 60, 1997.
이동하, 「한국 현대소설의 정착과정에 대한 고찰」, 『한국학보』 30, 1983년 봄.
이명희, 「이태준 문학 연구」, 숙명여대 박사논문, 1993.
_____, 「『황진이』·『왕자호동』의 역사소설적 의미—심정적 민족주의와 절필의 논리」, 『이태준문학연구』, 깊은샘, 1993.
이미순, 「이태준 『문장강화』에 대한 수사학 연구」, 『우리말글』, 우리말글학회, 2005.12, 319~343면.
이병렬, 「광복기 작가의 한 유형—이태준」, 『숭실어문』, 1989.
_____, 「이태준 소설의 창작기법 연구」, 숭실대 박사논문, 1993.
_____, 「이태준의 후기 소설 연구」, 『현대소설연구』 5, 1996.
_____, 「역사적 인물의 소설적 형상화」, 『숭실어문』 14, 숭실어문학회, 1998.
이성연, 「열강의 식민지 언어정책에 관한 연구」, 전남대 박사논문, 1988.
이수영, 「『만세전』에 나타난 위선과 편지의 문제—'개성'과 '개인'의 차이」, 『한국현대문학회 발표자료집』, 2003년 동계 학술발표회, 2003.

이응오, 「언어정책의 역사적 고찰－광복후 한글 전용 대책을 중심하여」, 서울대 석사논문, 1969.
이익성, 「이태준 소설의 구조와 기법」, 『한국현대소설비평론』, 태학사, 2002.
이재봉, 「월북후 이태준 소설과 정치적 숨바꼭질」, 『한국민족문화』 25, 2005.
이준식, 「외솔과 조선어학회의 한글 운동」, 『현상과인식』, 현상과인식, 1997.
이탄미, 「이태준 연구」, 중앙대 박사논문, 2001.
이태준, 「한글문학만이 조선문학」, 『삼천리』, 1936.
———, 「여성에게 보내는 말－선후의 분별」, 『여성문화』, 1945.12
———, 「산업문화에서의 창씨개명문제」, 『우리공론』, 1945.12.
———, 「시대성과 예술성」, 『서울신문』, 1946.1.25.
———, 「國語에 對하야」, 『대조』, 1946.6.
———, 「國語再建과 文學家의 使命」, 『건설기의 한국문학』, 1946.
이혜령, 「이태준 『문장강화』의 해방전후」, 『이태준과 현대소설사』, 깊은샘, 2004.
이호숙, 「이태준 소설의 이중 욕망 연구」, 이화여대 박사논문, 2001.
장영우, 「이태준 소설 연구」, 동국대 박사논문, 1992.
———, 「해방후 이태준의 소설연구」, 『한국문학연구』 16, 동국대 한국문학연구소, 1993.
전형준, 「같은 것과 다른것－방법으로서의 동아시아」, 『동아시아인의 '동양'인식 19～20세기』, 문학과지성사, 1997.
조기철, 「이태준 문학작품에 나타난 선비정신 연구」, 단국대 박사논문, 2000.
조성윤, 「외솔과 언어 민족주의－한문의 세계에서 한글의 세계로」, 『현상과인식』 62, 현상과인식, 1994.
조윤정, 「이태준 문학의 심상지리 연구」, 서울대 석사논문, 2006.
조태린, 「일제시대의 언어정책과 언어운동에 관한 연구－언어관 및 이데올로기와의 관계를 중심으로」, 1997, 연세대 석사논문.
차희정, 「이태준 동화의 비극성에 나타난 아이러니」, 『한중인문과학연구』, 한중인문학회, 2005, 239~262면.
천정환, 「이태준의 소설론과 『문장강화』에 대한 고찰」, 『한국현대문학연구』 6, 1998.
———, 「근대 독자 형성의 문화적 조건－글쓰기와 연애편지의 시대」, 『근대의 책 읽기』, 푸른역사, 2003.
최동호, 「황진이 시의 양면성과 현대적 변용」, 『어문논집』 18, 안암어문학회, 1977.
최덕근, 「이태준 단편소설에 나타난 고향의 의미」, 강원대 석사논문, 2005.

최시한, 「국문운동과 『문장강화』」, 『시학과 언어학』 6, 시학과언어학회, 2003, 118~121면.
최옥경, 「일제의 대한(對韓) 식민지 언어정책의 배경 언어관 고찰」, 전남대 석사논문, 1993.
하정일 · 김재용, 「해방기 남북한 소설과 근대성」, 『한국언어문학』 45, 한국언어문학회, 2000.
한계전 외, 「1930년대 한국문학의 비교문학적 연구」, 『비교문학』 4, 1989.
한상규, 「『문장강화』를 통해 본 이태준의 문학관」, 『이태준의 문학연구』, 깊은샘, 1993.
한양숙, 「이태준 소설 연구」, 계명대 박사논문, 1994.
황영숙, 「이태준 소설 연구」, 명지대 박사논문, 1994.

3. 단행본

고영근, 『북한의 언어문화』, 서울대 출판부, 1999.
고유섭, 『송도의 고적』, 열화당, 1977.
권순형, 『고려의 혼인제와 여성의 삶』, 혜안, 2006.
권재선, 『간추린 국어학 발전사』, 우골탑, 2001.
김민수, 『북한의 국어연구』, 일조각, 1997.
김진균 외, 『근대주체와 식민지 규율권력』, 문화과학사, 2000.
김천혜, 『소설 구조의 이론』, 문학과지성사, 1994.
박붕배, 『국어교육전사』 상, 대한교과서주식회사, 1987.
박종원 · 류만, 『조선문학개관』 2, 인동, 1988.
상허문학회, 『이태준 문학연구』, 깊은샘, 1993.
상허학회, 『근대문학과 이태준』, 깊은샘, 1999.
상허학회, 『1920년대 동인지 문학과 근대성 연구』, 깊은샘, 2000.
손정목, 『일제강점기 도시사회상 연구』, 일지사, 1996.
손정숙, 『우리나라여성들은 어떻게살았을까』 2, 청년사, 1990.
윤재근 · 박상천, 『북한의 현대문학』 II, 고려원, 1990.
이광수, 『문장독본』, 홍인출판사, 1937.
이능화, 『조선해어화사』, 동문선, 1992.
이배용, 『역사속의 한국 여성들』, 어진이, 2005.
이상태, 『문체의 이론과 해석－증보판』, 집문당, 1993.

이이화, 『최초의 민족통일국가 고려』, 한길사, 1999.
이재선, 『한국현대소설사』, 홍성사, 1979.
이주형, 『한국 근대소설 연구』, 창작과 비평사, 1995.
______, 『한국 현대소설과 민족 현실의 인식』, 역락, 2007.
임종국, 『밤의 침략사』, 한빛문화사, 1984.
전광식, 『고향』, 문학과지성사, 1999.
정백수, 『한국 근대의 植民地 體驗과 二重言語 文學』, 아세아문화사, 2000.
정요섭, 『한국여성운동사—일제치하 민족운동을 중심으로』, 일조각, 1971.
정진석, 『한국언론사』, 나남출판, 1990.
조연현, 『문장교범』, 정음사, 1962.
최경봉, 『우리말의 탄생』, 책과함께, 2005.
최용기, 『남북한 국어정책 변천사 연구』, 박이정, 2003.
최혜실, 『신여성들은 무엇을 꿈꾸었는가』, 생각의나무, 2000.
최홍기 외, 『조선 전기 가부장제와 여성』, 아카넷, 2004.
한국역사연구회, 『개경의 생활사』, 휴머니스트, 2007.

4. 번역서

가스야 게이스케 · 미우라 노부타카 편, 고영진 · 이연숙 · 조태린 역, 『언어제국주의란 무엇인가』, 돌베개, 2005.
가와무라미나토, 유재순 역, 『기생』, 소담출판사, 2002.
리하르트 반 뒬멘, 최윤영 역, 『개인의 발견』, 현실문화연구, 2005.
마루야마 마사오 · 가코 슈이치, 임성모 역, 『번역과 일본의 근대』, 이산, 2003.
베네딕트 앤더슨, 윤형숙 역, 『상상의 공동체—민족주의의 기원과 전파에 대한 성찰』, 나남출판, 2002.
사카이 나오키, 후지이 다케시 역, 『번역과 주체』, 이산, 2005.
小林秀雄, 유은경 역, 『고바야시히데오 평론집』, 소화, 2003.
야나부 아키라, 서혜영 역, 『번역어성립사정』, 일빛, 2003.
자크 아탈리, 이효숙 역, 『호모노마드』, 웅진닷컴, 2005.
코모리 요이치, 정선태 역, 『일본어의 근대—근대 국민국가와 '국어'의 발견』, 소명출판, 2003.
포스터, E. M., 이성호 역, 『소설의 이론』, 문예출판사, 1996.
프란츠 파농, 이석호 역, 『검은 피부 하얀 가면』, 인간사랑, 1998.

홉스 봄, E. J., 강명세 역, 『1780년 이후의 민족과 민족주의』, 창작과비평사, 2003.
_____, __________, 박지향 · 장문석 역, 『만들어진 전통』, 휴머니스트, 2005.

논문이 수록된 학회지●

문학의 기원과 전통의 심층
- 「이태준의 아동 서사물 연구」(『개신어문』, 2009.6)
  → 본문에서는 「이태준 문학의 기원 탐색 : 아동 서사물」로 바뀜
- 「이태준 소설에 나타난 '유곽'의 의미」(『현대소설연구』, 2003.6)
- 「이태준의 『황진이』에 나타난 '고려'의 성격」(『비교문학』, 2008.2)

언어 민족주의
- 「'양(洋)'의 이입과 '향(鄕)'의 발견—이태준의 「고향」에 나타난 '고향'의 의미를 중심으로」(『어문연구』, 2005.8)
  → 본문에서는 「이태준의 「고향」에 나타난 '고향'의 의의」로 바뀜.
- 「이태준의 근대소설에 반영된 식민지 어문정책과 민족어의 성격」(『국어국문학』, 2006.5)
- 「이태준의 해방후 소설에 나타난 국어의식」(『현대소설연구』, 2007.12)

소설 수사학
- 「이태준 『문장강화』에 나타난 소설의 수사학」(『개신어문』, 2005.9)
- 「『문장강화』에서 문장론의 배경과 문학적 형상화」(『작가세계』, 세계사, 2006)
  → 본문에서는 「이태준의 『문장강화』에서 문장론의 배경과 문학적 형상화」로 바뀜.
- 「이태준 장편소설에 나타난 '편지'의 기능과 한계」(『어문연구』, 2007.8)

● 책의 구성과 편집에 따라 발표 당시의 논문과 약간의 차이가 있음을 밝혀둔다.

찾아보기

1. 용어

ㄱ

ㄴ

ㄷ

ㅁ

ㅂ

ㅅ

ㅇ

2. 작품

ㄱ

ㄴ

ㄷ

ㅁ

ㅂ